中国科学院大学数字经济监测预测预警与政策仿真教育部
哲学社会科学实验室（培育）基金资助项目

实体企业金融化的动因、后果与治理对策研究

王冬梅◎等著

企业管理出版社
ENTERPRISE MANAGEMENT PUBLISHING HOUSE

图书在版编目（CIP）数据

实体企业金融化的动因、后果与治理对策研究 / 王冬梅等著. —北京：企业管理出版社, 2023.6

ISBN 978-7-5164-2838-2

Ⅰ. ①实… Ⅱ. ①王… Ⅲ. ①企业管理—金融管理—研究—中国 Ⅳ. ①F279.23

中国版本图书馆CIP数据核字（2023）第090388号

书　　名：实体企业金融化的动因、后果与治理对策研究
书　　号：ISBN 978-7-5164-2838-2
作　　者：王冬梅　等
责任编辑：张　羿
出版发行：企业管理出版社
经　　销：新华书店
地　　址：北京市海淀区紫竹院南路17号　　**邮　　编：**100048
网　　址：http://www.emph.cn　　**电子信箱：**26814134 @qq.com
电　　话：编辑部（010）68456991　发行部（010）68701816
印　　刷：北京虎彩文化传播有限公司
版　　次：2023年6月第1版
印　　次：2023年6月第1次印刷
开　　本：710mm × 1000mm　1/16
印　　张：18.5
字　　数：260千字
定　　价：88.00元

前言

早在2013年，本人在解读上市公司的报表时就注意到实体企业有金融化的倾向，并让自己指导的两位金融专硕学生在决定学位论文选题时选择研究房地产企业的金融化，一位做案例研究、一位做实证研究。到2017年，本人进一步观察到实体企业金融化有愈演愈烈的趋势，且关于这一问题的研究文献数量呈爆炸式增长，这说明学术界也在日益关注这个问题。此后，本人陆续布置名下的各类研究生在做学位论文时选择研究实体企业金融化的动因、后果和治理对策。2022年6月，本人申请了一项课题“实体企业不当金融化的财务风险评价及治理对策研究——基于可视化的表达”，获得了中国科学院大学数字经济监测预测预警与政策仿真教育部哲学社会科学实验室（培育）基金资助。本书即是对2020年以来本人及本人指导的研究生关于实体企业金融化的研究成果的汇总，其中主要部分是实验室基金课题的最终研究成果。

本书共分12章。第1章使用CiteSpace5.7.R5软件，对2012—2022年间收录于CNKI（中国知网）中的1024篇企业金融化相关学术文献从发文量、高频作者和发文机构等角度进行可视化知识图谱分析，以发现我国实体企业金融化的研究热点和进一步的研究方向。第2章选取2014—2019年非金融、非房地产类上市企业作为研究样本，从宏观、中观和微观三个层面全面探讨了实体企业金融化的动因。第3章以2012—2019年我国沪深A股7576个企业观测值为研究样本，检验实体企业金融化与企业创新投入之间的关系。第4章以我国2014—2019年非金融上市公司作为研究样本，专门探究实体企业金融化到底是毁损还是提升了企业价值。第 5 章通过选取三张财务报表上有代表性的 8 个财务风险指标，包括营运资本耗用率、现金周期、盈利的可持续度、盈利的波动性、现金流的波动性、现金流动负债比率、破产预测指标 ZScore 和 OScore，并以 2012—2021 年我国 A 股上市实体企业为研究样本证实实体企业金融化是否放大了企业财务风险，结果发现实体企业金融化对企业财务风险有助推作用，主要是放大了企业资产负债表和利润表上的财务风险，对企业现金流风险及破产风险的缓解不能一概而论。第 6 章是对实体企业金融化程度及财务风险的可视化展示，包括总体展示、3 个典型行业（医药制造业，酒、饮料和精制茶制造业，电气机械与器材制造业）的展示和 14 个二级行业过度金融化和不当金融化的展示。第 7 章通过将企业研发投入进一步区分为资本化研发投入和费用化研发投入，以 2012—2021 年我国 A 股上市实体企业为研究样本，对比研究了企业不同阶段研发投入对实体企业金融化程度及实体企业不当金融化的影响。实证研究发现，当前我国实体企业中存在不当金融化行为的企业占比达 21.3%，实体企业最终很可能形成创新研发成果的资本化研发投入占比较低。资本化研发投入能够抑制实体企业金融化程度的提高并治理实体企业不当金融化行为，而费用化研发投入对实体企业金融化的影响因情况而异。第 7 章和第 3 章的研究结果有异，主要是由于第 3 章所用数据库中研发投入字段的大量缺失导致样本量偏小所致。第 8 章通过电气机械及器材制造业上市公司 2012—2021 年的财务数据，重点研究了该行业金融化的动机、后果和治理对策。第 9 章是针对格力电器的案例研究。第 10 章以医药制造业上市公司 2012—2021 年的数据为样本，实证检验该行业的金融化对财务风险的影响。第 11 章以 2012—2021 年数据为样本，专门研究酒、饮料和精制茶制造业金融化的动机以及金融化程度对主业发展的影响，重点考察不同的组织结构类型是否影响金融化。第 11 章以山西汾酒为例进行了案例研究。第 12 章基于 2012—2021 年北京市上市实体企业的金融化动因和治理对策进行实证研究，结果发现北京市上市实体企业金融化水平普遍偏高，均值为 7.3%，但超过半数的企业为高新技术企业。高新技术企业相比其他企业金融化程度更低，研发投入在高新技术企业属性对金融化的抑制作用中发挥了部分中介效应。

本书内容实际上由三大块构成：发现研究热点和进一步的研究方向，如第 1 章；总体研究实体企业金融化的动因、后果和治理对策，如第 2～7 章；重点研究特定行业和特定区域的实体企业的金融化，如第 8～12 章。所选样本区间基本上统一为 2012—2021 年，少数实证研究不包括 2020—2021 年的数据，是因为疫情影响造成这一时间段无规律可循，也有少数研究不包括 2012—2013 年的数据，是因为要回避长期股权投资准则修订而导致的前后数据的不可比。

本书主要由相对独立的实证研究构成。鉴于此前实体企业金融化的研究文献中案例研究较少，针对特定地区和行业的研究更少，所以本书还包含格力电器和山西汾酒的案例研究以及针对医药制造业，酒、饮料和精制茶制造业，电气机械及器材制造业以及北京市实体企业的金融化的专门研究。本书适合研究生专业课、强化课和研讨课选作相关课程的教材或参考书，也可作为相关研究人员的参考用书。

本书的撰写分工为：第 1 章由邹家乐撰写，第 2 章和第 4 章由林旭锋和王冬梅撰写，第 3 章由陈凯乐和王冬梅撰写，第 5 章和第 7 章由王虹霄撰写，第 6 章由王诚佳撰写，第 8 章和第 9 章由王冬梅撰写，第 10 章由赵坤撰写，第 11 章由陈淑辉撰写，第 12 章由文世伟和王冬梅撰写，全书最后由王冬梅进行统稿和定稿。虽然各位参著者都本着十分认真的态度对待书稿的撰写工作，但不妥之处在所难免，恳请读者批评指正。

王冬梅

2023 年 3 月

目录

第1章　实体企业金融化研究现状与进一步研究方向——基于 CiteSpace 的可视化分析

在进一步深化金融市场改革的目标背景下，实体企业金融化成为经济金融研究中的重要选题。本章使用 CiteSpace5.7.R5 软件，对 2012—2022 年间收录于 CNKI 中的 1024 篇企业金融化相关学术文献从发文量、高频作者和发文机构等角度进行可视化知识图谱分析，归纳梳理出国内十年来企业金融化的研究现状和研究热点，以便为该领域的研究者发现进一步的研究方向提供参考。

1.1　引言

新时代中国经济改革进入深水区。当下市场环境中，企业普遍存在金融化现象，而企业的投机行为无疑会加大金融化的风险。因此，研究企业金融化对企业、市场和货币传导机制等的影响，提出如何防范金融化的无序扩张以避免国民经济“脱实向虚”，在进一步深化金融市场改革的背景下，具有重大的理论价值和现实意义。

1.2　研究方法与数据来源

本章应用文献计量学和知识图谱工具（吕俊杰，2022），以最新版的

CiteSpace5.7.R5 这一数据可视化软件，将研究全景、研究热点、研究前沿以及发表机构等在内的海量文献数据转化为可视化的图谱形象，并对此进行定量的趋势比较分析（陈虎、朱子凝，2022）。本章数据选自 2012 年 1 月 1 日—2022 年 10 月 1 日在 CNKI 上收录的以企业金融化为主题的论文。为保证研究结果的严谨性和相关性，在 CNKI 中具体的检索策略为：以“企业金融化”为关键词，在 CNKI 上进行初步高级检索，文献来源选取核心、CSSCI 和 CSCD，同时选取“同义扩展”以保证筛选后无遗漏。每一条文献数据包括作者、发表时间、摘要、发表机构、主题词和参考文献等信息。由于我国企业金融化的概念相比于国外出现时间较晚，故选取近十年的文献作为分析的样本数据。在剔除会议记录、重复文章、非学术文章等样本后，最终共计获得中文文献 1024 篇。

本章主要采用文献计量学中的词频分析、共被引分析、关键词共现分析以及合作网络分析法。词频分析法是将样本数据中出现频率最多的关键词找出来排序，高频词在一定程度上代表了某段时间内该领域学者最为关注的研究内容。共被引是指两篇或多篇论文同时被后来的一篇或多篇论文所引证，构成共被引关系的这两篇论文同样也可以与其他论文产生共被引关系，通过共被引分析可以找出高被引的文章，以此发现该研究领域中最受关注的论文文献。关键词共现分析是找出一篇论文中各个关键词之间的关联，而这种关联可以用共现的频次来表示。一般认为，词汇对在同一篇文献中出现的次数越多，则代表这两个主题的关系越紧密。合作网络分析关注的则是论文所属的科研机构以及学科等，从量和质上找出该领域中走在研究前列的科研机构。

1.3　数据分析与文本解读

1.3.1　发表基本情况

（1）发文量分析。

从历年来发文数量的变化趋势可以直观了解该研究领域的发展现状和走势。从图 1-1 中可以看出：2012—2017 年间发文量较少，折线变化不大，处于起步阶段，关注企业金融化领域的学者并不多。2012 年出现的第一篇关于企业金融化的文章，是天津大学蓝梓健的《房地产企业金融化发展方式的研究》，主要对比了中外两家房地产企业在信贷融资上的差异并给出了房地产企业金融化战略的建议。2018 年和 2019 年发文量平稳增长，从 2020 年至今，进入爆发阶段，折线上升陡峭，发文量剧增。其中，2022 年截至 10 月 1 日，已有 425 篇论文发表。发文量整体趋势变化基本符合我国企业金融化发展的历程和大的政策导向。2008 年国际金融危机以来，以美国为主的国家开始关注企业金融化行为，而我国还鲜有学者研究。2015 年和 2017 年，中央经济工作会议提出防范金融风险，企业金融化的研究开始逐渐进入学术界的视野，直至近年，学者们针对企业金融化展开了一系列研究工作并发表了数量众多的论文。

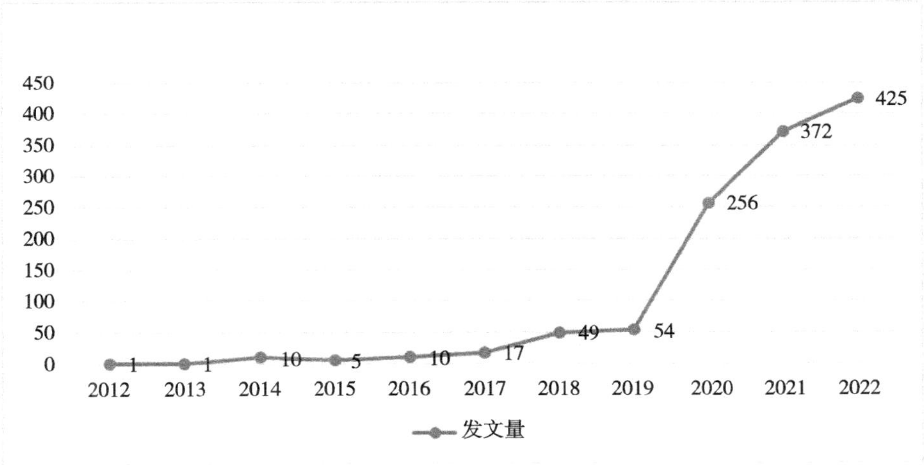

图 1-1　2012—2022 年企业金融化研究成果分布图

（2）学科分布分析。

对企业金融化相关学术文献进行学科分布统计，选取排名前十的学科进行分析。从图 1-2 中可以看出，企业金融化研究主要集中在经管领域，其中 898 篇属于“金融”，占总数的 26.93%；属于“企业经济”的有 741 篇，占比 22.22%。两者合计占了文献总数的一半，是企业金融化研究的主流学科。值得关注的是，“证券”总计 642 篇，占比 19.25%，“投资”总计 643 篇，占比 19.28%，仅次于“金融”和“企业经济”，同样在该类研究学科分布中占有重要地位。除此之外，还涉及政治经济学和会计学等学科领域，其中“财政与税收”和“经济体制改革”共计 96 篇，占比 2.88%，“会计”和“审计”共计 121 篇，占比 3.63%。以上数据表明，近十年来的企业金融化研究不再单纯集中在金融经济领域，而是具有跨学科的趋势，比较符合企业金融化在我国的发展趋势，因为企业金融化的影响不再限于企业本身，而是对社会、财政政策以及宏观经济中的其他部门都产生了显著影响，因此对其的讨论也开始呈现出不断外延的趋势。

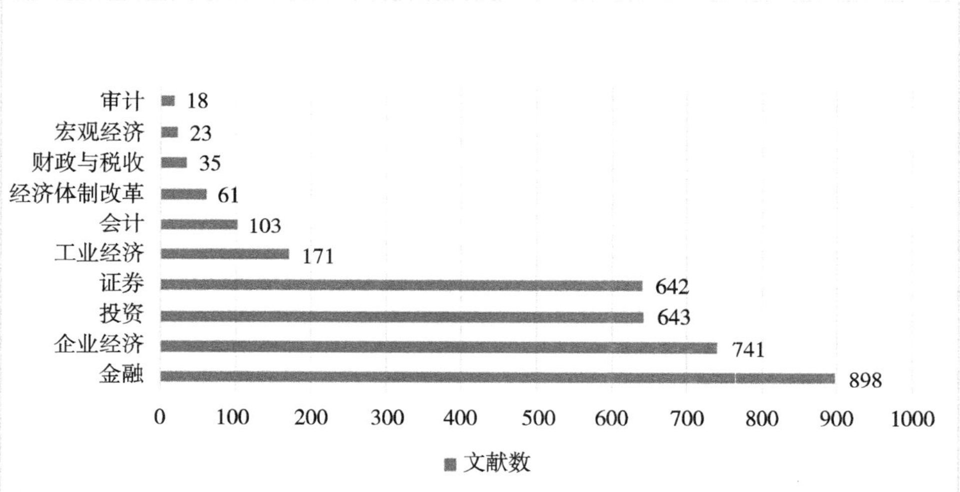

图 1–2 发文量排名前十的学科及其文献数

1.3.2 作者与机构分析

（1）高产作者合作分析。

通过对本研究领域高产作者发文频次的分析，能够获知企业金融化研究领域的关键力量和合作趋势。基于普赖斯定律（Price Law），核心作者发文量的最小值 N=0.749，计算可知在本研究领域中发文量大于或等于 4 篇为高产作者。针对高产作者的文献分析，对于企业金融化研究具有导向意义。从表 1–1 中可以看出，黄贤环、张成思、杜勇等 8 位作者的发文量大于 4 篇，为企业金融化研究领域的高产作者。黄贤环主要是从财务视角出发，揭示了所得税、财务公司以及内部控制等会计因素对企业金融化行为的抑制作用；张成思主要是对企业金融化的发展趋势及其对实体经济的影响做了相关论述，系统地分析了上市公司对企业金融化追逐的可能原因；杜勇则是以企业管理者特征为出发点，探讨了企业高管的背景和管理者水平与金融化的联系。

表 1-1　国内部分高产作者发文频次

序号	作者	文献数
1	黄贤环	9
2	张成思	6
3	杜勇	6
4	许志勇	6
5	干胜道	5
6	邓超	5
7	吴一丁	5
8	王少华	5

通过图 1-3 所示的高产作者合作知识图谱，可以掌握某个研究领域的关键作者发表的文献总数及其合作关系，其中发文数量以节点大小呈现，作者合作情况以连线粗细呈现，线条颜色从浅至深代表时间的从远到近。图 1-3 中共有节点（N）252 个，连线（E）84 条，网络密度（Density）为 0.0027。国内企业金融化研究领域的学者虽然存在一定的合作连线，如上官泽明和吴秋生以及王少华等合作发文，于连超和张卫国以及眭鑫、黄贤环和王瑶以及杨钰洁、孙维峰和孙华平以及杨洋、林钟高和辛明璇等构成了合作作者群，但独立作者如周洋、张鹏等也占据了一定的比例，整体而言，高产作者之间的关联分布还是较为分散，缺乏密集的关联性，导致国内的交叉研究仍未形成体系。企业金融化研究领域的权威作者仍然较少，仍存在较多研究空间，亟待未来学者们进一步交流探索。

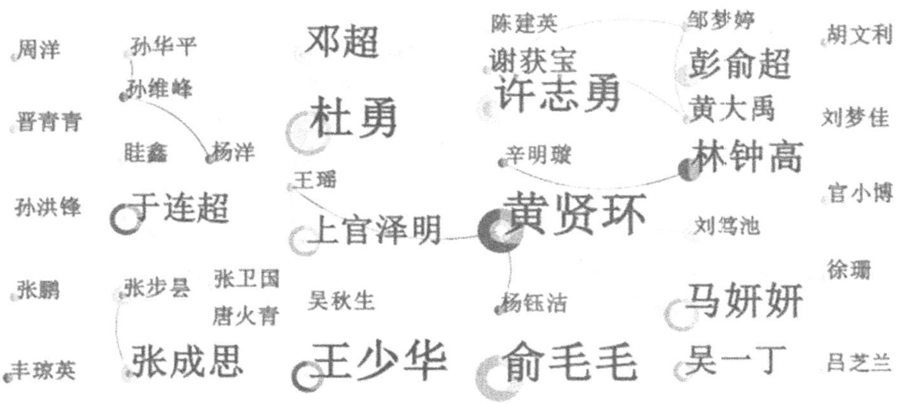

图 1–3　企业金融化领域高产作者合作知识图谱

（2）机构合作分析。

通过对企业金融化研究领域核心机构发文量及其中心性分析，如表 1–2 所示，在企业金融化研究领域，形成了以西南财经大学、中南财经政法大学、暨南大学、山西财经大学会计学院、山东财经大学、浙江财经大学等为中心的核心发文机构。其中西南财经大学的发文数量最多，达 31 篇，影响力最大。且排名前十的机构大部分为国内财经类高校，说明财经类高校更关注我国企业金融化的研究，成为其研究的主要阵地。但机构研究的中心度均为 0，说明我国企业金融化的研究团体还没有形成规模，较为分散，核心团体还未出现。

表 1–2　发文量排名前十的核心研究机构

机构	发文量	中心度
西南财经大学	31	0
中南财经政法大学	24	0
暨南大学	24	0
山西财经大学会计学院	23	0
山东财经大学	22	0
浙江财经大学	18	0
兰州大学	16	0

续表

机构	发文量	中心度
西南大学经济管理学院	16	0
湖南大学	16	0
上海财经大学	13	0
山西财经大学	13	0

通过图 1–4 所示的研究机构知识图谱，能够了解某一研究领域研究机构的合作关系，机构合作情况以连线粗细呈现。本章将阈值设置为 50，研究机构知识图谱中共出现节点 245 个，连线 69 条，网络密度为 0.0023。从其可视化结果中的节点连线情况直观了解到各机构的合作情况为：中南财经政法大学（包括会计学院和金融学院）发文量最大、与其他高校合作最密切，说明其在企业金融化研究领域具备较强的研究基础，并且以其为中心形成了与武汉大学经济与管理学院、西南大学经济管理学院和华南理工大学工商管理学院的合作网络，研究成果丰硕。但从整体上来看，各个机构之间的合作网络较少，研究相对独立，说明我国企业金融化研究领域还没有形成聚合效应，未来各研究机构的合作交流还有很大的发展空间。

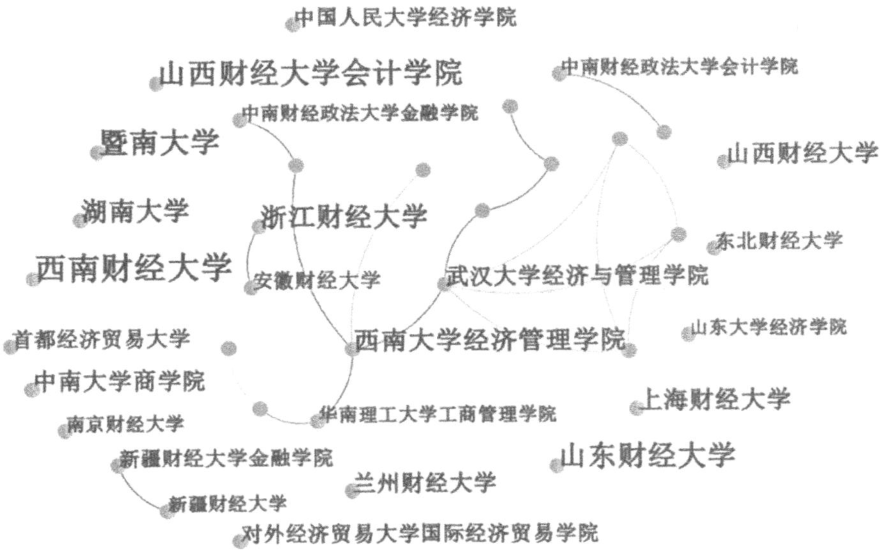

图 1–4　研究机构知识图谱

1.3.3 关键词分析

关键词是文献研究内容的精确归纳和高度聚合，通过 CiteSpace 关键词共现分析可以准确把握研究领域的主题热点，由此绘制了企业金融化领域关键词共现网络图谱（见图 1–5）。研究节点类型选择为 Keyword，周期设置为 2012—2022 年，研究时间切片设置为 1，网络剪切（Pruning）采用 Pathfinder（寻径）和 Pruning the merged network（复合时间切片）以增强网络图谱的可读性。共现图谱中关键词频次高低以节点大小呈现，为了更好地平衡文献的数量和质量，按照 g–index 指数、k=9 阈值提取关键词节点。且考虑到筛选文本时选用的关键词是“企业金融化”，及其近似词“脱实向虚”普遍出现在各文献中，故略去这两个本身占比很大的关键词。最终结果如图 1–5 所示，共出现 318 个节点和 559 条连线，密度为 0.0111。

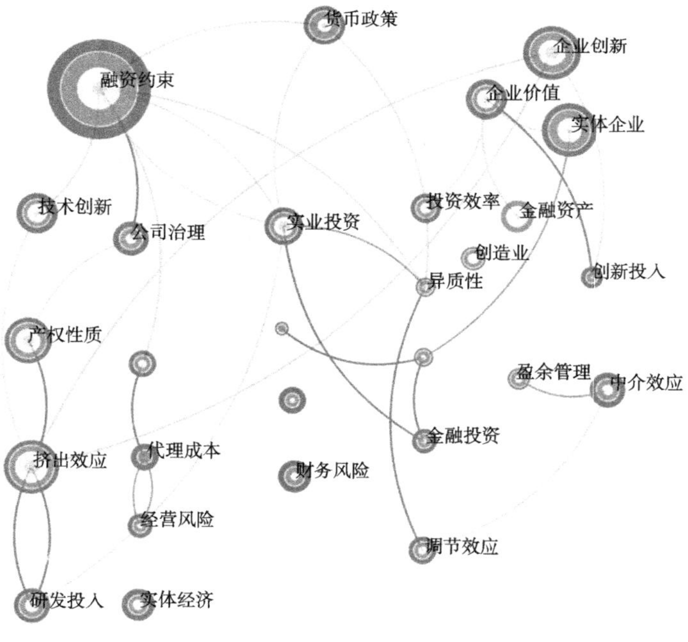

图 1–5　关键词共现网络图谱

出现频次比较高的关键词分别聚集在两大层面：融资约束、货币政策、技术创新、公司治理、产权性质以及挤出效应、研发投入、代理成本等公司经营层面的研究；企业价值、企业创新、投资效率、盈余管理和中介效应等公司资本管理层面的研究。其中，融资约束是图谱中最大的节点，其次是实业投资、企业价值等，代表它们在整个关系网络中起着较为重要的互联互通作用。也可以看出，我国对于企业金融化的研究多聚焦于企业微观层面，主要考量企业金融化行为的动机和影响。

1.4　研究热点分析

关键词突现是指在某研究领域内，在一定时期范围里数量突然提升的关键词，可以反映研究热点的重要转变。本章运用 CiteSpace 的 Burstness 功能来反映关键词的突现情况，用来分析企业金融化 2013—2022 年关键词突现图谱，如图 1-6 所示（其中，Keywords 为关键词，Year 为年份，Strength 为突变强度，Begin 为突变开始时间，End 为突变结束时间），可得到 15 个突现关键词，其中市场套利、经营绩效、企业发展和投资组合是近年来新兴且活跃的研究主题。

图 1-6　2013—2022 年关键词突现图谱

热点一：市场套利。企业金融化研究领域有研究表明，企业金融化程度与金融周期正相关，繁荣的金融市场对企业金融化具有促进作用，低融资约束企业的金融化程度，对金融周期波动更敏感。企业金融化的主导动机是“替代”而不是“蓄水池”动机，企业持有长、短期金融资产均出于替代动机，且短期金融资产的替代效应更显著（杜婕、杨吉喆、戴鹭，2021）。市场套利行为和金融周期息息相关，外部市场环境与企业金融化的联系紧密。

热点二：经营绩效。企业金融化行为对企业本身的经营绩效具有怎样的影响是近年研究的热点之一。有研究表明，企业短期金融资产对于公司绩效会产生正向影响，发挥促进作用，而企业长期金融资产对于公司绩效会产生负向影响，表现出挤出效应。在总体上，企业金融化对于公司绩效具有负向影响（巩娜，2021）。

热点三：企业发展。在对企业金融化影响机制的研究中发现，高管薪酬作为中介变量表现出部分中介效应，高管薪酬水平的提高有利于减少管理层决策短视、降低代理成本，让企业目标向长期经营稳定靠拢。但金融化对高管薪酬具有显著负向影响，助推企业决策层的利己行为（胡鑫磊，2022）。企业金融化对企业创新无明显负面影响，除对创新的影响外（段军山、庄旭东，2021），企业发展还有更多维度的衡量，企业金融化到底发挥着怎样的作用也是未来的热点议题之一。

热点四：投资组合。企业金融化的方向和最佳投资组合也是热点之一。就制造业企业而言，金融化存在最优选择，这取决于实业投资收益与风险、金融投资收益与风险和无风险投资收益的比较。利用宏观数据模拟分析发现，制造业企业的最优投资组合是全部投资于实业（谭瑾、徐光伟，2022）。这揭示了企业在资本逐利动机和利益最大化动机下存在最优金融化均衡水平。这是立足于企业金融化的具体投资而展开的讨论，也是当下热点之一。

1.5 结论与进一步研究方向

本章通过对2012—2022年CNKI数据库中1024篇企业金融化相关学术文献进行可视化分析，得出以下结论。

（1）从文献发表情况来看，2012—2017年是企业金融化研究的初步阶段，

2017 年至今是研究爆发增长阶段，这也与我国的经济社会发展和政策导向息息相关。

（2）从学科分布来看，企业金融化研究主要以金融、企业经济为主，证券、投资等学科为辅。

（3）从高产作者来看，企业金融化研究中的高产作者关联分布相对较为分散，导致国内的交叉研究难以形成体系，研究领域权威作者仍然较少，未来仍有较多研究空间亟待深入挖掘和探索（崔晓文，2022）。

（4）从机构合作来看，“独立、分散”是当前企业金融化研究领域的特征之一。西南财经大学是该领域发文量最多、影响较大的学校机构。该研究领域存在部分合作网络，但总体来说规模较小，尚未形成研究领域的聚合效应，未来各研究机构的合作交流将有很大的提升发展空间。

（5）从关键词共现来看，我国对于企业金融化的研究主要着眼于企业微观行为上，研究热点主要集中于融资约束、货币政策、技术创新、公司治理、产权性质以及挤出效应、研发投入、代理成本等多个分支领域，外延金融化的内涵是未来趋势之一。

（6）从关键词突现可以看出近几年企业金融化的热点议题，主要是市场套利、经营绩效、企业发展和投资组合这四个方向，有待进一步挖掘其研究价值和现实意义。

从以上分析可以看出，关于实体企业金融化的研究，还有如下值得进一步研究的方向。

其一，出自会计和审计学科的研究较少，由于金融化的研究需要从企业财务报表上获取数据，而报表项目是金融工具会计核算的结果，金融工具会计核算又是比较复杂难懂的专题，因此，从事这个选题的研究人员，如果懂会计、精于报表的解读与分析，将更有优势，所以需要更多懂会计和审计的专业人员加入研究队伍中来。

其二，“独立、分散”是当前企业金融化研究领域的特征之一，由于缺少交流与合作，导致在一些基本概念的界定上各持己见（王冬梅，2022），例如，如何测度金融化水平是合理的，实体企业金融化的真正动因是什么？此前文献忽略了两个真正的动因，即企业转型遭遇瓶颈和风险规避。再有，实体企业金融化真的毁损了企业价值吗？诸如此类的问题都需要进一步研究。

其三，党的二十大召开以来，国家更加重视整体金融市场的风险防范，企业金融化是其中的重要风险来源之一（王营、曹廷求，2020），对企业金融化的财务风险展开进一步研究既体现了经济社会发展的迫切需要，也是企业自身未来发展的内在需求。而现有研究对金融化所导致的企业财务风险关注还不够。

其四，此前关于金融化的研究还缺乏针对特定行业（肖忠意、林琳，2019）和特定地区的。

其五，还需要关注实体企业金融化的另一种形式——产融结合的积极后果和企业集团组织结构设计对实体企业金融化选择的影响。

其六，案例研究太少，后续特别需要加强案例研究。

本章参考文献

［1］陈虎，朱子凝．数据可视化的财务应用研究［J］．财会月刊，2022（16）：120–125.

［2］崔晓文．企业金融化文献综述［J］．商业经济，2022（11）：167–169.

［3］杜婕，杨吉喆，戴鹭．非金融企业金融化动机研究——基于金融周期视角的检验［J］．财经科学，2021（9）：29–38.

［4］段军山，庄旭东．金融投资行为与企业技术创新——动机分析与经验证据［J］．中国工业经济，2021（1）：155–173.

［5］巩娜．企业金融化、股权激励与公司绩效［J］．经济管理，2021，43（1）：156–174.

［6］胡鑫磊．企业金融化对创新能力的影响及机制分析［D］．上海：东华大学，2022.

［7］吕俊杰．CiteSpace 应用现状研究［J］．现代信息科技，2022，6（7）：105–111.

［8］谭瑾，徐光伟．基于投资组合理论的制造业企业金融化最优选择［J］．金融理论与教学，2022，174（4）：35–42.

［9］王冬梅．财务会计学［M］．大连：东北财经大学出版社，2022.

［10］王营，曹廷求．企业金融化的传染效应研究［J］．财经研究，2020，46（12）：152–166.

［11］肖忠意，林琳．企业金融化、生命周期与持续性创新——基于行业分类的实证研究［J］．财经研究，2019，45（8）：43–57.

［12］张成思．金融化的逻辑与反思［J］．经济研究，2019，54（11）：4–20.

第2章　实体企业金融化的动机探析
——基于宏观、中观和微观视角

本章选取2014—2019年非金融非房地产类上市企业作为研究样本，从宏观、中观和微观三个层面全面探讨了实体企业金融化的动机。实证结果显示：企业主营业务利润率越低，金融化程度越高；企业面临的融资约束越严重，配置的金融资产越多；宽松的货币政策和良好的区域金融生态环境均会促进企业配置更多的金融资产。调节效应检验发现：货币政策对融资约束起到了促进作用，区域金融生态环境对融资约束的影响则起到了抑制作用。所以建议，要治理实体企业过度金融化，收紧货币政策并营造良好的区域金融生态环境是关键。

2.1　引言

关于金融化的动机，有两种截然不同的观点，即“蓄水池”效应和市场套利说，两种不同的动机会给企业带来不同的影响。本章通过对这类文献的进一步分析发现，很多都是从单一层面来对金融化的动机进行研究，比如从微观角度的企业财务状况出发，得出金融化的动机是改善其业绩，是市场套利动机。而企业是在复杂的环境下经营的，不可避免地受到宏观环境的影响，如货币政策、房地产调控政策等，而且这些影响可能是比较显著的，因为企业对于微观情况即企业本身的情况是可以进行相应改善的，而对宏观环境却只能适应。然而，将宏观、中观和微观多角度结合起来对企业金融化动机探讨的文献较少，对三者之间的交互作用进行探讨的则更少，故本章将从这个角度出发展开实证研究。

2.2 文献综述

2.2.1 实体企业金融化的内涵

近年来我国宏观经济下行，实体企业经营困难，而金融业却盈利丰厚，加之监管部门降低企业进入金融行业的门槛，国内大量非金融实体企业纷纷配置金融资产，因此金融化的成因成为当下研究的热点。实体企业金融化对企业具有多方面的复杂影响，也是影响我国经济长远健康发展的重要因素。Krippner（2005）从微观角度出发认为金融化是指企业配置的金融资产带来的回报在其总业绩中的比例不断上升，并且金融资产收益的增长对其业绩的增长具有更大的贡献。Palley 和 Thomas（2007）认为金融部门在经济中的主导地位可能是由于实体企业金融化造成的。当企业进行金融化时将资源不断地配置到金融行业，财富由此也向金融部门转移。蔡明荣和任世驰（2014）从两个方面对实体企业金融化进行定义：一是企业将资源不断地从主业转投到金融资产的行为；二是企业经营的结果，即企业通过资本运作获得的利润高于生产经营业务的获利。赵峰和田佳禾（2015）则认为，从 1980 年以来发达国家的金融部门在经济中起到主导作用，出现了所谓经济金融化现象。随着我国金融市场的进一步开放，该现象也会对我国产生影响，现各部门中仅居民部门没有明显的金融化趋势。结合以上观点可以看出，金融化包括经济金融化和实体企业金融化，且经济金融化的重要诱因是实体企业金融化。本章立足于探究实体企业金融化的动机，并将实体企业金融化定义为：非金融实体企业不断将资源配置到金融行业，导致来自非经营活动的利润显著增加的行为。

2.2.2 实体企业金融化的动机

实体企业金融化实际上就是企业的一种金融投资行为，那么这种行为的动机是什么呢？其驱动因素有哪些？针对这些问题寻求答案，是现实中政府相关部门解决实体经济“脱实向虚”的关键所在。

通过分析现有研究文献发现，国内学者对于企业金融化的动机研究主要有两种观点，分别是预防储蓄动机和市场套利动机，也称为“蓄水池”效应和投机动机。

预防储蓄动机是指，由于企业市场竞争优势的获得与存续需要不断进行研发投入，而我国企业尤其是中小企业内源性融资不足，对外部资本市场融资依赖性较强，借贷双方存在信息不对称，企业自身经营状况等使得其具有较为严重的融资约束，此时由于金融资产极高的变现能力兼有投资功能，因此企业可以在发展顺利时持有金融资产以备未来不时之需，以平滑经营周期的影响。从缓解融资约束的角度来看，Myers 和 Majluf（1984）的融资优序理论说明，企业在需要获得发展资金时应首先选择内部融资。由于企业信用评级不高和信息不对称等因素，其外部融资难度与成本均高于内部资金，而金融资产的变现能力高、变现成本低，是企业内部融资的重要来源。Tornell（1990）研究发现，在宏观政策不稳定、未来市场环境不确定性增加的时候，企业往往通过持有更多的金融资产来应对。Amin（2003）则认为，企业进行金融化的行为只是短暂的，是对短期利润下降的救急，当行业回暖时会回到主业进行深耕。Bonfiglioli（2008）认为企业金融化可以减少融资约束，尤其是通过战略投资金融机构更为明显。在减少企业融资约束的方法上，Theurillat（2010）认为企业可以通过持股金融机构来增强融资能力，即产业资本金融化，通过资源在时空上的优化配置，改善企业财务状况，加强主业发展。杜勇等（2017）通过对国内企业进行研究发现，对于未来市场的低迷，企业可用持有金融资产的方式来规避，在未来可将投资变现，减少对外部融资的依赖。Samuel 和 Sahil（2020）研究发现，企业配置金融资产可以改善融资约束获得更高的杠杆倍数，而杠杆的加大会使企业经营的不稳定性也加大。黎文靖、李茫茫（2017）和胡奕明等（2017）研究认为，我国企业是出于预防储蓄目的而持有金融资产。综上所述，企业配置金融资产的动机可能是出于预防储蓄的考量，体现为“蓄水池”效应。

另一种观点是市场套利动机。这一类观点是从投资替代和委托代理理论上进行分析的。相对于实体经济领域，金融业的高额回报率足够驱动企业进行金融资产投资。20 世纪 70 年代美国经济陷入滞胀，大量实体企业经营艰难，而投资虚拟经济的公司短期内便获得大量回报，引起企业管理层的关注和效仿，众多实体企业纷纷将资源转移到金融行业。所以可以看出，当实体企业经营困难时，企业为了达到投资效益的最大化，会将资源从产业部门转移到金融部门，体现了金融资产的投资替代作用。Crotty（2002）认为新自由主义加剧了市场竞争，提高了劳动效率和产出率，降低了商品的剩余价值，大量短视的投机者转入金融行业寻求短期高额回报。保罗·斯威齐（2011）发现垄断性企业、大型企业可能在金融化现象中扮演一个特殊角色，可能更倾向于配置金融资产，因为其扩大对产业的投资后会引起收益率的降低，没有动力去扩大产能，从而其盈余资金就进入了金融或地产业。江春和李巍（2013）认为在宏观经济未来发展不确定性较大、金融行业具有超额收益率的背景下，非金融类企业持有金融资产更多的是投机动机。王红建等（2016）研究发现，市场竞争加剧使得行业投资回报率下降、投资机会变少，是企业金融化的重要动因。

从委托代理理论来看，在两权即所有权和经营权分离的情况下，企业所有者和管理者对企业经营目标会发生不一致的情形。股东追求公司价值最大化，管理层则可能更关注短期业绩回报，获得薪酬奖励。短视的管理层可能更偏向于配置金融资产以获得短期高额回报，因为企业市场份额扩大、竞争力提升的核心因素之一是企业的技术创新，而技术创新需不断地投资，失败的风险很大。Jensen（1986）研究表明，可以通过对薪酬体系进行构建来减少二者目标之间的冲突。徐经长等（2010）认为金融资产的价值随着资本市场的波动而变化，在具有高收益的同时也伴随着高风险。而国内对于企业管理人的业绩有着“重奖轻罚”的情况，管理层通过金融投资使企业获得高业绩的同时自己也获得了更高的薪酬。而当投资失败时则将原因归咎于外部影响，如市场风险、政策调整等，董事会对其处罚就会较轻，从而一定程度上为管理层投资金融资产提供了机会。王红建等（2017）对国内市场进行实证研究，证明国内金融行业相比实体经济有着超额收益率。综合代理成本、金融业的超额收益、“重奖轻罚”等因素，使得企业的管理层倾向于短期收益的获取，进行金融资产的配置，损害了企业的长期利益。杜勇等（2017）还从股权大小角度对企业金融化的影响进行了研究，发现大股东可能会随意滥用其对企业的掌控权，由着个体意愿进行金融化、资金占用和关联交易等侵害小股东的利益，大小股东间矛盾的大小影响了企业金融化的倾向。

企业金融化也存在一种羊群效应，当市场上进行金融化的企业越来越多，获得高额收益的公司此起彼伏，管理层可能有从众心理，盲目地进行金融化，提高金融化程度，其对自己的能力、专业知识没有客观的评判，决策行为存在不理性的情况。也有部分学者认为两种动机是并存的，杜勇等（2017）在肯定二者并存的同时，认为企业的趋利动机占比更大。

综合来看，目前关于企业金融化的动机，有预防储蓄、缓解融资约束等，体现为“蓄水池”效应，套利动机则体现为挤出效应。两种不同的动机对企业的影响也是不同的。

2.3 研究假设

在考虑企业微观因素的同时，也不可忽略宏观因素，一种经济现象的背后往往是多重原因叠加的结果。故本章通过总结以往文献，从多层面对企业金融化的动机进行探析，分别从宏观、中观和微观三个层面，选取了4个因素来衡量：体现宏观影响的货币政策、体现中观影响的区域金融生态环境、体现微观影响的融资约束程度和主营业务利润率。这些指标选取的原因有：第一，在宏观经济下行的背景下实体企业参与金融化很可能的原因是其主营业务利润率下降，金融行业的高利润率吸引着企业进行投资；第二，企业参与金融化与其融资约束程度高度相关，当企业面临严重的融资约束时会配置更多的金融资产。融资约束采用SA指数进行计算，其值为负数。黎文靖和李茫茫（2017）发现，持有金融机构股份可缓解实体企业的融资约束。

Bernanke和Gertler（1995）的研究表明，各国政府通过货币政策对经济进行调节，从货币、信贷渠道对经济进行管控，企业管理层应把其纳入决策考虑范畴。当货币政策宽松时，企业能在市场上获得更多的融资，其融资成本较以往也有所降低。同时金融市场也会比较繁荣，企业的资金也更加充沛，这时企业往往倾向于提升其金融化程度，这样在获得投资收益的同时也便于缓解未来的融资约束。王红建等（2016）研究发现，企业不仅利用其闲置资金购买金融资产，在对金融行业未来预期看好的情况下，部分企业管理层也存在举债投资的现象。这种行为无疑会加大企业承担的风险，使得社会资产结构错配问题愈加严重。张成思和张步昙（2016）的研究表明，货币政策愈宽松金融化对主业的挤出效应越大。当货币政策趋严时，会引起信贷市场紧张，使得其产生逆向选择以及提高道德风险，债权人为了保障其债务资金安全会对企业的经营更为关注，对企业使用贷款配置金融资产的行为产生抑制作用。据此，提出如下假设。

假设 H1：宽松的货币政策会提高企业的金融化程度，紧缩的货币政策会降低企业的金融化程度。

金融生态环境可以对金融化起到一定的治理作用或助推作用，主要表现在以下几个方面：一是当一个地区金融生态环境优良时，其金融监管更为苛刻、执法力度更大，企业的投机行为将得到抑制；而较差的地区，企业的投机行为缺乏有力管控。二是金融环境好的地区，其经济实力会更强，金融机构数量、金融人才也会更多，金融发展得更为充分，金融市场活跃，企业的外部融资机会也更多，金融投资机会也更充沛，资本运作规模也会更大，会提升企业的金融化程度。Tori 和 Onaran（2017）也认为，在金融发达的地区，金融化对于企业主业的挤出效应更明显。金欣雪、谢邦昌（2014）和樊纲、王小鲁（2001）对金融生态环境指数的计算均从经济基础、金融发展等维度进行设计，其中地区 GDP 是一个核心指标。为了缓解变量的内生性，选择区域（各省份）GDP 作为区域金融生态环境的工具变量，这样其值将是一个随时间而变的量。据此，提出如下两个竞争性假设。

假设 H2a：金融生态环境会抑制企业的金融化。

假设 H2b：金融生态环境会加剧企业的金融化。

文春晖等（2018）研究发现，就企业而言，金融化的具体表现方式是企业将资源不断地配置到金融行业，在金融部门内“空转”且产业资本的规模不断萎缩，企业倾向于配置理财产品、投资性房地产和金融机构资产等。据 Wind 数据库统计，2016 年上市公司配置的金融资产合计超过了 7200 亿元（王国刚，2017）。对于何种动机导致非金融实体企业配置如此多的金融资产，众说纷纭。一方认为是套利动机（彭俞超等，2018；王红建等，2016），另一方则认为是“蓄水池”效应（黎文靖、李茫茫，2017；胡奕明等，2017；杜勇等，2017；Gehriger，2013）。预防储蓄动机说是从微观对宏观和中观的反应进行考量，而套利动机说是从企业的微观角度进行考量。据此，提出如下两个假设。

假设 H3：企业主营业务利润率与金融化程度负相关。

假设 H4：企业融资约束与金融化程度负相关。

2.4 研究设计

2.4.1 数据来源

由于我国上市公司自 2014 年 7 月 1 日起开始执行修订后的长期股权投资准则，出于会计政策连续性考虑以及规避 2020 年起新冠疫情的影响，故本章选取 2014—2019 年非金融非房地产类上市企业作为研究样本。对样本数据做如下处理：剔除 ST 类上市企业；剔除有关数据缺失的企业。数据来源于国泰安数据库和《中国统计年鉴》，对模型中所有连续变量进行了 1% 和 99% 分位缩尾（Winsorize）处理。

2.4.2 模型设计

考虑到企业金融化的各种影响因素，根据前文分析过程构建了如下回归模型。

$$Fin=\alpha_0+\alpha_1 CP+\alpha_2 RFECO+\alpha_3 MROA+\alpha_4 FC+\alpha_5 Control+\sum\alpha_i Industry+\sum\alpha_j Year+\varepsilon \quad (2-1)$$

2.4.3 主要变量定义

被解释变量金融化程度 Fin：关于金融资产的计算口径参考了王冬梅（2022）的研究并把投资性房地产和衍生金融资产也计算在内，金融资产 = 交易性金融资产 + 衍生金融资产 + 发放贷款及垫款净额 + 可供出售金融资产 + 持有至到期投资净额 + 债权投资 + 其他债权投资 + 其他权益工具投资 + 其他非流动金融资产 + 投

资性房地产 + 一年内到期的非流动资产中的金融资产 + 其他流动资产中的金融资产。金融化程度 Fin 的度量方式为金融资产占总资产的比例。由于货币资金的特殊性，在计算金融资产时未予考虑。

解释变量：本章共采用 4 个自变量，分别是反映宏观驱动因素的货币政策 CP 和反映中观驱动因素的区域金融生态环境 RFECO，以及反映企业微观驱动因素的主营业务利润率 MROA 和融资约束程度 FC。

宏观层面货币政策 CP：钟凯等（2016）从货币的供给量应适应一定的经济指标的假设出发，设计了如下公式来对货币政策的松紧进行判断，这也是本章采用的计算方法，CP 越大说明货币政策越宽松。

$$CP=\Delta M_2/M_2-\Delta GDP/GDP-\Delta CPI/CPI \quad (2-2)$$

其中，$\Delta M_2/M_2$、$\Delta GDP/GDP$、$\Delta CPI/CPI$ 分别表示基础货币供应量的增长率、国内生产总值的增长率和国内物价水平的增长率。

中观层面区域金融生态环境 RFECO：为公司注册地省份的 GDP，单位万亿元。

主营业务利润率 MROA：采用的是剔除了金融资产收益后的总资产收益率。

融资约束指数 FC：本章采用 SA 指数来进行度量，因其计算方法可以减轻模型的内生性。SA 指数的具体计算方法如下。

$$FC=SA=-0.737\times gm+0.043\times gm^2-0.04\times t \quad (2-3)$$

其中，gm 是资产规模，$gm=ln$（资产合计 /1000000），资产单位为元；t 是当年上市年限，t= 所在年份 - 上市年份。计算的 SA 为负，其绝对值越大表示融资约束越高（鞠晓生等，2013），回归模型中把 SA 改为 FC。

控制变量：为了保证模型的可靠性，我们对可能影响金融化的变量进行了控制，包括盈利能力（ROA）、企业规模（Size）、资产负债率（Lev）；独立董事规模（IDR）、两职合一（Dual）、现金存量（CA）、股权集中度（SHF）、股权激励制度（SOP）、高管薪酬水平（TMAS）和企业性质（SOE）。同时，模型中对行业（Industry）效应和年份（Year）效应均进行了控制，ε 表示的是随机误差项。

各变量的具体定义，如表 2-1 所示。

表 2-1　变量定义表

类别	名称	符号	计算公式
被解释变量	金融化程度	Fin	金融资产 ÷ 总资产
解释变量	货币政策	CP	见式（2-2）
	区域金融生态环境	RFECO	各省份 GDP
	主营业务利润率	MROA	剥离了金融投资收益，（营业利润 – 投资收益 – 公允价值变动收益 + 对联营企业和合营企业的投资收益）÷ 总资产
	融资约束程度	FC	见式（2-3）
控制变量	盈利能力	ROA	企业当期净利润 ÷ 总资产
	企业规模	Size	企业期末总资产取自然对数
	资产负债率	Lev	期末总负债 ÷ 总资产
	独立董事规模	IDR	独立董事人数除以董事会人数
	两职兼一	Dual	董事长、总经理由一人兼任赋值为 1，否则为 0
	现金存量	CA	期末现金及现金等价物余额取自然对数
	股权集中度	SHF	第一大股东持股比例
	股权激励制度	SOP	管理层持有企业股份赋值为 1，否则为 0
	高管薪酬水平	TMAS	前三位高管薪酬平均数的对数
	企业性质	SOE	国有企业赋值为 1，否则为 0
	行业	Industry	行业虚拟变量
	年份	Year	年份虚拟变量

2.5 实证过程

2.5.1 描述性统计

根据表 2-2 变量的描述性统计结果可以看出：样本企业中企业金融化程度的均值为 0.079，说明从总体上我国实体企业持有较高的金融资产，可能是一种投机行为，其中最大值为 0.530，说明有的实体企业持有了过多的金融资产，有严重的“脱实向虚”表现。Fin 的标准差为 0.101，较小，说明该时间窗口企业持有金融资产愈加具有普遍性。资产负债率 Lev 的均值为 0.421，标准差为 0.194，最大值为 1.050，说明企业具有较高的负债水平，同时资产收益率 ROA 的均值为 0.046，第一大股东持股比例的均值为 34.770，持股较为集中。

表 2–2　描述性统计

变量	样本数	均值	标准差	最小值	最大值
Fin	5796	0.079	0.101	0	0.530
CP	5796	0.013	0.034	–0.023	0.069
RFECO	5796	0.574	0.178	0	0.822
MROA	5796	0.042	0.061	–0.241	0.215
FC	5796	–3.553	0.271	–4.117	–2.913
ROA	5796	0.046	0.057	–0.208	0.221
Size	5796	22.542	1.196	19.995	26.088
Lev	5796	0.421	0.194	0.014	1.050
IDR	5796	0.374	0.053	0.333	0.571
Dual	5796	0.246	0.431	0	1
CA	5796	20.343	1.285	17.139	23.851
SHF	5796	34.770	14.380	9.670	74.820
SOP	5796	0.776	0.417	0	1
TMAS	5785	13.409	0.657	11.849	15.147
SOE	5796	0.386	0.487	0	1

注：因为 TMAS 缺少 11 个数，所以该指标样本量为 5785。

2.5.2　相关分析和模型检验

变量的相关性分析统计结果如表 2–3 所示。宏观货币政策与企业金融化程度在 1% 水平上负相关，说明央行采取的货币政策愈紧，企业配置的金融资产越多。地区金融生态环境与企业金融化程度在 1% 水平上显著正相关，说明企业所在区域的金融环境越好，企业越容易持有更多的金融资产，与预期一致。企业主营业务利润率与金融化程度正相关，说明在本时间段内主营业务盈利好的企业愿意持有

表 2-3 相关分析结果

	Fin	MROA	ROA	FC	CP	RFECO	Size	IDR	SOP	TMAS	SHF	Dual	CA	Lev
Fin	1													
MROA	0.067***	1												
ROA	0.131***	0.948***	1											
FC	0.003	0.053***	0.077***	1										
CP	−0.040***	−0.026**	0.027**	0.198***	1									
RFECO	0.112***	0.047***	0.043***	0.089***	−0.205***	1								
Size	−0.108***	0.027**	−0.014	−0.178***	−0.152***	−0.064***	1							
IDR	0.050***	−0.023*	−0.012	0.102***	−0.019	0.013	−0.030**	1						
SOP	0.043***	0.053***	0.074***	0.210***	−0.024*	0.112***	−0.055***	0.021	1					
TMAS	0.070***	0.199***	0.196***	−0.125***	−0.211***	0.145***	0.385***	0.003	0.142***	1				
SHF	−0.005	0.131***	0.105***	0.063***	0.081***	−0.106***	0.217***	0.030**	−0.249***	−0.044***	1			
Dual	0.092***	0.027**	0.044***	0.193***	0.005	0.099***	−0.199***	0.181***	0.154***	−0.015	−0.056***	1		
CA	−0.090***	0.168***	0.148***	−0.135***	−0.103***	−0.068***	0.803***	−0.016	−0.042***	0.403***	0.221***	−0.150***	1	
Lev	−0.274***	−0.331***	−0.372***	−0.205***	−0.028**	−0.058***	0.529***	−0.053***	−0.105***	0.065***	0.056***	−0.139***	0.270***	1

注：*、** 和 *** 分别表示 10%、5% 和 1% 的显著性水平，下同。

较多的金融资产。企业的融资约束程度（负数）与金融化程度正相关，表示融资约束越严重即绝对值越大，配置的金融资产的比例也就越小，这可能是因为在本身资金不充沛以及融资约束严重时，企业没有更多的资金配置于金融资产上。同时发现，ROA 与 MROA 之间相关系数过大，存在多重共线性，故将 ROA 从模型里剔除。CA 与 Size 之间相关系数也较大，但对其余变量进行方差膨胀因子检验时发现均值及最大值小于 10，不存在严重的多重共线性问题。

2.5.3　回归分析

为避免样本数据的非平稳性导致“伪回归”，本章将通过单位根来检验数据是否平稳。参考陈强（2014）的观点，对于 $N > T$ 的面板数据，选择 HT 检测更优，故本章选择 HT 检验对 Fin、Fin^2（Fin 的平方项）、CP、MROA、RFECO、FC、IDR、SOP、SHF、Lev 等变量进行了检验，结果显示所有变量均拒绝样本数据含有单位根的原假设，表明变量具有平稳性。

模型具体可通过 F 检验判断，若 p 值小于 0.05，则表明个体效应显著，应该使用固定效应模型。对于 Fe 模型与 Re 模型的选取，采用 Hausman 检验来判断。本章最终选取了 Fe 模型。考虑到时间效应的影响，本章控制了时间效应，由于采取的是固定效应模型，因此又控制了个体效应，同时为了消除异方差的影响采用稳健标准误进行修正。

在宏观、中观的两个自变量货币政策、区域金融生态环境均控制了个体效应和年份效应的情况下，回归分析结果如表 2-4 所示。首先，从宏观视角来看，货币政策 CP 与金融化程度控制时间效应后在 1% 的水平上显著正相关，说明货币政策愈宽松，企业愈会配置更多金融资产。货币政策宽松时企业外部融资成本将会更低，表明我国实体企业在此阶段是以“蓄水池”动机为主来进行金融资产的配置，即预防储蓄动机，研究假设 H1 得到证实。在区域金融生态环境控制时间效应的情况下，区域金融生态环境 RFECO 与金融化程度在 5% 的水平下显著正相关。在金融生态环境好的地区，金融机构以及金融人才密集，人们的金融知识素养也较高，位于该地区的实体企业对于金融资产有更多的认识，也有更多的机会投资金融资产，在实体企业和金融资产投资回报率的高额差距下，实体企业有动力进行金融资产的配置。实体企业在有动力、有能力、有机会的情况下，金融生态环境越好其配置的金融资产也就越多，研究假设 H2b 得到证实，假设 H2a 被拒绝。

表 2-4 还显示，从剥除了金融资产收益的主营业务收益率 MROA 来看，在控制时间效应的情况下，主营业务收益率与实体企业的金融化程度在 5% 的水平上显著负相关，系数为 -0.051，得到的结果与谢家智等（2014）相同，假设 H3 得到了支持。企业主营业务收益率越低，表明其主营业务在市场上的竞争力越弱，使得其业绩预期也较低，企业高管为了保持良好的业绩表现或出于利益关联，有动机去资本市场投资，也即持有更多的金融资产。这也和 Gretar 和 Krippner（2005）得到的结论一致：企业主营业务利润率是企业金融化程度的重要影响因素。从金融资产的投资替代动机来分析，企业在主营业务的投资回报率较低时，偏向于把资源配置到能带来更高回报率的地方，也就是金融资产。从融资约束 FC 来看，在控制了时间效应的情况下，FC 与金融化程度在 5% 的水平下显著负相关，由于 FC 是负数，其绝对值越大表示融资约束越强，研究假设 H4 得到了证实，即企业面临的融资约束越严重，FC 负得越大，企业配置的金融资产也就越多。从融资约束理论来分析，当企业面临严重的融资约束时，企业在外部融资难度大、成本高，将更加依赖于内源性融资，而金融资产流动性强且可获得一定的投资收益，企业可根据自身的经营情况进行资源的配置，降低企业对于外部资本市场的依赖性。

最后，对于控制变量，资产规模 Size 与金融化程度显著正相关，即企业规模越大其金融化水平越高。资产负债率 Lev 与金融化显著负相关，即企业面临较高的债务压力时，会对其配置金融资产起到一定的约束作用。独立董事规模 IDR 对于金融化的影响不显著。股权激励制度 SOP 与金融化程度负相关，说明企业高管持有公司股份时会降低代理成本，经营更为谨慎，对于具有风险性的金融资产配置较低。高管薪酬 TMAS 与金融化程度正相关。

表 2-4　回归分析结果

变量	（1）	（2）
	Fin	Fin
MROA		−0.051** （−2.550）
FC		−0.050** （−1.980）
CP	0.002*** （2.590）	
RFECO	0.004** （2.120）	
Size	0.039*** （10.190）	0.039*** （10.320）
Lev	−0.152*** （−13.150）	−0.159*** （−13.350）
IDR	−0.014 （−0.500）	−0.013 （−0.460）
SOP	−0.010** （−2.360）	−0.010** （−2.340）
TMAS	0.004* （1.740）	0.005* （1.650）
SHF	−0.000 （−1.050）	−0.000 （−0.690）
Dual	0.011*** （3.460）	0.011*** （3.360）
CA	−0.028*** （−15.320）	−0.027*** （−14.810）
Constant	−0.242*** （−3.200）	−0.422*** （−3.580）
Observations	5785	5785
R-squared	0.117	0.118
Number of stkcd	965	965
Company Fe	YES	YES
Control	YES	YES
Year Fe	YES	YES

2.5.4 稳健性检验

（1）内生性问题。

为了减弱内生性对于实证结果的影响，本章借鉴顾夏铭等（2018）的做法，将控制变量与自变量均滞后一期进行回归。此法可减弱可能存在的反向因果关系，以此来检验模型的稳健性。从表 2-5 可以看出实证结果基本不变，主要解释变量依旧显著，证明前文结论具有稳健性。

表 2-5 稳健性检验（内生性检验）

变量	（1）	（2）
	Fin	Fin
L.MROA		-0.073^{**}
		（-2.340）
L.FC		-0.019^{***}
		（-3.170）
L.CP	0.003^{***}	
	（3.750）	
L.RFECO	0.004^{***}	
	（5.940）	
L.Size	0.010^{***}	0.004
	（3.470）	（1.440）
L.Lev	-0.173^{***}	-0.166^{***}
	（-16.530）	（-14.770）
L.IDR	0.030	0.059^{**}
	（1.100）	（2.130）
L.SOP	-0.003	0.003
	（-0.850）	（0.840）
L.TMAS	0.009^{***}	0.015^{***}
	（3.680）	（5.730）
L.SHF	0	0^{**}
	（1.050）	（2.130）
L.Dual	0.005	0.010^{***}
	（1.530）	（2.800）

续表

变量	(1)	(2)
	Fin	Fin
L.CA	-0.008***	-0.004*
	(-3.590)	(-1.880)
Constant	0.015	-0.147***
	(0.310)	(-3.720)
Observations	4822	4822
R-squared	0.202	0.105
Industry Fe	YES	YES
Control	YES	YES
Year Fe	YES	YES

(2)变量替换法。

通过对因变量的计算方法进行变更来进行稳健性检验，将原计入金融资产的投资性房地产和衍生金融资产从金融化程度计算方法中剔除，发现表 2-6 回归结果与前文一致，证明前文结论具有稳健性。

表 2-6 稳健性检验（变量替换法）

变量	(1)	(2)
	New_Fin	New_Fin
MROA		-0.048**
		(-2.360)
FC		-0.062**
		(-2.250)
CP	0.003***	
	(3.650)	
RFECO	0.002**	
	(2.020)	
Size	0.047***	0.046***
	(12.060)	(12.070)

续表

变量	(1)	(2)
	New_Fin	New_Fin
Lev	-0.156***	-0.163***
	(-13.250)	(-13.470)
IDR	0.012	0.013
	(0.430)	(0.460)
SOP	-0.010**	-0.010**
	(-2.530)	(-2.510)
TMAS	0.006*	0.007**
	(1.880)	(2.110)
SHF	-0.000	-0.000
	(-0.770)	(-0.350)
Dual	0.012***	0.012***
	(3.730)	(3.670)
CA	-0.029***	-0.028***
	(-15.890)	(-15.340)
Constant	-0.418***	-0.634***
	(-5.440)	(-5.300)
Observations	5785	5785
R-squared	0.120	0.122
Number of stkcd	965	965
Company Fe	YES	YES
Control	YES	YES
Year Fe	YES	YES

2.5.5 宏观、中观对微观的调节作用

从现有文献来看，已有不少学者从单一层面（或宏观或中观或微观）对企业金融化动机进行了分析，却鲜有学者分析宏观、中观与微观的交互作用。而从理论层面上来看，企业的微观因素（如主营业务利润率、融资约束程度）对其配置金融资产的行为会受到宏观与中观经济环境的影响，故本章设置以下模型来分析

宏观、中观因素在微观因素对企业配置金融资产的影响中的调节作用。

$$Fin=\alpha_0+\alpha_1 MROA+\alpha_2 FC+\alpha_3 MROA*CP+\alpha_4 FC*CP+\alpha_5 CP+\alpha_6 Control +\sum\alpha_i Industry+\sum\alpha_j Year+\varepsilon \quad (2-4)$$

$$Fin=\beta_0+\beta_1 MROA+\beta_2 FC+\beta_3 MROA*RFECO+\beta_4 FC*RFECO+ \beta_5 RFECO+\beta_6 Control+\sum\beta_i Industry+\sum\beta_j Year+\varepsilon \quad (2-5)$$

式（2–4）为宏观因素货币政策 CP 对于企业微观因素的调节作用，式（2–5）为中观因素区域金融生态环境 RFECO 对于企业微观因素的调节作用，两式的交互项均已经过去中心化处理，Control 为控制变量，与前文一致，得到如表 2–7 所示的回归结果。

从表 2–7 中可以看出，在（1）列中 MROA*CP 系数为负，但不具有显著性，说明货币政策 CP 在企业主营业务利润率 MROA 对金融资产配置的影响中不具有调节效应。而 FC*CP 的系数为负，且通过了 1% 的显著性水平检验，与 FC 的符号相同，说明货币政策 CP 对融资约束 FC 起到了促进作用，即货币政策愈宽松，企业融资约束对于金融资产配置的影响愈强，如企业在融资约束严重时，货币政策愈宽松，企业金融化程度愈高。

在（2）列中 MROA*RFECO 不具有显著性，说明区域金融生态环境 RFECO 在企业主营业务利润率 MROA 对金融资产配置的影响中不具有调节效应。而 FC*RFECO 交互项的系数为正，与 FC 的系数符号相反，且在 5% 的水平上显著，说明区域金融生态环境 RFECO 对融资约束 FC 的影响起到了抑制作用，即当区域金融生态环境良好时会降低融资约束对金融资产配置的影响程度。

表 2–7　宏观、中观因素对微观因素的调节作用

变量	（1）	（2）
	Fin	Fin
MROA	-0.050^{**}	-0.047^{**}
	（–2.460）	（–2.320）
FC	-0.045^{**}	-0.043^{*}
	（–1.960）	（–1.870）

续表

变量	(1)	(2)
	Fin	Fin
MROA*CP	-0.003 (-0.840)	
FC*CP	-0.002^{***} (-2.660)	
CP	0.002^{**} (2.130)	
MROA*RFECO		-0.005 (-0.840)
FC*RFECO		0.008^{**} (2.200)
RFECO		0.006^{***} (2.790)
Size	0.037^{***} (9.680)	0.038^{***} (9.810)
Lev	-0.161^{***} (-13.470)	-0.162^{***} (-13.540)
IDR	-0.011 (-0.400)	-0.014 (-0.480)
SOP	-0.009^{**} (-2.260)	-0.009^{**} (-2.320)
TMAS	0.005^{*} (1.680)	0.005^{*} (1.650)
SHF	-0.000 (-0.210)	-0.000 (-0.180)
Dual	0.011^{***} (3.390)	0.011^{***} (3.520)
CA	-0.027^{***} (-14.680)	-0.027^{***} (-14.540)

续表

变量	(1)	(2)
	Fin	Fin
Constant	−0.380***	−0.396***
	(−3.110)	(−3.350)
Observations	5785	5785
R-squared	0.119	0.120
Number of stkcd	965	965
Company Fe	YES	YES
Control	YES	YES
Year Fe	YES	YES

2.6　结论

本章以我国2014—2019年上市实体企业为样本，通过实证分析，从宏观、中观和微观三个层面全面探讨了实体企业金融化的动机。描述性统计发现，样本企业金融化程度的均值为0.079，说明我国实体企业持有较高的金融资产，其中最大值为0.530，说明有的实体企业持有过多的金融资产，有严重的“脱实向虚”倾向。回归分析部分显示：主营业务利润率越低，金融化程度越高；企业面临的融资约束越严重，配置的金融资产越多；宽松的货币政策和良好的区域金融生态环境会促进企业配置更多的金融资产。稳健性检验发现：金融资产中是否计入衍生金融资产和投资性房地产，对回归结果没有影响；将控制变量与自变量均滞后一期进行回归能排除反向因果关系。调节效应检验发现：货币政策对融资约束FC起到了促进作用，区域金融生态环境对融资约束的影响则起到了抑制作用。所以，要治理实体企业过度金融化，收紧货币政策并营造良好的区域金融生态环境是关键。

本章参考文献

[1] Bernanke B S, Gertler M.Inside the black box: The credit channel of monetary policy [J] .The Journal of Economic Perspectives, 1995, 9 (4): 27–48.

[2] Bonfiglioli A.Financial integration, productivity and capital accumulation [J] . Journal of International Economics, 2008, 76 (2): 337–355.

[3] Crotty J.The effects of increased product market cohbetiton and changes in financial markets on the performance of nonfinancial corporations in the neoliberal era [D] . Boston: University of Mas–sachuseltts, 2002.

[4] Gehringer A.Growth, productivity and capital accumulation: The effects of financial liberalization in the case of European integration [J] . International Review of Economics & Finance, 2013, 25 (1): 291–309.

[5] Jensen M.Agency costs of free cash flow, corporate finance, and takeovers [J] . American Economic Review, 1986, 76 (2): 323–329.

[6] Krippner G R.The financialization of the Amercian economy [J] . Socio–Economic Reivew, 2005, 3 (2): 173–208.

[7] Myers S C, Majluf N S.Corporate financing and investment decisions when firms have information that investors do not have [J] . Journal of Financial Economics, 1984, 13 (2): 187–221.

[8] Palley T I.Financialization: What it is and why it matters [J] . Social Science Electronic Publishing, 2007, 26 (9): 9–15.

[9] Samir A.Obsolescent capitalism: Contemporary politics and global disorder [M] . London and New York: Zed Books, 2003.

[10] Samuel K, Sahil J D.The myth of the shareholder revolution and the financialization of the firm [J] . Review of International Political Economy, 2020, 27 (3): 476–499.

［11］Theurillat T，Copataux J，Crevoisier O.Property sector financialization：The case of Swiss pension funds（1992—2005）［J］. European Planning Studies，2010（2）：189-212.

［12］Tori D，Onaran Z.The effects of financialisation and financial development on investment：Evidence from firm-level data in Europe［R］. Working Paper，2017.

［13］Tornell A.Real vs.financial investment can Tobin taxes eliminate the irreversibility distortion?［J］. Journal of Development Economics，1990，32（2）：419-444.

［14］蔡明荣，任世驰. 企业金融化：一项研究综述［J］. 财经科学，2014（7）：41-51.

［15］杜勇，张欢，陈建英. 金融化对实体企业未来主业发展的影响：促进还是抑制［J］. 中国工业经济，2017（12）：113-131.

［16］保罗·斯威齐. 资本主义发展论［M］. 商务印书馆，2011.

［17］樊纲，王小鲁. 中国市场化指数［M］. 经济科学出版社，2001.

［18］顾夏铭，陈勇民，潘士远. 经济政策不确定性与创新——基于我国上市公司的实证分析［J］. 经济研究，2018，53（2）：109-123.

［19］胡奕明，王雪婷，张瑾. 金融资产配置动机："蓄水池"或"替代"？——来自中国上市公司的证据［J］. 经济研究，2017，52（1）：181-194.

［20］江春，李巍. 中国非金融企业持有金融资产的决定因素和含义：一个实证调查［J］. 经济管理，2013（7）：13-23.

［21］金欣雪，谢邦昌. 区域金融生态环境评价与实证［J］. 统计与决策，2014（15）：160-162.

［22］鞠晓生，卢荻，虞义华. 融资约束、营运资本管理与企业创新可持续性［J］. 经济研究，2013（1）：4-16.

［23］黎文靖，李茫茫. "实体 + 金融"：融资约束、政策迎合还是市场竞争？——基于不同产权性质视角的经验研究［J］. 金融研究，2017（8）：100-116.

［24］彭俞超，韩珣，李建军. 经济政策不确定性与企业金融化［J］. 中国工业经济，2018（1）：137-155.

［25］王冬梅．财务会计学［M］．大连：东北财经大学出版社，2022.

［26］王国刚．“去杠杆”：范畴界定、操作重心和可选之策［J］．经济学动态，2017（7）：16–25.

［27］王红建，李茫茫，汤泰劼．实体企业跨行业套利的驱动因素及其对创新的影响［J］．中国工业经济，2016（11）：73–89.

［28］王红建，等．实体企业金融化促进还是抑制了企业创新——基于中国制造业上市公司的经验研究［J］．南开管理评论，2017（1）：155–166.

［29］文春晖，李思龙，郭丽虹，等．过度融资、挤出效应与资本脱实向虚——中国实体上市公司2007—2015年的证据［J］．经济管理，2018，40（7）：41–57.

［30］谢家智，王文涛，江源．制造业金融化、政府控制与技术创新［J］．经济学动态，2014（11）：78–88.

［31］徐经长，曾雪云．公允价值计量与管理层薪酬契约［J］．会计研究，2010（3）：12–19.

［32］张成思，张步昙．中国实业投资率下降之谜：经济金融化视角［J］．经济研究，2016（12）：32–46.

［33］赵峰，田佳禾．当前中国经济金融化的水平和趋势——一个结构的和比较的分析［J］．政治经济学评论，2015，6（3）：120–142.

［34］钟凯，程小可，张伟华．货币政策、信息透明度与企业信贷期限结构［J］．财贸经济，2016，37（3）：60–77.

第3章　实体企业金融化对创新投入的挤出效应研究

实体企业金融化受到了学术界的高度关注，有诸多文献证实实体企业金融化挤出了企业创新投入，然而，实体企业金融化是通过怎样的路径挤出企业创新投入的呢？二者之间是简单的线性关系吗？为了规避2020年起新冠疫情的冲击，本章以2012—2019年我国沪深A股7576个企业观测值为研究样本，采用固定效应模型进行实证检验。结果表明：实体企业金融化与企业创新投入呈“倒U形”关系。中介效应检验发现，适度金融化能够缓解融资约束进而促进企业创新，过度金融化则依赖于金融资产的盈利能力从而抑制企业创新。通过引入公司治理变量股权激励进行调节效应检验发现，股权激励能够显著弱化过度金融化对企业创新投入的抑制作用。异质性检验发现，企业配置长期金融资产与企业创新投入之间的“倒U形”关系依然显著，企业配置短期金融资产对企业创新投入只有显著的单向促进作用，非国有企业和高新技术企业的金融化与企业创新投入仍呈“倒U形”关系，而国有企业和非高新技术企业的金融化则显著抑制了企业的创新投入。经过替换研发投入的测度方法、重新测算最优金融化水平和内生性处理后，结论依然稳健。对实体企业金融化与企业创新之间关系的探究，不仅对政府层面深化金融改革、加强金融监管和加大财政激励力度具有指示意义，而且对指导实体企业的投资决策行为和助力实体企业的长远发展也有着重要的指导意义。不足之处是：由于数据库中研发投入字段的大量缺失导致样本量偏小，这有可能影响研究结论的可靠性。

3.1 引言

我国金融业增加值对 GDP 的贡献率 2019 年为 7.8%，2015 年则达到了 8.35%。这个占比创造了历史峰值，高于日本 20 世纪 80 年代金融泡沫期和美国 2008 年金融危机时期的比例。本着逐利目的，大量实体企业不再坚守主业，将资金投向金融市场，购买金融资产以获取利润，甚至一些实体企业完全偏离了原来的轨道，存在着过度金融化的倾向。实体企业这种短视行为导致了金融和实业关系的失衡，使得大量资金在金融体系内空转，导致实业发展缺乏资金，这将严重危害到我国经济的健康稳定发展。所以，防止“脱实向虚”，抑制企业过度金融化，让资金流回实体经济，就成了学术界和监管部门普遍关心的问题。

创新是引领发展的第一动力。创新对于国家至关重要，同样创新也是企业生存之本。企业缺乏创新，就缺乏在市场上的竞争力。2015—2019 年我国 R&D（Research and Development，研究与试验发展）经费支出金额从 14169.9 亿元上升到 22143.6 亿元，增长了 56.27%。从创新产出来看，据国家统计局和华经产业研究院统计，我国专利申请授权数从 2015 年的 157.82 万件上升至 2019 年的 247.44 万件，增长率同样达到了 56.79%。然而，企业创新需要大量的资金投入，要想依靠创新推动实体经济高质量发展，就要防止实体企业不当金融化挤出企业的创新投入。

本章基于大量文献调研发现，以往学者在研究企业金融化与企业创新的关系时把重心放在企业金融化对企业创新的抑制作用上，较少考虑二者之间可能存在更深层次的关系。王昱、夏君诺、刘思钰（2022）实证发现，对于发展中国家制造业企业，产融结合对研发投入的影响主要表现出“倒 U 型”挤出效应，且存在最优产融结合水平使其研发投入强度最大，随着分位点的提高，最优产融结合水平右移。这篇文献虽然发现了实体企业金融化的方式之一产融结合与研发投入之间的非线性关系，但存在几处明显的不足：第一，用长期股权投资占总资产之比表示企业产融结合水平误差太大，因为只有金融性长期股权投资才是产融结合的形式之一（王冬梅，2022）；第二，用研发费用占营业收入之比表征研发强度只考虑了研发投入费用化的部分，没有考虑研发投入资本化的部分；第三，用财务费用与营业总收入之比表征财务费用率也存在同样的问题，因为我国企业财务费用的构成很复杂，不单指利息费用。基于以上三点，我们认为其结论可能存在较大偏差。本章通过相关机理分析认为，企业金融化与企业创新的关系并不是单一的线性关系，而是“倒U形”关系，这种关系应该更符合实际，并通过大样本实证分析得到验证。再者，以往学者的研究往往是基于全样本来研究企业金融化与企业创新的关系，本章通过构建合适的测算模型拟合出企业的最优金融化水平，并以此为基础，把样本分为适度金融化样本和过度金融化样本来分别研究企业金融化与企业创新的关系，通过中介效应检验发现，适度金融化能够缓解企业的融资约束从而促进企业创新，过度金融化则依赖于金融资产的盈利能力而抑制企业创新。在过度金融化抑制企业创新的基础上引入了企业治理变量股权激励，通过检验发现，股权激励确实能够显著弱化过度金融化对企业创新的抑制效果。分组的异质性检验证明了本章结论具有稳健性。

本章可能的贡献为：在诠释实体企业金融化与企业创新的本质关系上更加深入，丰富了这一主题的研究文献。另外，在拟合最优金融化水平时本章是基于一组财务特征和企业特征变量进行的，有别于王少华等（2020）用股东价值最大化作为约束条件来求解最优金融化水平，因为股东价值会受股票交易价格的影响，而股票交易价格又受到太多因素的影响。本章通过引入融资约束和金融资产盈利能力作为中介变量，来分别检验其在适度金融化和过度金融化子样本中影响企业创新的传导机制，实证过程更加细致、深入。另外还引入公司治理变量股权激励作为调节变量，来考察其对企业过度金融化的治理效应，从企业治理层面提出了更具针对性的治理对策。

3.2 文献回顾

3.2.1 关于实体企业金融化的经济后果研究

杜勇等（2017）认为企业投资于金融资产削弱了实业投资，对国有企业主业业绩损害更大。胡诗阳等（2019）发现上市公司购买理财产品会引发实业投资不足的问题。王珊珊（2020）验证了非金融企业的金融化显著抑制了企业未来的主业发展。周剑南和王志涛（2020）发现金融化加剧了企业的财务风险，具有金融背景的公司高管能在一定程度上防范这种状况的发生。谢获宝等（2020）认为实体企业金融化显著抑制了制造业全要素生产率，且抑制效果在非国有企业更大。陈赤平和孔莉霞（2020）也证实在国有企业抑制效果更强，技术创新能发挥部分中介缓冲效应。翟光宇等（2021）发现实体企业金融化显著抑制了实业投资，而融资约束低的企业能够缓解这一效应。

3.2.2 实体企业金融化对企业创新的影响研究

绝大多数学者通过研究发现实体企业金融化与企业创新之间呈负相关关系。Seo 等（2012）发现金融投资对研发投入具有挤出效应。Dosi 等（2016）也发现非金融企业为获取短期回报而增大金融资产的投资，削弱了研发投入。Jibril 等（2018）发现金融化阻碍了企业对无形资产的投资，较多依靠金融渠道获利的企业创新活动更少，表明这些企业管理层的短视性，只关注短期业绩，不注重长期发展。Cupertino 等（2019）发现企业金融化与企业实业投资呈负相关关系，这对企业的长期增长和创新产生了消极的影响。Lee 等（2020）以 OECD（经合组织）国家作为研究对象，结果发现随着企业金融化程度的加深，企业管理层的短视性也在不断地加重，使得他们从伴随着长期投资的根本性创新转向了增量创新，只注重专利的数量而不注重质量。万良勇等（2020）发现企业金融化通过对研发投入的挤出效应，进一步地抑制了企业的创新产出。这一抑制效应对国有企业更加显著。当企业给高管越多的股权激励，这一效应就越弱；而当企业面临更激烈的市场环境和更宽松的货币政策时，这一效应也就越强。杨肖（2020）认为经济政策的不确定性能够推动金融化对研发投入的挤出作用。肖忠意等（2021）也证实了企业金融化能够抑制非金融企业的研发投入，而在这一过程中企业创新文化发挥了显著的调节作用。

也有学者通过研究发现实体企业适宜的金融化水平对企业创新是有利的，不是单纯的挤出效应。王红建等（2017）发现企业金融化对研发投入的挤出效应存在拐点，当企业金融化程度超过23%后，企业金融化会促进企业的研发投入。王少华等（2020）也发现了同样的规律。董亮和陈相甫（2021）认为当金融化程度过低或过高时都会抑制研发投入，只有保持一定程度的金融化才是最适宜的。

3.2.3　股权激励与企业创新之间的关系研究

关于股权激励与企业创新的关系研究，结果可分为三类。

第一类为股权激励对企业创新起到了促进作用。徐宗宇和史心怡（2020）、郭令秀和郭晓敏（2020）、赵素君和李妍（2020）都持这一观点。赵息和林德林（2019）、陈鹏程等（2021）都证实了股权激励能够提高企业的创新绩效。俞静和蔡雯（2021）研究发现，无论是薪酬激励还是股权激励都显著促进了企业创新，包括研发投入和创新产出。赵世芳等（2020）发现股权激励能够有效抑制高管的急功近利倾向，促使高管更加注重公司的长远发展而提高企业的研发投入。封海燕（2020）虽然也证实了股权激励能够促进企业的研发投入与产出，但其认为我国当前的股权激励并没有显著地降低代理成本，而是表现为一种福利效应。

第二类为股权激励抑制企业创新。徐长生等（2018）研究表明，股权激励并没有达到促进企业创新的效果，只是作为一种福利制度而存在。石泓和高崇（2019）发现股权激励并不能有效促进企业研发投入。周建庆等（2020）以股权激励与高管薪酬的比重来度量股权激励强度，发现股权激励强度显著抑制了企业的研发投入。

第三类为股权激励与企业创新呈现"倒U形"关系。舒文燕等（2018）以A股制造业上市公司为样本，以专利申请数量来衡量创新绩效，研究发现股权激励与创新绩效呈现"倒U形"关系。周菲和杨栋旭（2019）通过研究我国A股中小板高新技术企业，发现股权激励与企业研发投入呈“倒U形”关系，区分产权性质时，发现这一现象在非国有企业比较显著。

3.2.4 股权激励与实体企业金融化的关系研究

关于股权激励与实体企业金融化的研究，大量文献都是把股权激励作为调节变量来考察的。晋盛武和何珊珊（2017）、饶静和曾丽欢（2020）都发现企业金融化对企业的研发投入具有显著的抑制作用，而实施股权激励制度能够有效地弱化这一负向效应。巩娜（2020）证实股权激励强化了短期金融资产对企业绩效的促进作用，弱化了长期金融资产对企业绩效的抑制作用。王珊珊（2020）证实了企业金融化能够抑制企业未来的主业发展，而高管股权激励能够显著弱化这一负向影响。王怀明和王成琛（2020）研究表明，主业盈利能力能够显著抑制企业的金融化，而高管薪酬激励强化了这一负向效用，股权激励并没有显著的调节效应。万良勇等（2020）研究表明，企业金融化能够抑制企业的研发投入，进而抑制企业的创新产出；股权激励能够弱化企业金融化对企业研发投入的抑制效果，进而缓解对创新产出的负向影响。另外，还有部分学者直接以股权激励作为解释变量来研究其对企业金融化的影响。安磊等（2018）、谢罗奇和刘佳豪（2020）研究表明，股权激励显著抑制了企业的金融化趋势。

3.2.5 小结

从实体企业金融化与企业创新的关系来看，有大量文献证实实体企业金融化抑制了企业创新，也有学者持不同观点，认为实体企业保持适宜的金融化水平对企业创新是有利的，而过度金融化会对企业的创新产生抑制效果。因此，本章推断实体企业金融化与企业创新并不是单向的线性关系，企业创新会随着金融化程度的加深呈现出不同的变化趋势，根据相关文献表明这种非线性关系很可能是“倒U形”关系。所以，本章试图验证企业金融化与企业创新之间是否存在“倒U形”的非线性关系。从企业金融化影响企业创新的路径来看，现有研究文献较少。本章基于金融化适度性角度来分别探索适度金融化和过度金融化通过何种路径来影响企业创新。从如何治理企业过度金融化挤出企业创新来看，现有文献对此涉及不多，所以本章将引入公司治理变量股权激励来检验其对过度金融化的治理效应。

3.3 理论机制与研究假设

3.3.1 实体企业金融化对企业创新影响的机制与假设

企业的持续健康发展离不开稳定的资金链，因此企业的融资能力至关重要。史学智和阳镇（2021）发现金融资产这时实际上发挥了一种“蓄水池”效应。徐珊和刘笃池（2019）发现企业通过金融化可以有效缓解企业的融资约束，帮助企业拓宽融资渠道，增强企业的融资能力。这种预防储蓄理论指的是企业把闲置资金用于购买金融资产，由于金融资产具有变现速度快、调整成本低的优点，所以当企业未来一旦出现资金短缺的情形，就可以立即出售金融资产来填补资金短缺，依靠这种方式可以大大减小企业对外部融资的依赖性，降低企业的融资成本，保障企业各方面发展所需资金来源的稳定性，对企业的实业投资和创新投资起到了促进作用。

金融资产对研发投入具有挤出效应被称之为投资替代效应。Demir（2009）、王红建等（2017）、周雪峰和左静静（2018）、戚聿东和张任之（2018）认为企业金融化对创新投资具有挤出效应。由于大多数企业都是以股东价值最大化为导向的，所以公司管理层为了完成股东要求的业绩就会选择投资回报期较短的金融资产，而不是投资于回报期较长、风险较大、未来收益不确定的创新项目，这就使得企业管理层在短期内通过提高业绩来达到股东的要求，从而挤出了创新投资。管理层在做出相关决策时会考虑到自身的情况，比如任期长短、个人收益以及职位的稳定性，所有这些因素使得高管不会冒险选择风险较大、投入较多的创新项目，而是选择能够在短期内得到回报的金融资产。Orhangazi（2008）认为金融化会通过两个渠道来抑制实业投资，一个是高额的金融收益率吸引公司经理来投资金融资产从而挤出实业投资，另一个是金融化削减了企业内部的可用资金，使公司对未来规划充满短视性和不确定性。对企业来说，面对资金有限的情况，到底是选择金融投资还是实业投资、研发投资是一个值得深思熟虑的问题。企业若把大量资金用于购买金融资产，那么用于实业投资和企业创新投资的资金就会不足。Tori和Onaran（2017）认为，对企业来说，虽然随着金融市场的发展，配置一定比例的金融资产是合理的，但是这会推动企业战略向金融化偏移，从而抑制实业投资。金融投资可能会给企业带来较高的收益以此来缓解企业的现金流约束，但是确实挤出了实业投资。解维敏（2018）发现实体企业投资金融资产对企业创新的资金造成了挤压。翟光宇等（2021）发现这种投资替代效应一般会发生在实体经济不太景气、产能过剩、供需不匹配等问题导致实体利润率不高时。当实体经济与虚拟经济发展出现失衡，企业通过生产经营和创新研发产品并不能实现较大规模的利润，甚至有可能出现无法回收成本的困境。然而金融市场的蓬勃发展及其高额的金融资产收益率对于企业有巨大的诱惑力，在套利动机鼓动下，企业为了获取短期收益而目光短视地持有大额金融资产，从而挤出实业投资，对企业主营业务未来的持续发展产生了不利的影响。

因此，从理论上来看，当挤出效应占据上风时，企业金融化能够抑制企业的创新；而当“蓄水池”效应起主导作用时，企业金融化可能会在某些情况下促进企业创新。目前的研究大都表明企业金融化抑制了企业的研发投入，但是仍有可能出现随着金融化程度的变化而对企业创新产生不同影响的这种非线性关系。进一步分析发现，这种非线性关系很可能表现为“倒U形”关系，即存在着一个金融化水平的临界点。在未超过这个临界点时属于未过度金融化的状态，这一状态下“蓄水池”效应发挥着主导作用，金融化有利于企业创新；而一旦超过这一临界点，则挤出效应超过“蓄水池”效应，金融化就会抑制企业创新。潘海英和王春凤（2020）研究发现，企业金融化对创新投资存在抑制作用，但是存在一个合理的金融化水平区间，这种负向影响最小。王少华等（2020）也有研究表明，企业未过度金融化有利于企业的创新，而过度的金融化却抑制了企业的创新投入。从理论上来讲，企业持有适度规模的金融资产是有利于企业的长期发展和创新的，适度的金融化水平并不会为公司带来较高的风险，反而能够对冲企业的经营风险，起到分散风险的作用，降低了公司整体的风险水平，为企业的创新活动提供了良好的基础。但是过度的金融化会对企业的创新产生不利的影响，企业基于投机套利动机，在主业发展前景不佳的情况下，通过持有部分金融资产来获取短期收益，随着企业投资金融资产的资金越多，企业获利也会越多，企业便会加大投资金融资产的比例，这会从根本上改变企业的发展模式，不再重视实业的发展而是转向虚拟经济领域，严重挤压了企业创新的空间。而且一旦资产泡沫破裂，会给企业带来巨大的损失。据此，提出如下两个假设。

H1a：企业金融化与企业创新的关系并非单一的线性关系，可能会随着金融化程度的变化而呈现出"倒U形"关系。

H1b：适度金融化会促进企业创新，而过度金融化会抑制企业创新。

3.3.2　中介效应机制与假设

张杰等（2012）和卢馨等（2013）发现融资约束对企业创新有着显著的抑制作用，所以如何缓解企业融资约束对促进企业创新有着积极的意义。企业适度金融化能够在一定程度上缓解企业的融资约束来促进企业创新。企业进行适度的金融化，此时"蓄水池"效应是强于挤出效应的，这部分金融资产平衡了企业经营风险，并且在企业现金流紧张的时候可以及时变现以解燃眉之急，无须向银行或者其他第三方借款，这就显著缓解了融资约束，对企业创新有着促进和支持作用。然而，随着金融化程度的加深，金融化对企业创新的影响会产生恶性循环，即减少创新投入，增加金融投资，导致金融资产盈利，从而抑制企业创新，这样会严重侵蚀企业创新的空间，对企业未来的长远发展极其不利。据此，提出如下两个假设。

H2a：企业适度金融化能够缓解融资约束促进企业创新。

H2b：企业过度金融化会促使企业过于依赖金融资产盈利能力从而阻碍企业创新。

对于上市公司来说，委托代理问题是不可避免的，其产生的根源便是信息不对称，正是由于企业利益相关各方的信息不对称导致了彼此的利益冲突。上市公司的利益相关者可以分为内部人和外部人两类，内部人主要包括公司的经营者、大股东以及董事等，外部人主要包括中小股东、债权人、监事等。内部人对公司的经营状况和相关信息充分了解，而外部人则在这方面存在劣势，外部人只能得到公司在市场中公开披露的信息，这些信息明显存在时滞效应，甚至存在选择性披露问题，不利于外部人在第一时间内做出反应。

委托代理问题通常分为两类：一类是公司经理人与股东之间的委托代理问题；另一类是大股东与中小股东之间的委托代理问题。

第一类委托代理问题是指公司经理人与股东之间存在着利益冲突，两者的利益最大化目标不同，股东不能对公司经理人进行有效的监督，这就使得经理人可能会做出一些不利于企业发展的行为，比如考虑到自己的职业前景和利益而不敢冒险投资风险较大、周期较长但对公司未来发展十分有利的项目。杜勇等（2017）发现随着金融化程度的加深，金融资产能够较快地产生收益，相对于实业投资和创新投资较长的回收期来说，金融资产投资可谓是一个短期内实现收益的较佳选择，因此，大股东可能就会通过控制公司来持有大额的金融资产，并采用各种关联交易、资金占用等方式来损害中小股东的利益。南晓莉和张敏（2019）认为由于公司经理人在投资决策中有着较高的自主权，公司经理人在金融资产较高的投资回报率的诱惑下就会把较大比例的资金配置给金融资产，从而抑制了企业的创新研发投资。

第二类委托代理问题主要是由股权集中度引发的，大股东因为拥有的股份比中小股东多，所以比中小股东有更大的话语权，进而能够影响公司的经营决策。这种情况下就会产生大股东侵占中小股东利益的现象。

委托代理问题在公司治理中是一个极其重要的问题，多数情况下，第一类代理问题较为严重。针对这一问题，有诸多途径去缓解，其中股权激励是一种比较常用且有效的手段。王钰超（2017）和李峥（2019）发现股权激励会带来利益趋同效应。股权激励能够使得公司管理层站在股东的角度上进行决策，使股东价值最大化，所以能够有效地减少管理层的道德风险，使委托代理问题在一定程度上得到缓解，代理成本得到降低。

股权激励对于实体企业金融化对企业创新的影响有着积极的作用。一方面，通过股权激励的薪酬条约，使得高管也成为公司的股东，因此其在公司重大决策问题上就会考虑到自己的利益，做出最符合股东价值最大化的决策。具体表现为：首先，股权激励使得高管更加关注公司长远的发展，只有公司未来的业绩增长，才能导致公司股价的上升，高管的薪酬水平也就会随之提高，因此高管会更加注重创新研发活动的投资。另外，股权激励政策的实施也让公司高管格外关注公司的股价，公司的战略动向往往能够影响股价走向，所以公司会更加看重研发，来向广大投资者传达公司未来发展良好的信号，助力公司股价的提升。高管在面对金融资产投资决策时就会更多考虑到金融资产的风险性，因为金融资产具有较大的波动性且容易受到市场顺周期的影响，容易造成公司总资产的损失从而对股价造成负面影响，进而变相降低了自己的薪酬，所以股权激励使得公司高管会更加平衡好持有金融资产的比例。据此，提出如下假设。

H3：股权激励能够显著弱化企业过度金融化对企业创新的抑制效果。

3.4　研究设计

3.4.1　数据来源及处理

考虑到2020年起新冠疫情的冲击，本章选择2012—2019年我国A股上市公司的数据进行研究以使结论更加稳健，并对样本做了如下处理：剔除金融和房地产行业的上市公司、ST和*ST类上市公司、财务杠杆大于1的上市公司和主要研究变量观测值缺失的上市公司。另外，为了避免离群值对研究结果的影响，本章还对样本数据进行了上下1%的缩尾处理，最后得到有效样本观测值7576个。本章数据来源于CSMAR数据库，使用软件为Stata15与Excel。

3.4.2　变量选取

（1）被解释变量。

本章以企业创新LNRD作为被解释变量。现有文献多从创新投入和创新产出两个角度来衡量企业创新。对创新投入的衡量，分别从绝对规模和相对规模角度测度，绝对规模常用研发投入的自然对数，而相对规模则常用研发投入与总资产或与营业收入之比来衡量。对创新产出多以企业申请的专利数量来衡量，也有用无形资产的增量来衡量的，后者存在较大偏差，因为我国上市公司无形资产的主要构成是土地使用权。本章借鉴孔东民等（2017）和亚琨（2018）的研究，用企业研发投入总额的自然对数来衡量企业创新。

（2）解释变量。

本章以企业金融化程度和金融化偏离水平作为解释变量，并借鉴 Demir（2009）、谢家智等（2014）、宋军和陆旸（2015）、杜勇等（2017）、许罡和伍文中（2018）以企业持有的金融资产比例来表示企业金融化程度。对于金融资产的范围，本章将交易性金融资产、衍生金融资产、发放贷款及垫款、可供出售金融资产（2019 年起分列成其他债权投资、其他权益工具投资和其他非流动金融资产）、持有至到期投资（2019 年起改称债权投资）、长期股权投资、投资性房地产都计算在内。而对于金融化偏离水平的度量，则是以企业实际金融化水平与企业最优金融化水平之差来衡量的。参考 Richardson（2006）对非效率投资的测度模型，并借鉴黄贤环等（2019）的做法，实体企业投资金融资产的规模虽然是微观、中观和宏观等多方面的影响因素造成的，但实质上也是企业的一种投资决策行为，受到企业自身特征的影响，包括财务状况和非财务状况，具体体现为企业的年龄、规模、成长能力、盈利能力以及财务杠杆和现金流状况等。因此，本章选择这些变量来构建计量模型以拟合出适合企业的最优金融化水平。具体的模型如下。

$$\text{Fin}_{it}=\alpha_0+\alpha_1\text{Fin}_{it-1}+\alpha_2\,\text{Control}+\sum\alpha_i\text{Industry}+\sum\alpha_j\,\text{Year}+\varepsilon \tag{3-1}$$

其中，Fin 为当期的实体企业金融化水平，而所有解释变量均滞后一期，Control 是一系列控制变量的集合，见控制变量说明部分。本章对此模型采用 OLS 回归进行拟合，然后用实际的企业金融化水平与拟合出的最优金融化水平求差，即为金融化偏离水平 Fingap，当 Fingap 小于 0 时表示企业是适度金融化的，而当 Fingap 大于 0 时表示企业是过度金融化的。

（3）中介变量。

本章选取的中介变量包括融资约束 FC 程度（用指数 SA 表示）和金融资产盈利能力 PFA。

对于企业融资约束的度量，既可以用单一指标，也可以用多指标构建的指数来衡量。单一指标并不能很好地代表企业的融资约束情况，而多指标构建的指数通常由企业的多个财务变量构建，具有较好的代表性，然而却可能出现内生性问题。本章参照鞠晓生等（2013）的做法，选取SA指数来衡量企业的融资约束水平，具体算法如下。

$$FC=SA=-0.737\times gm+0.043\times gm^2-0.04\times t \tag{3-2}$$

其中，gm是资产规模，$gm=ln$（资产合计/1000000），资产单位为元；t是当年上市年限，t=所在年份－上市年份。计算的SA为负，其绝对值越大表示融资约束越高。由于SA指数是由企业规模和企业年龄构建而成的，所以不用考虑内生性的影响。回归模型中把SA改为FC。

对于金融资产盈利能力的衡量，本章用金融渠道获利与营业收入之比来衡量，其中金融渠道获利涵盖了投资收益、公允价值变动损益以及其他综合收益。

（4）调节变量。

本章选取股权激励TMS作为调节变量。借鉴盛明泉等（2016）的做法，用高管持股比例作为股权激励的代理变量。

（5）控制变量。

参考现有文献，本章从公司财务特征和公司治理角度来选取控制变量。包括：Age表示企业成立年限，用对数表示；Lev表示企业的财务杠杆水平，用企业资产负债率衡量；Size表示企业规模，以总资产的对数衡量；企业的盈利能力用总资产净利率ROA来衡量；企业的成长能力用营业收入的同比增长率Growth来衡量；CFO为企业的现金流状况，以经营活动现金流量净额与总资产之比来衡量。另外还控制了两职合一（Dual）、托宾Q值（TQ）、股权集中度（Shft）、股利分配（DP）、行业（Industry）和年份（Year）效应。所有变量的定义，如表3-1所示。

表3-1　变量定义表

变量类型	变量名称	变量符号	变量定义
被解释变量	企业创新	LNRD	研发投入的对数值
解释变量	金融化程度	Fin	金融资产 ÷ 总资产
	金融化偏离水平	Fingap	实际金融化水平与最优金融化水平之差
中介变量	融资约束程度	FC	SA指数，计算方式见式（3-2）
	金融资产盈利能力	PFA	金融渠道获利 ÷ 营业收入

续表

变量类型	变量名称	变量符号	变量定义
调节变量	股权激励	TMS	高管持股总数 ÷ 总股数 ×100%
控制变量	企业年龄	Age	当年减去成立年份加 1 并取对数
	财务杠杆	Lev	总负债 ÷ 总资产
	总资产净利率	ROA	净利润 ÷ 总资产
	营业收入增长率	Growth	本期营业收入 ÷ 上期营业收入 -1
	企业规模	Size	期末总资产取对数
	企业现金流	CFO	经营活动现金净流量 ÷ 总资产
	托宾 Q 值	TQ	公司市值 ÷ 总资产
	两职合一	Dual	董事长和总经理兼任时赋值为 1，否则为 0
	股权集中度	Shft	公司第二大股东至第十大股东持股比例之和
	股利分配	DP	分配股利时赋值为 1，否则为 0
	行业	Industry	在本行业赋值为 1，否则为 0
	年份	Year	属于本年度赋值为 1，否则为 0

3.4.3 模型设计

（1）基础回归模型。

本章样本经豪斯曼检验，p 值为 0，说明采用固定效应模型更为合适。构建计量模型（3–3）来验证假设 H1a。若模型（3–3）中的 β_1 显著为正，而 β_2 显著为负，则说明企业金融化与企业创新存在着显著的“倒 U 形”关系。

$$\mathrm{LNRD}_{it}=\beta_0+\beta_1\,\mathrm{Fin}_{it}+\beta_2\,\mathrm{Fin}_{it}^2+\beta_3\,\mathrm{Control}+\varepsilon \tag{3–3}$$

再把样本分为适度金融化和过度金融化子样本，分别检验企业创新投入 LNRD 与金融化偏离水平 Fingap 的关系，可得出模型（3–4）。

$$\mathrm{LNRD}_{it}=\beta_0+\beta_1\,\mathrm{Fingap}_{it}+\beta_2\,\mathrm{Control}+\varepsilon \tag{3–4}$$

当样本为适度金融化样本时，此时金融化偏离水平是小于 0 的，若模型（3–4）中的 β_1 显著为正，则说明企业创新投入与金融化偏离水平是正相关的，即说明在企业实际金融化水平未达到最优金融化水平时，随着金融化水平的提高，企业创新投入也会增加，证实了适度金融化水平会促进企业创新。当样本为过度金融化样本时，此时金融化偏离水平是大于0的，若模型（3-4）中的 β_1 显著为负，则说明企业创新投入与金融化偏离水平是负相关的，即说明在企业实际金融化水平超过最优金融化水平时，随着金融化水平的提高，企业创新投入会减小，证实了过度金融化会抑制企业创新。H1b假设得到检验。

（2）中介效应模型。

本章借鉴温忠麟等（2004）的中介效应模型来检验适度金融化如何促进企业创新以及过度金融化如何抑制企业创新的中介效应，具体模型如下。

$$LNRD_{it}=\alpha_0+\alpha_1 Fingap_{it}+\alpha_2 Control+\varepsilon \tag{3-5}$$

$$Me_{it}=\beta_0+\beta_1 Fingap_{it}+\beta_2 Control+\eta \tag{3-6}$$

$$LNRD_{it}=\alpha'_0+\alpha'_1 Fingap_{it}+\alpha_2 Me_{it}+\alpha_3 Control+\tau \tag{3-7}$$

其中，Me代表中介变量，当以适度金融化样本进行检验时，Me为融资约束SA，当以过度金融化样本进行检验时，Me为金融资产盈利能力PFA；Control为控制变量集合。检验步骤为：第一步对模型（3-5）进行检验，若系数 α_1 显著，再进行后续步骤的检验；第二步，检验模型（3-6）中的 β_1 和模型（3-7）中的 α_2 是否显著，若两者都显著，则说明中介效应显著，进一步再检验系数 α'_1 是否显著，若 α'_1 显著，则说明是部分中介效应，若 α'_1 不显著，则说明是完全中介效应；第三步，若第二步中的 β_1 和 α_2 至少一个不显著，则需做Sobel检验以验证是否存在中介效应。

（3）调节效应模型。

本章通过引入公司治理变量股权激励TMS来研究其对过度金融化抑制企业创新是否存在显著的调节效应，具体模型如下。

$$LNRD_{it}=\beta_0+\beta_1 Fin_{it}+\beta_2 TMS_{it}+\beta_3 Fin_{it}\times TMS_{it}+\beta_4 Control+\varepsilon \tag{3-8}$$

若模型（3-8）中的 β_3 显著，则说明存在显著的调节效应。

3.5 实证分析

3.5.1 描述性统计

表 3-2 为本章研究中所用到的变量的描述性统计结果。从表中可以看出，单从各指标来看，被解释变量创新投入 LNRD 的均值为 18.040，中位数为 17.980，其均值和中位数大致接近，说明企业的研发投入比较集中，但是也注意到其标准差为 1.260，究其原因，发现其最小值和最大值相差较大。解释变量企业的金融化水平 Fin 均值为 0.060，说明在这些样本中，金融资产约占总资产的 6% 左右，从最大值看出金融化水平最高的企业高达 41%，说明有的企业热衷于把资金投资于金融市场去获取短期收益，而不是把资金投资于研发去助力公司的长远发展。金融化偏离水平 Fingap，其均值为 0，而中位数为 -0.010，两者也大致接近，呈现出微左偏的分布，说明有较多的企业金融化水平没有达到最优化，属于适度金融化状态，而相对较少的企业呈现出过度金融化的状态。总资产净利率的均值仅为 0.040，说明我国实体企业的盈利能力较弱，亟待创新研发去突破发展瓶颈。

表 3-2　变量的描述性统计结果

变量	样本数	最大值	最小值	均值	中位数	标准差
LNRD	7576	21.490	14.580	18.040	17.980	1.260
Fin	7576	0.410	0	0.060	0.030	0.080
Fingap	6629	0.360	-0.330	0	-0.010	0.040
FC	7576	-3.120	-4.280	-3.730	-3.730	0.230
PFA	7552	7.520	-1.590	0.020	0	0.140
TMS	7476	67.630	0	17.070	5.950	20.100
Age	7576	3.810	1.390	2.770	2.830	0.350
Lev	7576	0.800	0.040	0.380	0.370	0.190
ROA	7576	0.220	-0.220	0.040	0.040	0.060
Growth	7576	1.650	-0.420	0.160	0.120	0.310

续表

变量	样本数	最大值	最小值	均值	中位数	标准差
Size	7576	25.680	19.960	22.070	21.920	1.110
CFO	7576	0.220	-0.130	0.050	0.040	0.060
TQ	7576	7.690	0	2.090	1.690	1.300
Dual	7576	1	0	0.300	0	0.460
Shft	7576	54.270	2.650	24.230	23.490	12.060
DP	7576	1	0	0.790	1	0.410

3.5.2　相关分析

表 3-3 为本章研究所用连续变量的相关系数矩阵。从中可以看到，大部分变量之间相关系数的绝对值低于 0.5，高于 0.5 的只有 4 个，其中 3 个接近 0.5。只有企业年龄 Age 与融资约束 FC 之间的相关系数为 -0.906，表明二者之间存在着较严重的共线性问题，故后续回归分析中将剔除企业年龄这个变量。本章还计算了各自变量之间的方差膨胀因子，结果发现 VIF 值均小于 2，说明本章计量模型中的自变量不存在严重的多重共线性问题。

3.5.3　回归检验

（1）基本模型回归检验。

本章使用固定效应模型，通过控制公司效应和年份效应来对企业金融化和企业创新之间是否存在着显著的“倒 U 形”关系进行检验，表 3-4 为检验结果，第二列和第三列分别是用普通标准误和稳健标准误回归的结果。从第二列中可以看出，企业金融化 Fin 的系数为 0.653，在 1% 的水平上显著为正，企业金融化的平方项的系数为 -2.979，在 1% 的水平上显著为负，表明企业金融化 Fin 和创新投入 LNRD 之间确实存在着显著的“倒 U 形”关系，假设 H1a 成立。从第三列的结果来看，用稳健标准误进行回归依然显著。“倒 U 形”关系表明，企业金融化与企业创新投入之间并非线性关系，而是创新投入随着企业金融化程度的变化会出现一

表 3-3 连续变量的相关系数表

	LNRD	Fin	Fingap	FC	PFA	TMS	Age	Lev	ROA	Growth	Size	CFO	TQ	Shft
LNRD	1													
Fin	0.023**	1												
Fingap	−0.027**	0.532***	1											
FC	−0.092***	−0.159***	0.003	1										
PFA	−0.046***	0.163***	0.067***	−0.040***	1									
TMS	−0.197***	−0.086***	0.030**	0.270***	−0.022*	1								
Age	0.125***	0.168***	−0.000	−0.906***	0.031***	−0.282***	1							
Lev	0.317***	−0.035***	−0.003	−0.154***	−0.033***	−0.291***	0.177***	1						
ROA	0.110***	−0.028**	0.002	0.063***	0.035***	0.103***	−0.077***	−0.320***	1					
Growth	0.064***	−0.082***	−0.066***	0.056***	−0.045***	0.098***	−0.083***	0.022*	0.275***	1				
Size	0.682***	0.117***	−0.020*	−0.155***	−0.003	−0.356***	0.225***	0.544***	0.022*	0.041***	1			
CFO	0.120***	−0.011	0.007	−0.040***	−0.042***	−0.043***	0.044***	−0.148***	0.410***	−0.001	0.055***	1		
TQ	−0.127***	0.038***	0.033***	0.045***	0.065***	−0.018	−0.025**	−0.286***	0.248***	0.063***	−0.304***	0.149***	1	
Shft	−0.054***	−0.080***	−0.017	0.131***	−0.039***	0.317***	−0.120***	−0.150***	0.107***	0.138***	−0.087***	0.022*	−0.025**	1

注：*、**、*** 分别表示 10%、5% 和 1% 的显著性水平，下同。

个拐点。以此拐点为分界点，在拐点之前，创新投入是随着金融化程度的增大而增大的，此时表现为“蓄水池”效应。企业持有适度规模的金融资产并没有对企业创新投入产生不利的影响，反而在一定程度上促进了创新投入，因为适度比例的金融资产并没有占用公司过多的资源，反而优化了企业的资产结构，降低了企业的整体风险，对企业的生产经营起到了互补的作用，而且金融资产产生的收益会反哺企业的经营损益，有利于企业自身对创新研发的支持，进而支持主业的发展。然而在拐点之后，创新投入与金融化水平的提高呈现反向变动的关系，企业持有过多的金融资产会抑制企业的创新投入，表现出明显的挤出效应，企业不愿把大量资金投入周期长、风险大、短期收益小的研发活动，而是选择持有较高比例的金融资产，以期获取高额的短期收益。这种短视行为不仅会严重损害企业正常的生产经营活动，而且还阻碍了企业的研发活动，压缩了企业未来发展的空间。

表 3-4　实体企业金融化与企业创新投入的关系检验

	普通标准误	稳健标准误
	LNRD	LNRD
Fin	0.653***	0.653*
	（0.243）	（0.335）
Fin^2	−2.979***	−2.979***
	（0.711）	（0.937）
Lev	−0.062	−0.062
	（0.064）	（0.105）
ROA	0.145	0.145
	（0.134）	（0.194）
Growth	0.022	0.022
	（0.018）	（0.024）
Size	0.738***	0.738***
	（0.017）	（0.033）
CFO	0.511***	0.511***
	（0.105）	（0.129）

续表

	普通标准误	稳健标准误
	LNRD	LNRD
Dual	0.028 (0.017)	0.028 (0.024)
Shft	0.002* (0.001)	0.002 (0.002)
TQ	0.026*** (0.006)	0.026*** (0.008)
DP	0.013 (0.016)	0.013 (0.018)
_cons	1.485*** (0.359)	1.485** (0.706)
年份效应	控制	控制
行业效应	控制	控制
N	7576	7576
r^2	0.553	0.553

（2）分样本检验。

前面已经验证了假设 H1a，证实企业金融化确实和企业创新投入存在着“倒 U 形”关系。在此基础上通过把样本区分为适度金融化和过度金融化两组来分别检验金融化偏离水平与企业创新的关系，检验结果如表 3-5 所示。表中第二列为金融化偏离水平的绝对值（用 Fingapa 表示）与企业创新的关系检验，绝对值越小，表明适度性越好，而结果表明两者的回归系数为 -1.501，显著为负，表明随着企业金融化偏离水平绝对值的减小即适度性越来越好，企业创新投入也会越来越多，间接证实了假设 H1b。表中第三列和第四列分别为适度金融化样本和过度金融化样本的检验结果。从第三列可以看出，金融化偏离水平与创新投入的回归系数为 2.096，在 1% 的水平上显著为正，表明随着金融化偏离水平的提高，企业创新投入也会相应地提高，由于金融化偏离水平是企业实际金融化水平与拟合的最优金融化水平之差，对于适度金融化的样本来说，金融化偏离水平是小于0的，所以也可以把金融化偏离水平的提高理解为企业实际金融化水平的提高，越来越接近企业的最优金融化水平但并未超过最优金融化水平，所以此结果也证实，对于适度金融化的样本来说，企业金融化会促进企业的创新投入。同理，第四列表明，当以过度金融化的企业为样本进行回归时，发现金融化偏离水平与企业创新投入存在着负向相关关系，因为对于过度金融化的样本来说，金融化偏离水平的提高意味着在超过最优化金融水平的基础上企业金融化进一步提高，即企业的实际金融化水平越来越远离最优金融化水平，所以此结果也表明，对于过度金融化的企业来说，企业金融化水平的提高会抑制企业的创新投入。综上，证实了假设H1b。

这一结果较为符合预期，证实了金融化应该保持在一定的适度范围内才有利于企业的创新。所以，企业金融化对企业创新的影响这一问题应该被一分为二对待。对于有的企业盲目地持有较大规模的金融资产以获取短期超额收益，从而大大削减用于创新研发的投资，这种舍本逐末的过度金融化行为是应该禁止的。同时，企业也不能完全不配置金融资产，在保证生产经营和研发所用资金的基础上把富余的资金用于购买一部分金融资产，不仅优化了企业自身的资产结构，强化了风险承受能力，而且还使这部分资金免于通货膨胀带来的贬值，反而能够产生一部分收益扩充企业的现金流。因此，对于企业来讲，应根据自身特征评估其最优金融化水平，配置合理比例的金融资产，同时应该具备长期发展的眼光，不要为了追逐短期的金融收益而过度金融化。

表3-5　适度与过度金融化与企业创新投入的关系检验

	全样本	适度金融化样本	过度金融化样本
	LNRD	LNRD	LNRD
Fingapa	-1.501^{***} （0.301）		
Fingap		2.096^{***} （0.600）	-1.459^{***} （0.389）

续表

	全样本	适度金融化样本	过度金融化样本
	LNRD	LNRD	LNRD
控制变量	控制	控制	控制
_cons	−1.828*** （0.291）	−2.363*** （0.348）	−0.873 （0.534）
年份效应	控制	控制	控制
行业效应	控制	控制	控制
N	6629	4377	2252
r^2	0.572	0.597	0.535

（3）中介效应检验。

首先以适度金融化的企业为样本对融资约束程度在企业金融化影响企业创新的过程中是否发挥中介作用进行检验，表 3–6 为检验结果。（1）列为金融化偏离水平与企业创新投入的回归结果，金融化偏离水平 Fingap 的回归系数为 0.677，在 10% 的水平上显著为正，表明适度金融化能够促进企业的创新投入。（2）列为金融化偏离水平与中介变量融资约束的回归结果，金融化偏离水平 Fingap 的回归系数为 0.060，在 10% 的水平上显著为正，表明随着金融化偏离水平的提高，SA 指数也会增大，即融资约束得到缓解。（3）列是以创新投入 LNRD 作为被解释变量，将金融化偏离水平 Fingap 和融资约束 FC 同时纳入解释变量来进行回归，结果表明 FC 的系数为 0.330，在 10% 的水平上显著为正，说明随着 SA 指数的增大即融资约束得到缓解，创新投入水平也会增大，Fingap 的系数为 0.657，在 10% 的水平上显著为正，但是其系数比（1）列未加入中介变量融资约束的回归系数要小一点，这说明在适度金融化促进企业创新的过程中，融资约束发挥了部分中介效应，假设 H2a 得到了验证。

表 3-6　适度金融化的中介效应检验

	(1)	(2)	(3)
	LNRD	FC	LNRD
Fingap	0.677*	0.060*	0.657*
	(0.351)	(0.031)	(0.352)
FC			0.330*
			(0.192)
控制变量	控制	控制	控制
_cons	1.199**	-3.143***	2.238***
	(0.506)	(0.045)	(0.788)
年份效应	控制	控制	控制
公司效应	控制	控制	控制
N	4377	4377	4377
r^2	0.531	0.883	0.532

下面再以过度金融化的企业为样本，对金融资产盈利能力在企业金融化影响企业创新的过程中是否发挥中介作用进行检验，表 3-7 为检验结果。（1）列为金融化偏离水平与企业创新投入的回归结果，金融化偏离水平 Fingap 的回归系数为 -1.459，在 1% 的水平上显著为负，表明过度金融化抑制了企业的创新投入。（2）列为金融化偏离水平与中介变量金融资产盈利能力的回归结果，金融化偏离水平 Fingap 的回归系数为 0.189，在 1% 的水平上显著为正，表明随着金融化偏离水平的提高，金融资产盈利能力 PFA 也会增强。（3）列是以创新投入 LNRD 作为被解释变量，将金融化偏离水平 Fingap 和金融资产盈利能力 PFA 同时纳入解释变量来进行回归，结果表明 PFA 的系数为 -0.410，在 1% 的水平上显著为负，说明随着 PFA 的增大即金融资产盈利能力增强，创新投入水平会逐渐减少，Fingap 的系数为 -1.351，在 1% 的水平上显著为正，但是其系数绝对值与（1）列未加入中介变量金融资产盈利能力的回归系数绝对值要小一点，这说明在过度金融化抑制企业创新的过程中，金融资产盈利能力发挥了部分中介效应，假设 H2b 得到了验证。

表 3–7 过度金融化的中介效应检验

	(1)	(2)	(3)
	LNRD	PFA	LNRD
Fingap	−1.459*** (0.389)	0.189*** (0.057)	−1.351*** (0.389)
PFA			−0.410*** (0.145)
控制变量	控制	控制	控制
_cons	−0.873 (0.534)	−0.112 (0.078)	−0.960* (0.532)
年份效应	控制	控制	控制
行业效应	控制	控制	控制
N	2252	2245	2245
r^2	0.535	0.392	0.539

（4）调节效应检验。

根据前面的研究已得知过度金融化抑制了企业的创新投入，那么公司层面是否有能力去改善这一不利影响呢？表 3-8 的第二列是以过度金融化企业为样本，引入股权激励 TMS 作为调节变量的检验结果。从表中可以看出，引入股权激励 TMS 及其与企业金融化水平 Fin 的交乘项后，金融化水平 Fin 与创新投入 LNRD 的系数是显著为负的，说明过度金融化抑制了企业的创新投入，同时，股权激励 TMS 及其与企业金融化水平 Fin 的交乘项都是显著为正的，说明股权激励能够显著地弱化过度金融化对企业创新投入的抑制作用。考虑到股权激励在不同产权背景下具有不同的特征，因此把过度金融化样本根据产权性质进一步分类进行实证检验。表中第三列表明，对于国有企业的过度金融化样本来说，股权激励确实促进了企业的创新，但是其与企业金融化水平 Fin 的交乘项的系数并不显著，表明国有企业的股权激励并没有发挥出弱化过度金融化对企业创新产生的负面的效果。表中第四列的结果表明，对于非国有企业的过度金融化样本来说，股权激励 TMS 及其与企业金融化水平 Fin 的交乘项都显著为正，说明非国有企业股权激励能够显著地弱化过度金融化对企业创新投入的抑制作用。也就是说，非国有企业的股权激励对过度金融化的治理效果更好。

表 3-8　股权激励的调节效应检验

	过度金融化	国有过度金融化	非国有过度金融化
	LNRD	LNRD	LNRD
Fin	−1.498***	−0.808	−1.699***
	（0.190）	（2.727）	（0.191）
TMS	0.003***	0.044***	0.002**
	（0.001）	（0.013）	（0.001）
TMS*Fin	0.025***	0.044	0.028***
	（0.008）	（0.164）	（0.008）
控制变量	控制	控制	控制
_cons	−1.785***	−0.711	−2.742***
	（0.451）	（1.026）	（0.501）
年份效应	控制	控制	控制
行业效应	控制	控制	控制
N	3158	780	2378
r^2	0.555	0.531	0.590

（5）异质性检验。

①根据金融资产的期限分组。

本章进一步根据金融资产的不同期限将其分为短期金融资产和长期金融资产，其中短期金融资产包括交易性金融资产和衍生金融资产，长期金融资产包括可供出售金融资产等。表 3-9 为检验结果。如表所示，在控制年份效应和公司效应后，短期金融资产 SFin 和企业创新投入之间不再存在显著的“倒 U 形”关系，而长期金融资产 LFin 却与企业创新投入有着显著的“倒 U 形”关系。进一步研究发现，在控制行业效应后，短期金融资产与企业创新投入之间在 1% 的水平上呈现显著的正相关关系，相关系数为 1.086。究其原因，我们认为短期金融资产发挥了明显的

"蓄水池"效应。而企业投资于长期金融资产，其在曲线拐点之前是促进了企业的创新投入的，此时"蓄水池"效应强于挤出效应，长期金融资产带来的收益缓解了企业的现金流约束。而当投资于长期金融资产过高时就会显著抑制创新投入，此时对企业来说，继续投入长期金融资产已经不是一个好的选择。

表 3-9　基于金融资产期限分组的检验

	(1)	(2)	(3)
	LNRD	LNRD	LNRD
SFin	−0.252 (0.422)	1.086*** (0.342)	
$SFin^2$	0.151 (1.371)		
LFin			0.525** (0.208)
$LFin^2$			−2.600*** (0.504)
控制变量	控制	控制	控制
_cons	1.434*** (0.359)	−2.120*** (0.262)	1.468*** (0.358)
年份	控制	否	控制
行业	否	控制	否
公司	控制	否	控制
N	7576	7576	7576
r^2	0.552	0.564	0.554

②根据产权性质分组。

本章根据产权性质把样本分为国有企业和非国有企业，分别对企业金融化与企业创新的关系进行研究，结果如表 3-10 所示。从表中发现，当使用双向固定效应模型同时控制年份效应和公司效应时，对于国有企业来说不再显著，对于非国有企业样本仍然存在着显著的“倒U形”关系。但是，当控制年份效应和行业效应去研究国有企业金融化与企业创新的线性关系时，发现两者存在着显著的负向关系，即金融化抑制了国有企业的创新投入。本章剖析其原因认为，相对于非国有企业来说，国有企业面临较低的融资约束，而具有较高的信用等级，可以以较低的利率从银行获取资金，也可以获得较多的优惠和补贴，这种得天独厚的条件容易使得国有企业把大量的资金投放在金融市场获取短期超额收益，而不愿投资于风险大周期长的创新项目。然而，非国有企业面临的环境正好相反，较高的融资约束，较低的信用等级，其要想获取足够的资金需要付出较高的代价，因此非国有企业在对资金运用方面格外谨慎，会更加注意配置金融资产和投资创新项目的比例。

表 3–10　按是否国有企业的检验结果

	国有企业	国有企业	非国有企业
	LNRD	LNRD	LNRD
Fin	0.807 （0.764）	−1.581*** （0.330）	0.721*** （0.250）
Fin^2	−1.978 （2.197）		−3.284*** （0.729）
控制变量	控制	控制	控制
_cons	0.925 （1.077）	−0.549 （0.625）	1.700*** （0.374）
年份效应	控制	控制	控制
行业效应	否	控制	否
公司效应	控制	否	控制
N	1930	1930	5646
r^2	0.398	0.522	0.605

③按是否高新技术企业分组。

由于高新技术企业常常面临着巨大的研发投入，所以其自身的行业特质会使其与非高新技术企业对比有着明显的不同。因此，本章依据是否高新技术企业而把样本进行分类，检验结果如表 3-11 所示。对于高新技术企业来说，企业金融化仍与企业创新之间存在着显著的“倒 U 形”关系，而对于非高新技术企业来说，这种“倒 U 形”关系不再显著，而是随着企业金融化程度的加深，企业创新呈现出下降的趋势。对于高新技术企业来说，其研发需要大量的资金投入，适度的金融化能够为其创新活动带来好处，而过度的金融化行为则大量占用了创新所需资金，对创新产生了明显的抑制效果。而对于非高新技术企业来说，从事传统的业务使得企业不愿去开拓创新，因此企业更愿意把资金投放到金融市场获取收益。

表 3-11　按是否高新技术企业的检验结果

	高新技术	非高新技术	非高新技术
	LNRD	LNRD	LNRD
Fin	0.647^{**}	0.417	-1.585^{***}
	（0.270）	（0.470）	（0.246）
Fin^2	-3.221^{***}	−1.826	
	（0.795）	（1.371）	
控制变量	控制	控制	控制
_cons	1.420^{***}	3.069^{***}	0.093
	（0.410）	（0.719）	（0.486）
年份效应	控制	控制	控制
行业效应	否	否	控制
公司效应	控制	控制	否
N	4828	2748	2748
r^2	0.621	0.421	0.519

3.6　稳健性检验

3.6.1　替换创新投入的测度方法

为了使本章的结论具有稳健性，本章选择替换被解释变量的衡量方法来进行检验。在前面的研究中，所使用的企业创新指标是用企业研发投入的对数值衡量的。在这里，我们对研发投入采取比例的方式进行衡量，分别用研发投入与总资产之比 RDAR 和专利申请对数值与研发投入之比 LNPRD 进行替换，检验结果如表 3-12 所示。从表中可以看到，替换研发投入的衡量方法后，企业金融化水平 Fin 的系数仍显著为正，企业金融化的平方项的系数仍显著为负，说明企业金融化与企业创新存在着显著的“倒 U 形”关系这一结论是稳健的。

表 3-12　替换被解释变量检验结果

	（1）	（2）
	RDAR	LNPRD
Fin	0.011** （0.005）	0.047* （0.028）
Fin^2	-0.057*** （0.014）	-0.185** （0.081）
控制变量	控制	控制
_cons	0.117*** （0.007）	0.227*** （0.041）
年份效应	控制	控制
行业效应	控制	控制
N	7576	7576
r^2	0.081	0.012

3.6.2　重新测算最优金融化水平

本章在之前的研究中是通过 OLS 拟合出企业的最优金融化水平，然后与企业自身的实际金融化水平做对比，得出金融化偏离度，再区分适度金融化样本和过度金融化样本的。为了保持结论的稳健性，在此改变最优金融化水平的估计方式，采用企业自身所在行业整体的金融化水平的中位数来作为最优金融化水平，然后再进行样本的区分，检验结果如表 3-13 所示。表中第二列为金融化偏离度的绝对值 Fingapa 与企业创新的关系检验，绝对值越小，表明金融化适度性越好，即企业的实际金融化水平越接近其最优金融化水平。结果表明两者的回归系数为 -1.613，在 1% 的水平上显著为负，表明随着金融化偏离度绝对值的减小即金融化适度性越来越好，企业创新投入也会越来越多，结论没有发生变化。表中第三列为适度金融化样本的检验结果，可以看到，金融化偏离度 Fingap 与创新投入的回归系数为 2.421，在 5% 的水平上显著为正，表明随着金融化水平的提高，企业实际金融化水平越来越接近其最优金融化水平，企业创新投入也会相应地提高，说明适度金融化促进了企业创新。表中第四列是过度金融化样本的检验结果，可以看到，金融化偏离度 Fingap 与创新投入的回归系数为 -1.688，在 1% 的水平上显著为负，表明随着金融化水平的提高，企业实际金融化水平越来越远离其最优金融化水平，企业创新投入却在不断地减少，说明过度金融化抑制了企业创新。

表 3-13　重新测算最优金融化水平检验结果

	金融化偏离度绝对值	适度金融化	过度金融化
	LNRD	LNRD	LNRD
Fingapa	-1.613*** （0.150）		
Fingap		2.421** （1.030）	-1.688*** （0.176）
控制变量	控制	控制	控制
_cons	-1.948*** （0.271）	-2.599*** （0.382）	-1.514*** （0.392）
年份效应	控制	控制	控制
行业效应	控制	控制	控制
N	7576	3782	3792
r^2	0.577	0.620	0.546

3.6.3　内生性处理

（1）滞后一期消除内生性影响。

本章在前面的研究中发现企业金融化会对企业创新投入产生影响，但是一般创新能力强的公司会热衷于把资金用于研发活动来支持主业的拓展，而创新能力弱的公司因没有好的项目去研发，则会更多地把资金投放到金融市场去获取短期金融收益，导致其长期发展受到阻碍，因此企业创新也能在一定程度上影响企业的金融化行为，所以两者可能存在着反向因果关系，即内生性问题。本章采取滞后一期金融化水平和控制变量进行稳健性检验，结果如表 3-14 所示，滞后一期的企业金融化水平 L.Fin 的系数在 10% 的水平上仍显著为正，滞后一期的企业金融化水平的平方项的系数在 1% 的水平上仍显著为负，表明在滞后一期变量的情况下，两者仍然呈现显著的“倒 U 形”关系，说明结论是稳健的。

表 3-14 滞后一期解释变量的检验结果

	LNRD
L.Fin	0.531* (0.283)
$L.Fin^2$	-2.633*** (0.878)
滞后一期控制变量	控制
_cons	4.517*** (0.403)
年份效应	控制
行业效应	控制
N	6629
r^2	0.493

（2）Heckman 两阶段模型。

本章在选择样本时，可能会出现样本选择偏误的内生性问题。为解决这一问题，我们采取 Heckman 两阶段方法进行检验，并分别构建企业金融化的概率方程和企业金融化对企业创新的影响方程。首先，概率方程中设置哑变量 Fin_dummy 为被解释变量，解释变量为影响企业是否选择金融化的变量集合。考虑到每个企业都有适合自身的最优金融化水平，所以 Fin_dummy 的赋值不应该以是否配置金融资产为标准，而是应该以一个合理的金融化水平为界限。本章选取样本行业金融化中位数作为分界点，当企业金融化大于其所在样本行业金融化中位数时，Fin_dummy 取 1，否则取 0。通过 Probit 估计出每个企业选择金融化的概率，并且利用估计结果计算出逆米尔斯比率 IMR。其次，把 IMR 代入第二阶段的回归方程中，这样得到的回归结果会更加准确。构建的模型分别如下。

$$P(\text{Fin\_dummy}_{it}=1)=\beta_0+\beta_1\text{Fin}_{it-1}+\sum X_{it-1}+\nu \quad (3-9)$$

$$\text{LNRD}_{it}=\beta_0+\beta_1\text{Fin}_{it}+\beta_2\text{Fin}^2_{it}+\beta_3\text{Control}_{it}+\varepsilon \quad (3-10)$$

上面的两个方程分别为概率方程和回归方程，其中 X 表示影响企业是否选择金融化的变量集合，包括滞后一期的企业资产负债率 Lev、企业规模 Size、总资产净利率 ROA、营业收入增长率 Growth、企业现金流 CFO 等。

表 3-15 为检验结果。其中 Coeimr 是 IMR 系数。如表所示，IMR 的系数显著为正，说明存在着选择偏差。但是 Fin 的系数显著为正，Fin^2 的系数显著为负，表明金融化与创新投入两者存在着"倒 U 形"关系这一结论仍然是稳健的。

表 3-15 Heckman 两阶段模型的检验结果

	LNRD
Fin	1.714** (0.688)
Fin²	-6.789*** (1.669)
滞后一期控制变量	控制
_cons	0.711* (0.418)
Coeimr	0.103** (0.048)
N	6629

3.7 结论与建议

针对我国经济中存在的实体企业“脱实向虚”问题，本章基于我国上市公司的样本数据来探究企业金融化与企业创新的关系，解析实体企业金融化对企业创新有着怎样的影响，以及实体企业金融化是通过什么路径来影响企业创新的，最后通过引入公司治理变量股权激励来研究公司治理能否抑制过度金融化对企业创新的影响。研究结论如下。

实体企业金融化与企业创新投入之间存在着“倒 U 形”关系，并非简单的线性关系，即随着金融化程度的加深，创新投入呈现出先上升后下降的趋势。为进一步研究实体企业金融化与企业创新的关系，本章根据企业的财务特征和非财务特征构建合适的计量模型拟合出企业自身的最优金融化水平，并以此把样本分为适度金融化样本和过度金融化样本，进而分别研究金融化与企业创新的关系。研究发现：适度金融化能够促进企业创新，而过度金融化则抑制了企业创新。中介效应检验结果表明，适度金融化能够通过缓解企业的融资约束来促进企业创新，而过度金融化则依赖于金融资产盈利能力而抑制企业创新。股权激励能够显著弱化过度金融化对企业创新的阻碍作用。企业配置短期金融资产显著地促进了企业创新，而长期金融资产则与企业创新投入呈现显著的“倒 U 形”关系。对于非国有企业和高新技术企业，企业金融化仍与企业创新投入呈现显著的“倒 U 形”关系，而对于国有企业和非高新技术行业，企业金融化则显著抑制了企业创新，不存在显著的“倒 U 形”关系。

结合本章的研究结论，我们分别从企业和政府层面提出政策建议，具体如下。

（1）企业层面。

本章的研究结果对企业的决策行为和企业内部治理均具有一定的指导意义。对于决策行为而言，企业应该权衡金融投资和研发投资，优化资金配置，确定一个能够对企业自身最有利的合理的金融化水平，这样才能有利于企业的长远发展。对于公司治理层来说，应制定一个合理的内部激励制度促使高管能够做出最适合公司发展的决策，着眼公司长期利益，而不是为了短期收益把大量资金投入金融市场，危害企业自身的发展。

（2）政府层面。

对政府有关机构而言，首先要深化金融改革，继续提升金融服务实体经济的能力。实体经济的发展离不开资金，而企业融资难、融资贵的问题仍然存在，尤其是对于民营企业和中小微企业而言。所以，继续推动金融供给侧结构性改革，增强金融服务实体经济的能力，是完全有必要的。由于大多数企业的融资渠道首先是银行，因此政府部门应该推动银行业把服务实体经济作为其主要任务。银行应该优化信贷结构，加大对实体企业的扶持力度，使更多的资金流向实体企业，而非房地产领域。另外，相关部门应该制定合理的激励措施来提高银行体系对实体企业支持的积极性。其次应加强金融监管，防范化解金融风险。在促进金融服务实体经济的过程中也要防范化解金融风险，尤其是系统性金融风险，这对金融业和实体经济的健康发展都至关重要。所以，一方面要积极推动金融市场基础设施建设，完善金融市场制度，建设金融风险预警系统，并对金融监管人员加强管理，提高其监管水平；另一方面，应针对实体企业制定相关的风险管理制度，对金融机构发放的贷款进行全流程监管，防止企业把资金大规模地用于持有金融资产，使得金融支持实体经济的效果难以达成。最后应加大财政激励力度，鼓励企业创新。政府在鼓励企业创新的同时，还应为企业的创新活动提供一定的资金补偿，这样才能激发企业进行创新研发的动力。通过对企业创新活动进行财政补贴或者税收优惠，不仅可以在一定程度上缓解企业的融资约束，也可以扩充企业的现金流，进一步促进企业的创新研发活动。

本章参考文献

［1］Cupertino S，Consolandi C，Vercelli A.Corporate social performance，financialization，and real investment in US manufacturing firms［J］. Sustainability，2019，11（7）：1836.

［2］Demir F.Financialization and manufacturing firm profitability under uncertainty and macroeconomic volatility：Evidence from an emerging market［J］. Review of

Development Economics，2009，13（4）：592–609.

［3］Dosi G，Revest V，Sapio A.Financial regimes，financialization patterns and industrial performances：Preliminary remarks［J］. Revue d'Economie Industrielle, 2016（154）：63–96.

［4］Lee Y S，Kim H S，Hwan J S.Financialization and innovation short–termism in OECD Countries［J］. Review of Radical Political Economics，2020，52（2）：259–286.

［5］Orhangazi O.Financialisation and capital accumulation in the non–financial corporate sector：A theoretical and empirical investigation on the US economy，1973—2003［J］. Cambridge Journal of Economics，2008，32（6）：863–886.

［6］Richardson S.Over–investment of free cash flow［J］. Review of Accounting Studies，2006，11（2）：159–189.

［7］Seo H J，Kim H S，Kim Y C.Financialization and the slowdown in Korean firms' R&D investment［J］. Asian Economic Papers，2012，11（3）：35–49.

［8］Tori D，Onaran O.The effects of financialisation and financial development on investment：Evidence from firm–level data in Europe［R］. Working Paper，2017.

［9］安磊，等.高管激励与企业金融资产配置关系——基于薪酬激励和股权激励对比视角［J］. 山西财经大学学报，2018，40（12）：30–44.

［10］陈赤平，孔莉霞.制造业企业金融化、技术创新与全要素生产率［J］. 经济经纬，2020，37（4）：73–80.

［11］陈鹏程，等.股权激励、反收购条款与企业创新［J］. 金融发展研究，2021（7）：71–78.

［12］翟光宇，等.实体企业金融化与实物资本投资——基于2009—2018年制造业上市公司的实证分析［J］. 经济学动态，2021（1）：85–104.

［13］董亮，陈相甫.适宜度视角下企业金融化对创新投入的影响［J］. 地方财政研究，2021（7）：77–88.

［14］杜勇，等.金融化对实体企业未来主业发展的影响：促进还是抑制［J］. 中国工业经济，2017（12）：113–131.

[15] 封海燕．股权激励与企业技术创新：激励效应还是福利效应 [J]．价格理论与实践，2020（5）：137−140+175.

[16] 巩娜．企业金融化、股权激励与公司绩效 [J]．经济管理，2021，43（1）：156−174.

[17] 郭令秀，郭晓敏．高管海外背景、高管持股与企业技术创新投入 [J]．财会通讯，2020（22）：40−44.

[18] 胡诗阳，等．上市公司购买理财产品会导致投资不足吗 [J]．会计研究，2019（10）：71−77.

[19] 黄贤环，等．谁更过度金融化：业绩上升企业还是业绩下滑企业？[J]．上海财经大学学报，2019，21（1）：80−94+138.

[20] 晋盛武，何珊珊．企业金融化、高管股权激励与研发投资 [J]．科技进步与对策，2017，34（22）：78−84.

[21] 鞠晓生，等．融资约束、营运资本管理与企业创新可持续性 [J]．经济研究，2013，48（1）：4−16.

[22] 孔东民，等．企业内部薪酬差距与创新 [J]．经济研究，2017，52（10）：144−157.

[23] 李峥．华策影视股权激励案例研究 [D]．北京：中国财政科学研究院，2019.

[24] 卢馨，等．融资约束对企业 R&D 投资的影响研究——来自中国高新技术上市公司的经验证据 [J]．会计研究，2013（5）：51−58+96.

[25] 南晓莉，张敏．政策不确定下新兴企业金融化挤出研发投资的实证研究 [J]．大连理工大学学报（社会科学版），2019，40（6）：17−27.

[26] 潘海英，王春凤．实体企业金融化抑制了企业创新吗？——基于高质量发展背景下企业创新双元视角 [J]．南京审计大学学报，2020，17（2）：49−58.

[27] 戚聿东，张任之．金融资产配置对企业价值影响的实证研究 [J]. 财贸经济，2018（5）：38−52.

[28] 饶静，曾丽欢．实体企业金融化、高管激励与技术创新 [J]．会计之友，2020（18）：35−41.

［29］盛明泉，等．高管股权激励与资本结构动态调整［J］．会计研究，2016（2）：44-50+95.

［30］石泓，高崇．股权集中度、股权激励与研发支出［J］．会计之友，2019（9）：60-65.

［31］史学智，阳镇．企业金融化与企业创新——基于产业政策视角的重新审视［J］．科研管理，2021，42（4）：147-157.

［32］舒文燕，等．产权性质、股权激励类型与企业创新绩效［J］．财会通讯，2018（27）：72-75.

［33］宋军，陆旸．非货币金融资产和经营收益率的U形关系——来自我国上市非金融公司的金融化证据［J］．金融研究，2015（6）：111-127.

［34］万良勇，等．实体企业金融化与企业创新产出——有调节的中介效应［J］．会计研究，2020（11）：98-111.

［35］王冬梅．财务会计学［M］．大连：东北财经大学出版社，2022.

［36］王红建，等．实体企业金融化促进还是抑制了企业创新——基于中国制造业上市公司的经验研究［J］．南开管理评论，2017，20（1）：155-166.

［37］王怀明，王成琛．主业盈利能力、高管激励与企业金融化［J］．商业研究，2020（8）：99-106.

［38］王珊珊．高管激励、金融化与企业未来主业发展［J］．技术经济与管理研究，2020（10）：64-70.

［39］王少华，等．高质量发展背景下实体企业金融化如何助力企业创新——基于金融化适度性的视角［J］．上海财经大学学报，2020，22（3）：19-34+63.

［40］王昱，夏君诺，刘思钰．产融结合对企业研发投入的影响研究［J］．管理评论，2020，34（5）：56-68.

［41］王钰超．歌尔股份股票期权激励对研发创新的影响研究［D］．石河子：石河子大学，2017.

［42］温忠麟，等．中介效应检验程序及其应用［J］．心理学报，2004（5）：614-620.

［43］肖忠意，等．企业金融化与上市公司创新研发投入——基于董事会治理

与创新文化的调节作用的实证分析［J］. 南开经济研究，2021（1）：143–163.

［44］谢获宝，等. 金融化抑制了制造业全要素生产率提升吗？——基于上市公司数据的分析［J］. 金融与经济，2020（7）：4–10.

［45］谢家智，等. 制造业金融化、政府控制与技术创新［J］. 经济学动态，2014（11）：78–88.

［46］谢罗奇，刘佳豪. 高管股权激励、金融背景与企业金融化［J］. 湖南财政经济学院学报，2020，36（4）：88–100.

［47］解维敏. "脱虚向实"与建设创新型国家：践行十九大报告精神［J］. 世界经济，2018，41（8）：3–25.

［48］徐珊，刘笃池. 企业金融化对技术创新影响的实证研究［J］. 科研管理，2019，40（10）：240–249.

［49］徐长生，等. A股上市公司股权激励的创新激励效应研究［J］. 科研管理，2018，39（9）：93–101.

［50］徐宗宇，史心怡. 高管股权激励能促进企业研发投入吗？——基于高管风险承担的中介视角［J］. 财会通讯，2020（9）：39–43.

［51］许罡，伍文中. 经济政策不确定性会抑制实体企业金融化投资吗［J］. 当代财经，2018（9）：114–123.

［52］亚琨，等. 经济政策不确定性、金融资产配置与创新投资［J］. 财贸经济，2018，39（12）：95–110.

［53］杨肖. 企业金融资产配置与创新投入——经济政策不确定性视角下的长短期权衡取舍［J］. 金融理论与实践，2020（9）：52–62.

［54］俞静，蔡雯. 高管激励对企业创新影响的实证分析——基于分析师关注的中介效应研究［J］. 技术经济，2021，40（1）：20–29.

［55］张杰，等. 融资约束、融资渠道与企业R&D投入［J］. 世界经济，2012，35（10）：66–90.

［56］赵世芳，等. 股权激励能抑制高管的急功近利倾向吗——基于企业创新的视角［J］. 南开管理评论，2020，23（6）：76–87.

［57］赵素君，李妍. 高新企业股权激励与研发投入的关联性［J］. 重庆大学

学报（社会科学版），2020，26（1）：61-74.

［58］赵息，林德林．股权激励创新效应研究——基于研发投入的双重角色分析［J］．研究与发展管理，2019，31（1）：87-96+108.

［59］周菲，杨栋旭．高管激励、R&D投入与高新技术企业绩效——基于内生视角的研究［J］．南京审计大学学报，2019，16（1）：71-80.

［60］周建庆，等．CEO股权激励强度对企业研发投资的影响——基于薪酬结构的视角［J］．中国科技论坛，2020（3）：88-96+147.

［61］周剑南，王志涛．金融化对企业未来财务状况的影响研究［J］．财会通讯，2020（19）：81-85.

［62］周雪峰，左静静．实体企业金融化对民企创新投资的影响［J］．财会月刊，2018（12）：167-176.

第4章　实体企业金融化对企业价值的影响研究

本章专门探讨实体企业金融化对企业价值的影响。结果表明：金融化水平与企业价值呈“倒U形”关系。区分是否高新技术企业、是否国有企业后进行实证分析，发现短期内高新技术企业进行金融化对企业价值有提升作用，但提升效果比非高新技术企业要差。长期内高新技术企业进行金融化对其价值具有负向影响。高新技术企业金融化对企业价值影响的转折点比非高新技术企业更为提前；国有企业金融化水平对企业价值的影响比非国有企业更为敏感。建议非金融实体企业对于金融资产的配置应遵循适量原则。有关监管层对实体企业金融化要秉持一分为二的态度，对高新技术企业和国有企业，监管要更为严格一些。

4.1　引言

现有关于实体企业金融化的经济后果研究主要关注是否影响企业主业的发展壮大以及对实业投资、研发投入的挤出效应等，直接讨论对企业价值的影响的文献很少。在讨论对企业价值影响的少量文献中均采用托宾 Q 作为被解释变量且较少考虑企业异质性，要知道托宾 Q 的计算过程中涉及上市公司的股票交易价，而股票交易价又受诸多因素的影响。本章通过理论分析，推测金融化对企业价值的影响很可能是非线性的，是“蓄水池”效应和挤出效应并存，通过二者的综合效应对企业价值产生影响。随着金融化水平的不同二者的综合效应会逐渐发生变化。本章决定采用 EVA 表征企业价值，在稳健性检验部分再采用托宾 Q，以我国 2014—2019 年非金融上市公司作为研究样本，专门探究实体企业金融化到底是毁损还是提升了企业价值。除此之外，本章还区分是否高新技术企业、是否国有企业进行了实证分析。

4.2 文献综述

4.2.1 实体企业金融化的经济后果研究

近年来实体企业投资金融资产屡见不鲜，“脱实向虚”现象引起了学术界、监管层和实务界的广泛关注，实体企业将资源从经营活动转移到金融活动时可能会使得企业财务风险和金融行业风险交叉影响，从而影响我国经济的稳健性。国内学者在对金融化的后果进行研究后得出了如下几种结论：影响主业投资、妨碍主业的发展和壮大；挤出企业创新投入、影响企业创新能力的保持和提升；导致投资效率低下、毁损企业价值等。其中也不乏相反的观点。

刘笃池等（2016）研究发现，企业配置金融资产对其主营业务具有长期的抑制作用，并在总量和增量上进行了验证。倪志良等（2019）发现实体企业金融化妨碍了主业的发展和壮大。许罡、朱卫东（2017）和杜勇等（2017）研究发现，实体企业配置金融资产后，挤出了其主营业务的资源投入，降低了企业的技术创新。王红建等（2016）从近年我国金融行业与地产行业受追捧的现象出发，发现非金融实体企业跨界金融行业施行套利投资，对其创新能力起到显著的负向影响，且随着金融行业和实体行业利润率的增大，负向影响更强。随着金融市场政策的完善、发展愈加充分，负向影响逐渐降低。戚聿东、张任之（2018）发现实体企业配置金融资产总体上与企业价值之间呈显著的负向关系，市场套利动机越强的公司其金融资产比重与企业价值之间的负向相关关系越显著。蔡艳萍、陈浩琦（2019）则发现基于市场套利动机，实体企业金融化与企业价值之间呈现“倒 U

形”关系。

谢家智等（2014）认为实体企业金融化对其技术创新具有有利影响。张明、罗灵（2017）研究发现，国内非国有企业进行金融化有利于改善其融资环境，降低资金成本，提升了企业的生产效率。钟献兵（2018）和吴军、陈丽萍（2018）的研究也支持企业金融化对其融资能力的改善，具有“蓄水池”效应。

4.2.2 文献评述

通过上面的文献综述可以看出，虽然有较多文献对于实体企业金融化的经济后果进行了研究，但在结论上分歧较大。究其原因，可能是目前很多研究都是从单个或几个角度来讨论金融化的影响，如讨论金融化对企业的实业投资、研发投入和创新能力以及全要素生产力率等的影响，较少文献直接讨论对企业价值的影响，而实业投资、创新能力等很可能是企业金融化影响企业价值的中介变量。在研究对企业价值影响的文献中又较少分析不同企业性质可能具有不同的影响，且未考虑金融化影响企业价值机理的复杂性。故本章选择讨论金融化与企业价值之间的非线性关系，并进一步研究不同性质企业的影响差异。

4.3 理论分析与研究假设

戚聿东、张任之（2018）认为实体企业金融化的动机不同，对企业价值的影响也不同。从“预防储蓄”动机出发，企业可以通过配置金融资产来获得大量的投资收益，这在一定程度上提升了企业业绩，从而提高了企业价值。再根据信号传递理论和有效市场假设，企业业绩的提升会反映在股价的变化上，从而提高了以托宾 Q 衡量的企业价值。在金融市场繁荣的时候，相比于货币资金，企业更偏好持有非货币性金融资产，因为其既有高度的流动性、较低的变现成本，更为关键的是可以带来更高的投资回报。从降低未来发展不确定性的角度来看，当宏观政策不稳定或是经济发展不确定时企业也更偏好于持有更多的金融资产，以方便其未来资金流紧张或是遇到好的投资机会时可以将金融资产变现来缓解融资约束，平滑企业的经营周期。企业在经济低迷时期，可以把金融资产纳入投资组合，并不断对其调整，可以减少该阶段的经营风险，维持合理的回报。刘志远等（2017）发现，在宏观政策变化时期，企业可能通过扩大金融资产投资规模来赚取更多的资金，以保证主业更好地发展。从“市场套利”动机来讲，企业进行金融化具有挤出效应，会降低企业价值。该观点主要是从投资替代和委托代理理论出发的。企业的资源是有限的，当把资源配置为金融资产后对于主业的经营难免会造成影响，可能会减少企业的研发资金、延缓设备更新、推迟产品升级，使得企业市场竞争力下降，降低企业价值。基于以上分析，本章推测实体企业金融化水平与企业价值之间应是一种“倒U形”关系，如图4–1所示。据此，提出如下假设。

假设H1：实体企业金融化水平与企业价值之间呈“倒U形”关系。

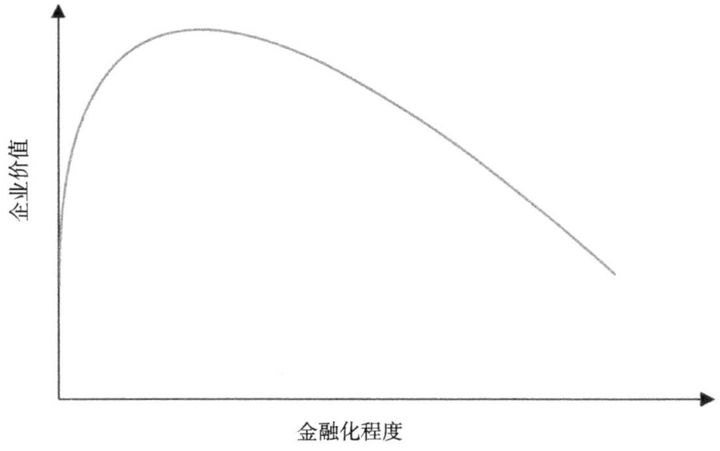

图4–1　金融化对企业价值影响曲线

4.4 研究设计

4.4.1 样本选择与数据来源

由于新修订的长期股权投资准则自2014年7月1日起在我国所有上市公司中执行，出于财务指标可比性的考虑并规避2020年起新冠疫情的影响，本章选取2014—2019年非金融上市企业作为研究样本且剔除ST、*ST和财务数据缺失或异常的公司，对所有连续变量进行了上下 1% 的缩尾处理。本章研究数据来源于国泰安数据库和《中国统计年鉴》。之所以不选择 2007—2013 年的数据，是因为国际金融危机对我国企业的影响正处在这个时期。又由于 2020 年突发新冠疫情，很多上市公司财务指标出现断崖式的恶化，所以 2020 年及以后的样本也排除在外。

4.4.2 模型设计与变量定义

本章构建的模型如下。

$$EVA=\alpha_0+\alpha_1 Fin+\alpha_2 Fin^2+\alpha_i Control+\sum\beta Industry+\sum\gamma Year+\varepsilon \quad (4-1)$$

上述模型中相关变量的定义如下。

（1）被解释变量。

本章所采用的被解释变量参考了张玮婷等（2015）的研究方法，用 EVA 即经济增加值表征企业价值。目前对于企业价值指标选取主要从两个方面考虑，一是用企业财务指标，如每股收益、净资产收益率等。这类指标仅反映企业的财务相关信息，较难反映企业的整体价值，同时其计算过程中忽略了资本成本，而资本成本对企业投资效益有着重要影响。二是用市场指标，如托宾 Q、市场增加值 MVA 等。这类指标未包含会计信息，在资本市场有效性不足时，其对企业价值的解释力较弱。EVA 是指扣除所有资本成本后的剩余权益，体现了企业为股东创造的实际价值，其中资本成本的计算过程涉及市场指标，故其既包含会计指标又包含有市场指标，能更好地衡量我国企业的价值（郭家虎、崔文娟，2004）。

（2）自变量。

自变量是金融化水平 Fin，用金融资产与总资产之比来表示。关于金融资产的计算口径参考了杜勇等（2017）、宋军和陆旸（2015）的研究并结合新会计准则实施后的影响。金融资产 = 交易性金融资产 + 发放贷款及垫款净额 + 可供出售金融资产 + 持有至到期投资 + 债权投资 + 其他债权投资 + 其他权益工具投资 + 其他非流动金融资产 + 一年内到期的非流动资产中的金融资产 + 其他流动资产中的金融资产。根据王冬梅（2022）的讨论，金融资产中不包含衍生金融资产和投资性房地产。

（3）控制变量。

本章对可能影响企业价值的其他变量进行了控制，包括企业规模、高管薪酬、第一大股东持股比例、资产收益率、资产负债率、营收增长率和公司年龄等。同时模型中对于年份效应和行业效应均进行了控制。另外，我国企业进行金融化时大都会持有金融机构股份，如银行、券商、保险公司等的股份，这对于银企关系的改善无疑是有很大助力的。而良好的银企关系，可以缓解企业的融资约束，特别是对中小企业来说（王冬梅等，2017）。实体企业持股金融机构可以缓解融资约束，有利于主业发展，而且金融资产具有高流动性，在企业未来经营环境改善或有好的投资机会时，可以将这部分资源进行重新分配，有利于企业持续长久的稳健经营。所以，本章将持股金融机构比例SFI也作为控制变量之一纳入模型。

各变量的名称、缩写和定义，如表4-1所示。

表4-1　变量定义表

类别	名称	符号	变量说明
被解释变量	经济增加值	EVA	税后净经营利润－加权平均资本成本×资本总额（单位10亿）
	托宾Q	TQ	（股票市值＋负债账面值）÷总资产
解释变量	金融化水平	Fin	金融资产÷总资产
	营业收入增长率	Growth	（本期营业收入－上期营业收入）÷上期营业收入
	企业规模	Size	企业期末总资产取对数
	高管薪酬水平	TMAS	前三位高管薪酬平均数（以元为单位）的自然对数
	股权集中度	SHF	第一大股东的持股比例（%）
	盈利能力	ROA	企业当期净利润÷总资产
控制变量	资产负债率	Lev	期末总负债与总资产之比
	持有金融机构股份比例	SFI	企业持有金融机构的股份占比（%）
	公司年龄	Age	当年减去公司注册年加1
	是否高新技术企业	Hitech	是，赋值为1，否则为0
	企业性质	SOE	国有企业赋值为1，否则为0
	行业	Industry	在本行业赋值为1，否则为0
	年份	Year	属于本年度赋值为1，否则为0

4.5 实证分析过程

4.5.1 描述性统计与相关性分析

除行业与年份控制变量外的其他变量的描述性统计结果，如表 4–2 所示。从表中可以看出，被解释变量 EVA 的均值为 0.228，整体上企业是为股东创造了价值，同时其方差较大，说明企业价值存在分化的情况。企业金融化水平均值为 0.079，处于较高水平，即我国实体企业金融化水平较高。其最大值为 0.530，说明有的企业配置了较高比例的金融资产，最高者为 53%。ROA 均值为 0.046，说明我国实体企业的盈利能力不强。Hitech 的均值为 0.758，说明约四分之三的企业属于高新技术企业。SOE 的均值为 0.386，说明国企占比不到四成，约六成为非国有企业。

表 4–2　描述性统计

变量	样本数	均值	标准差	最小值	最大值
EVA	5796	0.228	1.790	–14.589	33.971
TQ	5796	2.179	1.392	0.871	8.760
Fin	5796	0.079	0.101	0	0.530
Growth	5796	0.229	1.740	–0.891	4.992
Size	5796	22.542	1.196	19.995	26.088
TMAS	5785	13.409	0.657	11.849	15.147
SHF	5796	34.773	14.382	9.670	74.820
ROA	5796	0.046	0.057	–0.208	0.221
Lev	5796	0.421	0.194	0.014	1.050
SFI	5796	6.477	5.909	0.070	54.580
Age	5796	17.529	5.263	4	35
Hitech	5796	0.758	0.428	0	1
SOE	5796	0.386	0.487	0	1

表 4–3 报告了主要变量的相关性分析结果。表中显示，金融化水平总体上与企业价值 EVA 正相关，这表明金融化水平越高，企业价值会越高，说明我国实体企业配置金融资产对企业发展具有积极作用。从表中可以发现 EVA 与主要自变量基本上均显著相关，且变量间相关系数较小，经过 VIF 检验，VIF 最大者为 1.85，小于 10，均值为 1.420，说明自变量之间不存在显著的多重共线性问题。

对于小 T 的面板数据，可以不进行单位根检验，但我们为了谨慎起见，避免单位根的存在导致的伪回归问题，也对主要变量进行了 ht 单位根检验，发现除了 Size 在 5% 水平上，其余变量均在 1% 水平上拒绝原假设，说明本章数据是平稳的。

表 4–3　相关性分析表

	EVA	Fin	Growth	Size	TMAS	SHF	ROA	Lev	SFI	Age
EVA	1									
Fin	0.040***	1								
Growth	0.103***	0.003	1							
Size	0.245***	–0.108***	–0.178***	1						
TMAS	0.181***	0.070***	–0.125***	0.385***	1					
SHF	0.145***	–0.005	0.063***	0.217***	–0.044***	1				
ROA	0.326***	0.131***	0.077***	–0.014	0.196***	0.105***	1			
Lev	–0.055***	–0.274***	–0.205***	0.529***	0.065***	0.056***	–0.372***	1		
SFI	–0.006	–0.043***	–0.027**	0.065***	0.043***	–0.127***	0.024*	0.031**	1	
Age	0.007	–0.013	–0.617***	0.182***	0.119***	–0.070***	–0.063***	0.177***	0.021	1

注：*、**、*** 分别表示 10%、5% 和 1% 的显著性水平，下同。

4.5.2　回归分析

表 4–4 列示了金融化水平对企业价值影响的基础回归结果。通过 F 检验 P 值为 0，故固定效应模型优于 POOL 模型。再通过 Hausman 检验 p 值为 0，故最终采用固定效应模型。同时为了消除异方差和自相关问题，均使用了稳健标准误修正。从表 4–4 中可以看出，（1）（3）列的 POOL 模型主要变量回归的显著性低于（2）

（4）列的固定效应模型，FE 模型相比具有更高的估计效率。

在（2）列中，仅放入了 Fin 的一次项进行回归，可以看到金融化水平 Fin 与企业价值 EVA 的系数为 0.434，是正向关系，并在 5% 的显著性水平上通过了检验，表明公司的金融化水平对其价值的提升有着促进作用。我们认为主要有以下原因：一是宏观经济下行使得企业经营窘境依旧，实体业务的回报率一直较低，同时回报的不确定性加大；二是微观方面，企业面临着比较严重的融资约束，特别是民营企业，有着平滑经营周期的动机；三是在实体企业经营困难时，金融和房地产这两个行业却蓬勃发展，给企业纾解经营之困提供了新的渠道。实体企业在经济不景气时手握资金却不敢进行扩产增值，因为行业未来的不确定性加大，这时盲目扩大生产无疑是具有高风险的，而金融和地产行业在该阶段发展得如火如荼，未来的增长确定性较强，同时具有实体企业极难达到的高收益，企业该阶段进行金融化对于企业的经营是利大于弊的。企业通过持有金融资产可以优化资源配置，获得金融资产的高收益，增加利润，改善财务状况。

在（4）列中，因为金融化水平对于企业价值具有多方面多层次的复杂影响，不可不考虑非线性关系，故本章加入了金融化水平的平方项。可以看出，在（4）列中金融化水平的一次项对企业价值的影响与（2）列是一致的，而金融化水平的平方项的系数却是 -2.013 并在 5% 的水平上通过了显著性检验，对企业价值的影响是负向的，一次项系数为正，二次项系数为负，这是开口向下的二次项曲线，体现了金融化水平与企业价值的“倒 U 形”关系。随着企业持有的金融资产增多，其获得的投资收益、对于融资约束的改善和管理人员的工作激励等都越来越强，这些方面的改善又促进了企业价值的提升。金融化水平是不是越高越好？当然不是。国内已有学者讨论了金融资产的挤出效应，如刘笃池等（2016）研究发现，企业金融化通过对资源的分散使用，减少了对经营性资源的配置，对企业的生产效率产生负面影响。企业沉迷于高利润率的金融业，研发投入缩减，降低了企业的创新能力，影响了企业在市场上的长期竞争力，因而对企业价值产生负向影响。另外，企业配置金融资产，将使得会计盈余稳定性降低，金融资产犹如硬币的两面，在具有高收益的同时也具有高风险，虽然该阶段金融行业整体是蓬勃发展的，但仍有一部分企业表现不佳，如雅戈尔 2016 年花费重资购进的中信集团股份，在

2017年计提30多亿元的资产减值损失，导致当年净利润大幅下跌（邹程程、王冬梅、林旭锋，2021）。从图4-2中可以看出，金融化水平对企业价值的影响曲线的斜率近乎是一条直线，在斜率为0的点，两侧的斜率曲线基本上未发生转折，说明适度金融化带来的价值创造与过度金融化导致的价值挤出具有一定的对称性。“倒U形”关系说明企业配置金融资产不单有“蓄水池”效应同时还存在着挤出效应，其持有金融资产适当比例时带来的收益高过了其带来的不利影响，随着持有比例的增加，金融资产投资收益边际递减，当市场发生波动时企业承受的风险急剧增大，对创新的抑制作用以及对投资效率和生产效率的不利影响持续加大，这些无疑都降低了企业价值。由此，假设H1得到证实。

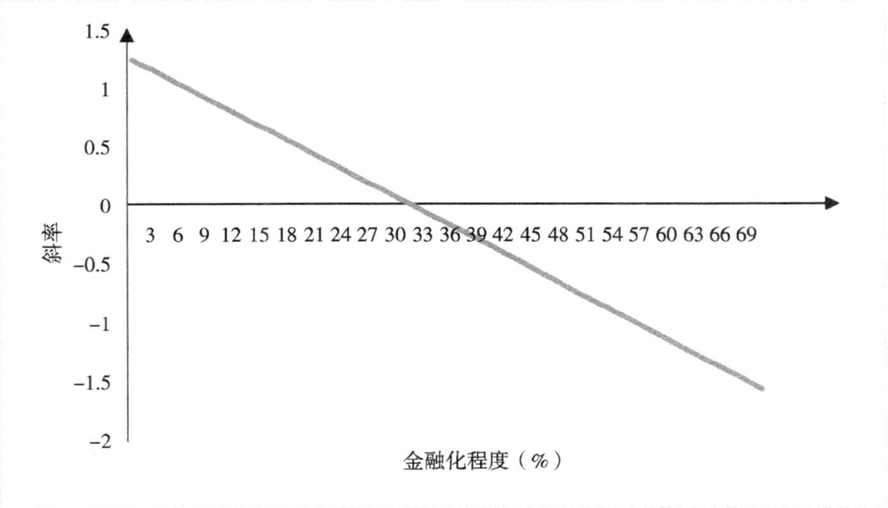

图4-2 金融化水平对企业价值影响曲线的斜率

控制变量中企业规模Size正向影响企业当期EVA，并通过了1%显著性水平检验，表示企业规模越大企业价值越高，企业规模大其业务规模相应的也会更大，创造的经济价值也会更多。Growth营收增速显著正向影响企业价值，说明营收增速快的公司其价值更高。总资产收益率ROA与企业价值显著正相关；企业年龄Age也显著正向影响企业价值。高管薪酬、股权集中度和持股金融机构比例对于企业价值的影响不显著。

表 4-4 实体企业金融化水平与企业价值的回归结果

变量	(1)	(2)	(3)	(4)
	POOL	FE	POOL	FE
Fin	0.375*	0.434**	0.950*	1.221**
	(1.670)	(1.980)	(1.710)	(2.320)
Fin^2			-1.479	-2.013**
			(-1.130)	(-2.110)
Size	0.409***	0.232***	0.408***	0.229***
	(15.670)	(3.450)	(15.630)	(3.400)
Growth	0.119***	0.541***	0.119***	0.542***
	(11.490)	(3.620)	(11.500)	(3.630)
TMAS	0.103***	0.075	0.100***	0.075
	(2.700)	(1.310)	(2.610)	(1.310)
SHF	0.005***	-0.005	0.005***	-0.005
	(2.830)	(-1.440)	(2.890)	(-1.450)
ROA	8.642***	8.991***	8.641***	9.006***
	(20.550)	(12.280)	(20.550)	(12.260)
Lev	-0.688***	-0.124	-0.680***	-0.118
	(-4.470)	(-0.740)	(-4.420)	(-0.700)
SFI	-0.006	-0.006	-0.006	-0.006
	(-1.540)	(-1.360)	(-1.520)	(-1.370)
Age	0.029***	0.220***	0.029***	0.221***
	(5.460)	(3.350)	(5.490)	(3.360)
Constant	-6.910***	9.192**	-6.862***	9.260**
	(-10.140)	(2.020)	(-10.050)	(2.030)
样本数	5785	5785	5785	5785
R-squared	0.270	0.180	0.270	0.181
Company Fe	NO	YES	NO	YES
Industry Fe	YES	NO	YES	NO
Year Fe	YES	YES	YES	YES

注：因高管薪酬 TMAS 缺失了 11 个观测值，故样本数为 5785。

4.5.3 稳健性检验

（1）替换被解释变量企业价值。

对于企业价值的衡量指标有多种，国内普遍使用的是托宾 Q。本章采用托宾 Q 替换 EVA，进行稳健性检验，检验结果如表 4–5 中的（1）（2）列所示。从（1）列可以看出，在控制年份效应时金融化水平对托宾 Q 具有提升作用，即对企业价值的提升起到促进作用，并在 10% 水平上通过了检验。（2）列中的主要变量结论与第一列无实质性差异，说明本章的结论具有稳健性。

（2）对内生性问题的检验。

为了缓解内生性问题对于本章结论产生的影响，我们对内生性进行了处理。常见的处理方法有工具变量法、样本选择法和加入滞后变量，本章采取滞后变量法。借鉴黄健柏等（2015）的做法，考虑到金融化水平对企业价值的影响可能存在时滞效应，又把回归模型中金融化水平的一次项与二次项的滞后一期也纳入模型，重新进行回归，从表 4–5 中的（3）（4）列中可以看出，主要变量结论没有实质性差异，故本章结论较为稳健。

表 4–5 稳健性检验

变量	（1）	（2）	（3）	（4）
	TQ	TQ	EVA	EVA
Fin	0.278*	0.447*	0.463*	1.248**
	（1.720）	（1.910）	（1.770）	（2.020）
L.Fin			−0.017	0.347
			（−0.080）	（0.570）
Fin^2		−0.431		−1.994*
		（−0.420）		（−1.800）
$L.Fin^2$				−0.930
				（−0.740）
Size	−0.734***	−0.735***	0.100	0.097
	（−11.740）	（−11.740）	（0.890）	（0.860）

续表

变量	（1）	（2）	（3）	（4）
	TQ	TQ	EVA	EVA
Growth	0.553***	0.553***	0.892***	0.893***
	（10.120）	（10.100）	（3.960）	（3.960）
TMAS	0.208***	0.208***	0.112*	0.113*
	（4.050）	（4.050）	（1.890）	（1.900）
SHF	-0.004	-0.004	-0.008**	-0.008**
	（-1.220）	（-1.220）	（-2）	（-2.010）
ROA	4.288***	4.292***	9.483***	9.503***
	（9.990）	（10.010）	（11.990）	（11.980）
Lev	1.108***	1.109***	-0.172	-0.170
	（5.340）	（5.340）	（-0.790）	（-0.780）
SFI	0.017***	0.017***	-0.007	-0.007
	（4.600）	（4.600）	（-1.200）	（-1.220）
Age	0.220***	0.220***	0.381***	0.380***
	（9.600）	（9.590）	（3.70）	（3.700）
Constant	30.833***	30.848***	21.389***	21.428***
	（14.400）	（14.370）	（2.750）	（2.760）
样本数	5785	5785	4821	4821
R-squared	0.407	0.408	0.206	0.207
Company Fe	YES	YES	YES	YES
Year Fe	YES	YES	YES	YES

4.6 金融化对企业价值的影响：基于企业性质的讨论

不同性质的企业在经营方式上具有重大的区别，其盈利模式、研发投入、融资约束、政府补助等都具有明显的差异，在进行金融资产配置时，金融化对其价值的影响也应存在差异性，所以下面从企业是否国有企业、是否高新技术企业角度来做进一步的分析。

4.6.1　金融化对企业价值的影响：基于是否高新技术企业

是否高新技术企业字段采自国泰安数据库，2014—2019 年公司只要有大于一次被认定为高新技术企业，则在该时间段均按照高新技术企业进行分类。高新技术企业是技术、知识均密集的企业，需持续不断地高投入，进行研究开发，而研发投入的回报具有很大的未知性，大部分研发支出最终都费用化了，同时研发投入的回报需要较长的时间，短期内给企业带来的收益较少。而在短期内企业进行金融化，配置金融资产，可以获得比较明显的收益，相较于其他未进行金融化的高新技术企业，其在财报上会有更优秀的表现。此外，企业减少研发投入的行为传递到对企业创新能力的影响上具有时间上的滞后性，所以短期金融化是促进其企业价值提升的捷径。同时高新技术企业的产品技术含量高，净利率高于一般企业，创造实际价值的能力优于一般企业，所以体现为在短期内高新技术企业金融化对企业价值的提升效果没有一般企业明显。据此，提出如下假设。

假设 H2：在短期内高新技术企业进行金融化对企业价值有提升作用，但提升效果比非高新技术企业差。

从长期来看，因为高新技术企业将原本用于研究开发的资金配置在金融资产上，会造成研究开发的不足，影响企业的创新效益，同时该类企业的经营非常依赖技术的领先性，在技术方面的落后对其价值的影响会更加明显，故提出如下假设。

假设 H3：在长期内高新技术企业进行金融化对其价值具有负向影响。

假设 H4：高新技术企业金融化对企业价值影响的转折点比非高新技术企业更为提前。

现设计以下模型，对上述三个假设进行验证。

$$EVA=\alpha_0+\alpha_1 Fin+\alpha_2 Hitech+\alpha_i Control+\sum\beta Industry+\sum\gamma Year+\varepsilon \quad (4\text{-}2)$$

$$EVA=\alpha_0+\alpha_1 Fin_{t-1}+\alpha_2 Hitech+\alpha_i Control+\sum\beta Industry+\sum\gamma Year+\varepsilon \quad (4\text{-}3)$$

$$EVA=\alpha_0+\alpha_1 Fin+\alpha_2 Fin^2+\alpha_i Hitech+\alpha_j Control+\sum\beta Industry+\sum\gamma Year+\varepsilon \quad (4\text{-}4)$$

模型（4-2）中未加入金融化水平的二次项，用来验证假设 H2。模型（4-3）用金融化水平的滞后一期一阶变量来验证假设 H3，模型（4-4）中加入了金融化水平的平方项用来验证假设 H4。依旧采用双向固定效应模型进行回归，同时为了消除异方差的影响采用稳健标准误进行修正，得到以下回归结果，如表 4-6 所示。

从（1）（2）列中可以看到，对高新技术企业和非高新技术企业来讲，其企业价值 EVA 均与当期金融化水平正相关，系数分别为 0.149、1.190，并分别通过了 10%、5% 的显著性水平检验，说明金融化在当期促进了企业价值的提升，同时可以看出高新技术企业的系数 0.149 小于非高新技术企业的 1.190，说明金融化对非高新技术企业的价值提升效果更加明显，假设 H2 得到了证实。

从（3）（4）列中可以看出，对于高新技术企业来讲，滞后一期的金融化水平对其价值影响的系数为负，在 10% 水平上显著。这可能是由于研发投入对于高新技术企业更为重要，由于高新技术企业是一个技术快速迭代的类别，人才密集、资金密集，技术的领先性对其业绩有着重要影响，先行者优势在该行业体现得更加明显，虽然其配置金融资产在一定程度上挤占了企业的研发资金，但研发投入的减少反映到企业的技术成果上，再到影响企业价值需要一定的时间，短期内对于企业技术创新能力的抑制作用并不明显，而从长期来看这种负面影响就体现出来了，对其价值的负向影响也会更大。故假设 H3 得到了验证。

从（5）（6）列中可以看出，高新技术企业与非高新技术企业金融化水平的一次项的系数均为正，且均通过了 5% 的显著性水平检验，同时高新技术企业的系数小于非高新技术企业，这也证明了假设 H2。另外发现金融化的二次项系数均为负，分别通过了 10%、5% 的显著性水平检验，同时非高新技术企业系数更大一些。将模型（4-4）对金融化水平求导，得到金融化对企业价值影响曲线的斜率，如图 4-3、图 4-4 所示。可以看出，金融化水平对企业价值的影响曲线中，高新技术企业的更为平缓。从图 4-4 中可以看到，高新技术企业斜率在金融化水平为 28% 左右时为零，小于非高新技术企业，说明高新技术企业在一个更低的金融化水平上开始负面影响其企业价值，故假设 H4 得到证实。

表 4-6　金融化对企业价值的影响：基于是否高新技术企业

变量	(1)	(2)	(3)	(4)	(5)	(6)
	高新技术	非高新技术	高新技术	非高新技术	高新技术	非高新技术
Fin	0.149*	1.190**			0.569**	2.985**
	(1.740)	(2.030)			(2.070)	(2.190)
L.Fin			-0.229*	1.023**		
			(-1.690)	(1.970)		
Fin^2					-1.083*	-4.441**
					(-1.740)	(-1.990)
Size	0.293***	0.049*	0.203**	-0.294	0.291***	0.048
	(4.890)	(1.650)	(2.450)	(-0.680)	(4.850)	(0.240)
Growth	0.430***	0.971**	0.649***	1.843**	0.431***	0.965**
	(3.150)	(2.010)	(3.380)	(2.340)	(3.160)	(2.010)
TMASD	0.038	0.160	0.101*	0.061	0.038	0.159
	(0.660)	(0.990)	(1.660)	(0.370)	(0.650)	(0.980)
SHF	-0.007*	0.004	-0.010*	0.002	-0.007*	0.004
	(-1.690)	(0.630)	(-1.960)	(0.200)	(-1.700)	(0.650)
ROA	8.343***	10.815***	8.690***	12.440***	8.353***	10.825***
	(10.280)	(6.320)	(10.180)	(6.090)	(10.250)	(6.320)
Lev	-0.323*	0.775	-0.450**	1.405	-0.319*	0.779
	(-1.750)	(1.420)	(-2.020)	(1.490)	(-1.740)	(1.430)
SFI	-0.006	-0.002	-0.007	-0.009	-0.007	-0.002
	(-1.480)	(-0.150)	(-1.110)	(-0.490)	(-1.500)	(-0.110)
Age	0.172***	0.387*	0.271***	0.763**	0.172***	0.384*
	(2.850)	(1.930)	(3.280)	(2.200)	(2.860)	(1.930)
Constant	5.308	24.193	12.646**	57.692*	5.364	24.038
	(1.420)	(1.510)	(2.240)	(1.870)	(1.430)	(1.500)
样本数	4385	1400	3654	1167	4385	1400
R-squared	0.219	0.158	0.244	0.202	0.220	0.159
Company Fe	YES	YES	YES	YES	YES	YES
Year Fe	YES	YES	YES	YES	YES	YES

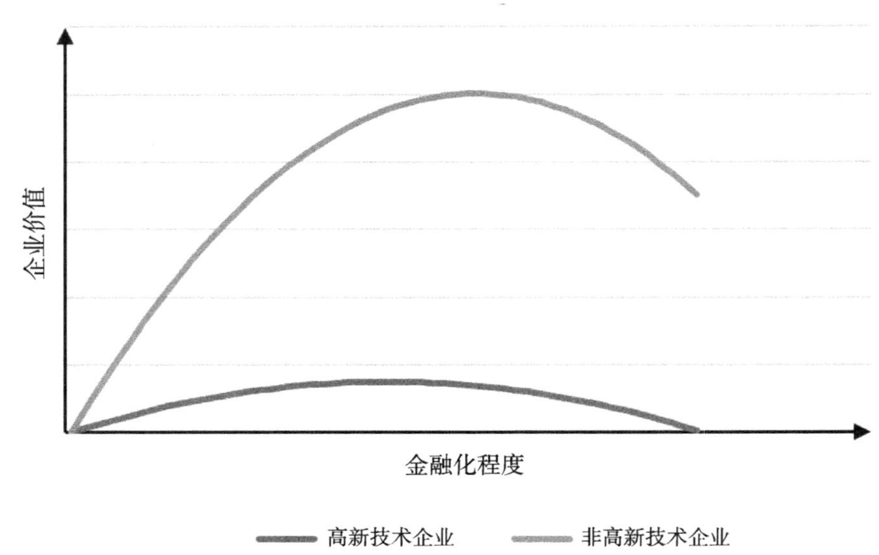

图 4–3　高新技术和非高新技术企业金融化对企业价值的影响（数据来源：CSMAR）

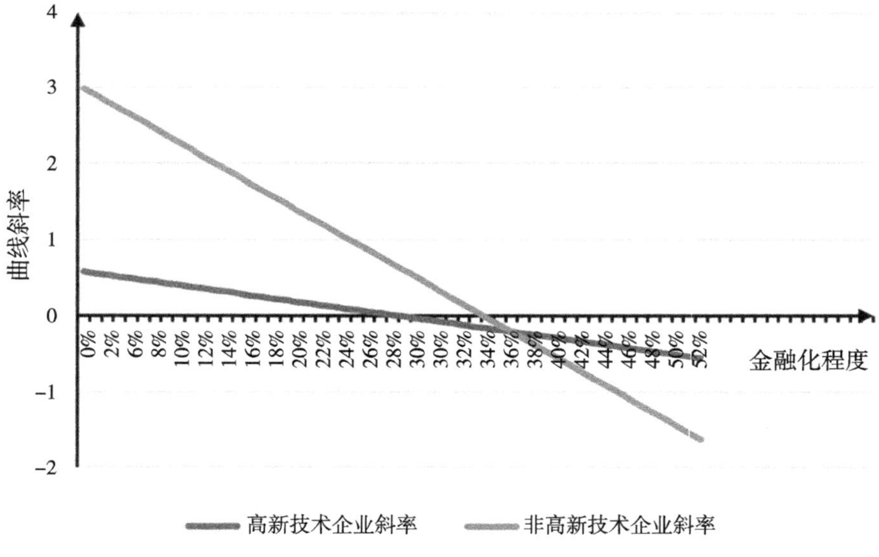

图 4–4　高新技术和非高新技术企业金融化对企业价值影响曲线斜率（数据来源：CSMAR）

4.6.2 金融化对企业价值的影响：基于是否国有企业

下面再基于是否国有企业进行讨论。一般国有企业承担了更多的社会责任从而使得其投资效率较低，其进行金融化可以在一定程度上起到优化资源配置、提高投资效率的作用，使得企业价值提升，因此国有企业投资效率的提升效果要优于非国有企业。据此，提出如下假设。

H5：国有企业进行金融化会提升其企业价值。

H6：国有企业金融化水平对企业价值的影响比非国有企业更为敏感。

从表4-7的（1）（2）列中可以看出，非国有企业其当期的金融化水平与企业价值是正相关的，并通过了5%的显著性水平检验，而国有企业金融化的系数为正且大于非国有企业，但不具有显著性。从（3）（4）列中可以看出，国有企业金融化的一次项系数为正，二次项系数为负，且均在10%的水平上显著，说明在一定程度上国有企业进行金融化能提升其企业价值，故假设H5得到证实。同时非国有企业金融化一次项与二次项系数也分别为正、负，且分别通过了5%、10%的显著性水平检验，国有企业系数的绝对值均大于非国有企业，说明增加相同的金融化水平，国有企业价值变动得更加明显，故假设H6得到证实。

表4-7 金融化对企业价值的影响：基于是否国有企业

变量	（1）	（2）	（3）	（4）
	国有	非国有	国有	非国有
Fin	0.948	0.253**	2.899*	0.789**
	（1.360）	（2.020）	（1.720）	（2.010）
Fin^2			–5.116*	–1.358*
			（–1.660）	（–1.810）
Size	0.174	0.203***	0.172	0.201***
	（1.220）	（6.190）	（0.860）	（3.600）
Growth	1.148***	0.233***	1.148***	0.233**
	（10.080）	（8.660）	（3.210）	（2.210）

续表

变量	（1）	（2）	（3）	（4）
	国有	非国有	国有	非国有
TMAS	-0.097	0.091***	-0.100	0.091**
	（-0.820）	（2.990）	（-0.870）	（2.020）
SHF	-0.014*	-0.001	-0.015**	-0.001
	（-1.780）	（-0.500）	（-2.120）	（-0.300）
ROA	17.508***	6.423***	17.550***	6.429***
	（16.490）	（34.450）	（7）	（12.640）
Lev	0.519	-0.131	0.553	-0.127
	（0.930）	（-1.200）	（1.100）	（-1.070）
SFI	-0.019*	0.001	-0.020*	0.001
	（-1.950）	（0.250）	（-1.68）	（0.250）
Age	0.415***	0.099***	0.416***	0.099**
	（8.720）	（7.530）	（2.870）	（2.240）
Constant	31.728***	0.583	31.751**	0.607
	（6.400）	（0.610）	（2.370）	（0.240）
样本数	2234	3551	2234	3551
R-squared	0.209	0.345	0.209	0.346
Company Fe	YES	YES	YES	YES
Year Fe	YES	YES	YES	YES

4.7 结论与建议

本章以 2014—2019 年非金融上市公司为研究样本，经实证检验发现，实体企业金融化水平与企业价值之间不是简单的线性关系，而是呈“倒 U 形”关系。改变被解释变量的衡量指标并考虑内生性问题后，研究结论依然成立，说明本章结论具有稳健性。考虑企业异质性后，发现在短期内高新技术企业进行金融化对企业价值有提升作用，但提升效果比非高新技术企业要差。在长期内高新技术企业进行金融化对其价值具有负向影响，高新技术企业金融化对企业价值影响的转折点比非高新技术企业更为提前。将企业性质按是否国有划分后，发现国有企业金融化水平对企业价值的影响比非国有企业更为敏感。

所以，建议非金融实体企业对于金融资产的配置应该遵循适量原则，既不要配置过少，降低资金的使用效率，无法充分提升企业价值，更不可盲目配置，造成过度金融化，对实业投资产生挤出效应，加大其承担的资本市场风险和经营风险，增加其业绩的不稳定性，导致企业价值毁损。同时我们还建议有关监管层对实体企业金融化要秉持一分为二的态度，既不要全盘否定，也不要完全放任。对高新技术企业和国有企业，监管要更为严格一些。最后需要强调的是，本章结论是基于 2014—2019 年的样本数据获得的，这个时间段正是金融行业相对繁荣、实体企业艰难转型时期。至于自 2020 年起新冠疫情发生以后，实体企业的金融化选择会有怎样的改变以及会产生怎样的经济后果，需要其他研究来证实。

本章参考文献

［1］蔡艳萍，陈浩琦．实体企业金融化对企业价值的影响［J］．财经理论与实践，2019，40（3）：24-31.

［2］杜勇，张欢，陈建英．金融化对实体企业未来主业发展的影响：促进还是抑制［J］．中国工业经济，2017（12）：113-131.

［3］郭家虎，崔文娟．EVA 对企业价值的解释度：比较研究［J］．当代财经，2004（5）：123-126.

［4］黄健柏，徐震，徐珊．土地价格扭曲、企业属性与过度投资——基于中国工业企业数据和城市地价数据的实证研究［J］．中国工业经济，2015（3）：57-69.

［5］刘笃池，贺玉平，王曦．企业金融化对实体企业生产效率的影响研究［J］．上海经济研究，2016（8）：74-83.

［6］刘志远，等．政策不确定性与企业风险承担：机遇预期效应还是损失规避效应［J］．南开管理评论，2017，20（6）：15-27.

［7］倪志良，等．金融化是否制约了实体企业主营业务的发展？［J］．经济问题探索，2019（3）：51-62.

［8］戚聿东，张任之．金融资产配置对企业价值影响的实证研究［J］．财贸经济，2018，39（5）：38-52.

［9］宋军，陆旸．非货币金融资产和经营收益率的U形关系——来自我国上市非金融公司的金融化证据［J］．金融研究，2015（6）：111-127.

［10］王冬梅．财务会计学［M］．大连：东北财经大学出版社，2022.

［11］王冬梅，付雅雪，康蕤洁．论中小企业融资约束程度的衡量——基于银行贷款审核报告的分析［J］．财会月刊，2017（7）：3-9.

［12］王红建，李茫茫，汤泰劼．实体企业跨行业套利的驱动因素及其对创新的影响［J］．中国工业经济，2016（11）：73-89.

［13］吴军，陈丽萍．非金融企业金融化与杠杆率变动的关系［J］．金融论坛，2018（1）：3-15.

［14］谢家智，王文涛，江源．制造业金融化、政府控制与技术创新［J］．经济学动态，2014（11）：78-88.

［15］许罡，朱卫东．金融化方式、市场竞争与研发投资挤占——来自非金融上市公司的经验证据［J］．科学学研究，2017，35（5）：709-719.

［16］张明，罗灵．民营企业金融化影响生产率的实证研究［J］．经济体制改革，2017（5）：155-161.

［17］邹程程，王冬梅，林旭锋．关键审计事项的提示作用到底有多强？——基于“老练者”的典型案例分析［J］．财务管理研究，2021（5）：5-21.

［18］张玮婷，魏紫洁，游士兵．大股东特征、股权制衡与公司价值——基于EVA的实证研究［J］．会计与经济研究，2015，29（4）：86-100.

［19］钟献兵．金融资产配置与企业杠杆率：兼论货币政策与经济政策环境不确定下的异质性［J］．区域金融研究，2018（10）：34-41.

第 5 章　实体企业金融化对企业财务风险的助推作用研究

本章通过选取三张财务报表上有代表性的财务风险指标，如营运资本耗用率、现金周期、盈利的可持续度、盈利的波动性、现金流的波动性、现金流动负债比率、破产预测指标 ZScore 和 OScore 等，来证实实体企业金融化是否放大了企业财务风险。本章以 2012—2021 年我国 A 股上市实体企业为研究样本进行实证研究。描述性统计结果显示：我国实体企业金融化水平偏高，盈利能力较弱；营运资本耗用率和现金周期差异较大；大部分企业主业盈利仅占到净利润的一半左右，但盈利的波动性较小；大部分企业现金流状况较为稳定，现金流动负债比率均值 21.8%，与国际标准 40% 还有较大差距，但企业经营现金流状况较好；ZScore、OScore 显示企业破产风险较小。基础回归和稳健性检验显示：实体企业金融化对企业财务风险有助推作用，主要是放大了企业资产负债表和利润表上的财务风险，对企业现金流风险及破产风险的缓解不能一概而论。建议实体企业在采取金融化的投资决策时不要盲目扩大金融资产持有量，应以企业主营业务发展为重，并密切关注企业现金流状况，避免出现破产危机。

5.1 引言

在当前中国经济高速发展的背景下，各个企业都面临着复杂多变的社会和经济环境，企业的生产经营活动既面临机遇又面临挑战。企业财务活动面临更大的不确定性，更有可能发生财务风险问题。近年来，实体企业金融化浪潮不断涌现，加剧了企业财务业绩的波动，金融资源本身的高风险性和企业不断提高的金融化程度很可能推高了企业财务风险。因为金融投资的高收益性，越来越多的实体企业参与其中。金融投资往往伴随着更高的风险，且金融风险具有极高的传染性（王营、曹廷求，2020），微小的波动就会迅速蔓延至实体企业整体，给企业带来毁灭性的打击（李秋梅、梁权熙，2020）。金融在发展之初是为了起到资金融通的作用，更好地促进实体经济的发展。在理论层面，实体企业金融化可以增强企业资金的流动性，企业利用闲置资金进行金融资产投资，在不影响企业资金流动性的前提下赚取金融投资收益，当企业需要资金时则可以随时将其变现，起到“蓄水池”作用（邓路、刘欢、侯粲然，2020）。但随着越来越多的实体企业不断扩大金融资产投资，过度金融化导致了挤出效应的发生（王红建等，2017；杜勇等，2017），不仅放大了企业财务风险，甚至可能导致破产危机。基于以上原因，我们有必要深入探究实体企业金融化对企业财务风险的助推作用。

5.2 文献综述

以往关于实体企业金融化的经济后果研究文献表明，随着实体企业金融化程度的不断提高，会逐渐侵占企业的主业投资和创新研发投入，降低企业生产效率，从而不利于企业主业发展和创新产出，严重威胁企业未来主业业绩（陈赤平、孔莉霞，2020；翟光宇等，2021），并且有研究专门考察了实体企业金融化对企业财务风险的影响（杨有红、赵晓梅，2021）。现有关于金融化对企业财务风险的影响的研究文献得出了两种截然相反的观点。一种观点认为，金融资产配置可以通过增加信息的不透明度，从而增加财务风险并降低企业价值。此外，随着融资约束的加强，金融化对财务风险的放大作用也变得更加明显（戚聿东、张任之，2018）。另一种观点则认为出于预防储蓄动机的实体企业金融化可以平滑企业持有的现金，金融化可以通过杠杆率的中介效用降低企业财务风险（谭小玉、陈裕鑫，2022）。还有研究发现，企业创新与金融化的交互作用可以提升企业自身的发展能力，同时也可以降低企业对外的股权融资成本，进而减轻企业财务风险（刘柏、琚涛，2019）。与此同时，也有研究发现，企业持有的金融资产类型不同，企业金融化行为对企业财务风险的影响也不尽相同。企业持有短期金融资产可以缓解企业财务风险，而持有长期金融资产则会挤出实业投资、研发投入等，加大企业财务风险（黄贤环、吴秋生、王瑶，2018）。交易类金融资产可以优化企业未来的财务状况，而持有投资类金融资产则会恶化企业未来的财务状况（高翔、聂赟彬、李秉，2019）。

而在研究实体企业金融化与财务风险之间关系的文献中，一个主要的分歧是如何测度企业财务风险。Altman 的 Zscore 模型、Ohlson 的 Logit 回归模型和 Odom 的神经网络模型均可用于破产预测。我国学者也提出了 F 分数模型（周首华、杨济华、王平，1996）和 Y 分数模型（杨淑娥、徐伟刚，2003）等。黄贤环、吴秋生、王瑶（2018）采用 Altman 修正的 Zscore 模型来衡量企业财务风险，并强调这个指标既有指数的综合性，又符合新兴资本市场上上市公司的财务状况，且应用广泛。杨有红、赵晓梅（2021）也采用 Zscore 来表征企业财务风险并开展实体企业金融化经济后果的相关研究。赵芮、曹廷贵（2021）采用经行业调整的资产收益率的三期滚动标准差来表示企业财务风险。董盈厚、马亚民、董馨格（2021）用三年经营活动现金净流量除以总资产的标准差来衡量现金流风险，实证发现金融资产配置与企业现金流风险之间存在“U 形”关系。刘井建、徐一琪、李惠竹（2021）采用过去三年经营现金流的标准差来衡量现金流的波动性，且发现金融衍生品的使用降低了企业现金流的波动性。由此可知，在测度企业财务风险时，多数文献使用极端化的破产预测模型，其他文献则运用单变量来表征企业财务风险，如盈利的波动性或经营现金流的波动性。然而破产是企业财务状况极端恶化的结果，一般情况下并不适合采用破产模型来测度正常经营企业的财务风险，而单一变量只能表明企业财务风险的某一方面，对企业整体财务状况和面临的财务风险缺乏全面把握。

鉴于目前尚没有文献将企业财务风险作为一个整体，从企业三大财务报表的角度研究实体企业金融化与企业财务风险之间的关系，本章借鉴孙旭、王冬梅（2021）提出的从资产负债表、利润表和现金流量表三个维度来表征企业财务风险，并逐层深入探讨实体企业金融化程度对企业财务风险的影响。一方面，通过全面深入地研究金融化行为对企业财务风险的影响，帮助实体企业正确、全面地认识企业财务风险问题，进一步健全企业财务风险管理制度，并更新对风险与收益均衡规律的认识。另一方面，本章将重点研究实体企业金融化行为在哪些方面如何影响自身财务风险，以期为实体企业提供合理的金融资产配置建议，促进企业经营水平、经营效率和风险管理能力的提高。

5.3 财务风险的测度

5.3.1 资产负债表上的财务风险

资产负债表是表示企业在某一时点财务状况的静态报表，多数研究通过企业资产负债表来分析企业的偿债能力，判别企业资产运营效率的高低，从而识别企业的财务风险。其实从资产负债表上来看，实体企业的财务风险主要体现在营运资本管理效率的高低上。本章在孙旭、王冬梅（2021）研究的基础上，选择营运资本耗用率、现金周期两个指标来衡量企业资产负债表上的财务风险。

（1）营运资本耗用率。

波士顿咨询公司曾提出采用营运资本生产率指标来衡量企业的营运资本管理效率。企业单位营运资本带来的营业收入越高，说明该企业能够利用相对于其他企业来说更少的资本获得同等水平的收入，那么这一企业就在同行业或同类企业中占据了竞争优势地位。另外，企业节约的营运资本是日常生产运营的重要保证，可以使企业面临财务风险问题的可能性降低。由于部分营运资本管理能力极强、在供应链中话语权较大的企业可能存在营运资本为负的情况，所以本章进一步修正了营运资本生产率指标，以年度平均净营运资本与企业销售收入的比值来衡量企业的营运资本管理效率，并命名为营运资本耗用率。营运资本耗用率指标在营运资本为正和为负时指示意义相同，均为指标值越大，营运资本管理效率越低，企业的营运管理能力越差。

（2）现金周期。

相对于营运资本耗用率而言，现金周期是表示企业营运资本管理效率的综合性指标，具体定义为：现金周期 = 应收账款周转期 + 存货周转期 – 应付账款周转期。现金周期指标是实体企业整个生产运营全流程的现金时间间隔，它涵盖了从采购原料付款、生产实物流转到销售商品回款的全过程。因此，现金周期指标能够全面反映实体企业从采购到销售的现金流转情况，现金周期越短，代表企业现金周转越快，在生产运营上被占用的资金越少，营运资本管理效率越高，企业面临的财务风险就越小。

5.3.2　利润表上的财务风险

利润表是表示企业在某一期间经营成果的动态报表，通过利润表项目可以分析企业盈利能力的强弱。本章参考邹程程、王冬梅（2021）和陆正飞等（2015）的研究，选择盈利可持续度、盈利波动性两个指标来衡量企业利润表上的财务风险。

（1）盈利可持续度。

企业利润的实现是企业经营活动的结果，只有企业持续性地获得盈利，才能够实现长久发展。在企业的经营过程中，存在部分损益是偶然性的、不可持续的，因此并不能将其作为保证企业持续盈利的基础。若非经常性损益在企业净利润中的占比过大，则一方面说明企业对其主营业务的重视程度不够，将大部分资金投资于主业以外的其他领域，另一方面说明企业的主业盈利能力不佳，一旦非经常性损益对企业利润的贡献停止，企业将随时出现利润的大幅度缩减，随之面临严重的财务危机。邹程程、王冬梅（2021）将盈利可持续度作为衡量企业财务风险的重要指标之一，用“经常性损益 ÷ 净利润”来衡量，反映企业的持续获利能力。盈利可持续度指标值越大，说明企业通过正常生产经营活动获得的收益在净利润中的占比越大，表明企业的主业盈利能力越强，面临财务风险的可能性越低。

（2）盈利波动性。

企业要想降低利润表上的财务风险，除了要获得持续不断的经常性盈利，还需要保证企业的盈利具有稳定性，只有当企业盈利既持续又稳定时，才表明企业具有较低的财务风险。本章借鉴陆正飞等（2015）的研究，采用“息税前利润 ÷ 总资产”的三年波动率来衡量企业的盈利波动性。若企业盈利波动性指标值过大，则说明该企业在盈利上出现了较为强烈的大起大落，表明企业获得的盈利不具有稳定性，也可以从一个侧面说明企业盈利的可持续度较差。当企业的盈利波动过于剧烈时，不仅会对企业现金流的稳定性产生影响，而且会威胁到企业主营业务的发展。此外，这种情况还会严重降低投资者的信心，影响企业在融资信贷和资本市场方面的表现，从而放大企业的财务风险。

5.3.3 现金流量表上的财务风险

现金流量表是表示企业现金流入、流出情况的动态报表，近年来越来越多的学者在分析企业财务风险时选择使用现金流量指标，不仅是为了保证企业财务风险衡量的全面性和可获得性，更是因为当现金断流时企业将面临严重的财务危机，因此需要特别关注。本章借鉴邹程程、王冬梅（2021）和董盈厚、马亚民、董馨格（2021）的研究并加以改进，采用现金流波动性、现金流动负债比率两个指标来衡量企业现金流量表上的财务风险。

（1）现金流波动性。

现金流量表是列示企业在一定期间按照收付实现制核算的经营活动、投资活动和筹资活动的现金流入、现金流出和现金净流量的报表。现金流量表在企业三大财务报表中是唯一采用收付实现制进行会计核算的报表，因此有别于资产负债表和利润表的权责发生制原则，能够展现企业的即时财务信息。与利润表上的财务风险指标——盈利波动性相对应，收付实现制下的现金流量表财务风险指标也应当衡量波动性大小。本章借鉴董盈厚、马亚民和董馨格（2021）的做法并在此基础上进一步修正，用三年现金及现金等价物净增加额除以总资产的标准差作为现金流波动性指标，表明企业收付实现制下盈利的波动情况。现金流波动性指标值越大，说明企业前后期的现金流入、流出情况差距越大，表明企业不具有稳定的现金流，现金流量表上的财务风险越大。

（2）现金流动负债比率。

现金流波动性指标说明了企业现金流量表上的财务风险的一个方面，现金流波动性大不一定代表企业会在短时间内出现财务危机，而企业现金断流是极为严重的财务风险，因此还需要通过其他指标来衡量企业的现金断流风险。本章采用经营活动产生的现金流量净额与流动负债之比来衡量企业通过经营活动产生的现金流偿还企业短期负债的能力，以此作为企业现金断流风险的度量指标，这就是现金流动负债比率。企业现金流动负债比率指标值越大，说明企业通过经营活动赚取的现金流能够很好地覆盖短期负债，不存在流动负债难以按时偿还的问题，同时也表明企业的经营状况较好，能够利用企业主营业务获得足够高的现金流收益，企业现金流量表上的财务风险较小。

5.3.4　破产风险

上文提及的资产负债表、利润表和现金流量表上的财务风险指标均是企业的一般财务风险指标，可以通过日常的实时监控发现企业的财务风险问题并及时调整。而企业的破产危机是财务风险问题的极端情况，虽然在一般情况下不会发生，但仍需要特别关注。因此，本章采用经典的破产预测模型计算出的企业财务风险指标衡量企业的破产风险。

（1）ZScore。

Altman 最早于 1968 年提出多变量企业财务风险预警模型，利用 33 对破产和非破产企业，从 22 个财务比率中筛选出 5 个作为判别变量构建了 Zscore 模型，该模型在企业破产前两年能够进行准确预测。ZScore 指标值越小，表明企业的破产风险越大。ZScore 计算公式如下。

$$\text{ZScore}=1.2X_1+1.4X_2+3.3X_3+0.6X_4+0.99X_5$$

其中，X_1= 营运资本 ÷ 总资产，X_2= 留存收益 ÷ 总资产，X_3=（利润总额 + 财务费用）÷ 总资产，X_4= 公司市值 ÷ 总负债，X_5= 销售额 ÷ 总资产。

（2）OScore。

Ohlson 于 1980 年首次在企业财务危机预测中使用 Logit 回归模型，在修正以往研究中数据和模型假设方面存在的缺陷的基础上，对样本公司的破产概率分布和两种类型的误判率之间的关系进行了研究，得到了估计企业是否破产的几个显著性指标，建立了 OScore 指标值计算模型，以此来衡量企业的破产风险。OScore 指标值越小，表明企业的破产风险越小。OScore 计算公式如下。

$$\text{OScore}=-1.32-0.407X_1+6.03X_2-1.43X_3+0.0757X_4-2.37X_5-1.83X_6+0.285\text{INTWO}-1.72\text{OENEG}-0.521\text{CHIN}$$

其中，X_1= 总资产，X_2= 总负债 ÷ 总资产，X_3= 营运资本 ÷ 总资产，X_4= 流动负债 ÷ 流动资产，X_5= 净利润 ÷ 总资产，X_6= 经营性现金流 ÷ 总负债。

INTWO：若过去两年净利润均为负数则为 1，否则为 0。

OENEG：若总负债大于总资产为 1，否则为 0。

CHIN=（NI_t-NI_{t-1}）÷（$|NI_t|+|NI_{t-1}|$），NI 表示净利润。

尽管实体企业金融化对上述资产负债表、利润表、现金流量表上的一般财务风险指标的作用需要通过金融化是否促进了企业资金的更合理利用及其影响效应来综合评判，但毋庸置疑的是，无论实体企业金融化程度的提高是发挥了“蓄水池”效应还是发挥了挤出效应，企业经营管理者都会尽力避免破产危机的发生。因此，管理者采取金融化的财务决策应当以减小企业破产风险为目的。

5.4　机理分析与研究假设

从已有文献研究来看，实体企业的金融化行为既具有为企业积蓄资金，保持企业资金流动性的“蓄水池”效应，又具有侵占企业资金，不利于企业日常生产经营发展的挤出效应。当实体企业金融化的“蓄水池”效应占据主导地位时，企业通过配置金融资产获得相应的投资收益，同时在企业面临融资约束时可以随时将其变现，这时企业的金融化行为可以降低企业对外部负债的需求，提高企业资金的流动性和灵活性。当实体企业金融化的挤出效应占据主导地位时，企业投入金融领域的资金会侵占其他正常生产经营所需的资金，从而挤出企业实物资本投资和创新研发投入，不利于企业主营业务的发展，导致企业主业业绩的降低，抑制企业核心竞争力的提高。实体企业金融化是企业的财务决策，而营运资本管理效率反映了企业的经营状况好坏，代表了企业资产负债表上的财务风险。企业进行金融资产投资势必会给企业的正常生产经营活动带来影响，通过企业资金的分配和利用影响企业财务风险。由于实体企业金融化行为具有积极和消极两种效应，因此，实体企业金融化程度的提高对企业资产负债表上的财务风险指标——营运资本耗用率和现金周期也存在积极和消极两种不同的影响。一方面，当企业金融化程度的提高主要发挥“蓄水池”效应时，企业通过金融资产投资获得的投资收益能够增加其营业利润和现金流入，从而使得企业拥有更为充足的资金用于实物投资和创新研发，进一步推动企业主营业务的发展。此外，在企业面临财务危机时，企业持有的金融资产能够及时变现，有效缓解企业面临的融资约束，避免资金短缺对企业主营业务发展的影响。所以，金融化的“蓄水池”效应能够促进企业的经营发展，为企业创造更多的营业收入，从而使得企业单位营业收入所需的营运资本降低，营运资本耗用率下降。企业良好的生产经营及创新活动可以促进企业在行业内竞争优势地位的提升，从而增强企业的议价能力，缩短现金周期，降低企业财务风险。另一方面，当企业金融化程度的提高主要发挥挤出效应时，金融化对企业的经营生产有负面影响，会抑制企业全要素生产率的提高，从而进一步导致营运资本耗用率的增加和企业财务风险的放大。另外，将大量资金投资于金融领域，侵占对于实体企业来说尤为重要的实物投资及产品服务创新投入，会严重威胁企业主业的良好发展，使企业在竞争中处于劣势地位，降低企业在供应链中的议价能力，从而导致现金周期的延长，企业现金流短缺，财务风险增加。此种情形下，企业可能采取减少原材料的购进、减少库存或是设置更为严格的赊销条件来缓解现金流的短缺，虽然在表面上看现金周期有所缩短，但实际上无异于饮鸩止渴，给企业带来更为严重的财务危机。据此，提出如下竞争性研究假设。

H1a：实体企业金融化程度越高，企业营运资本耗用率越低。

H1b：实体企业金融化程度越高，企业营运资本耗用率越高。

H2a：实体企业金融化程度越高，企业现金周期越短。

H2b：实体企业金融化程度越高，企业现金周期越长。

实体企业金融化这一财务政策的实施所带来的影响并非是单方面的，除了资产负债表上的财务风险，同样也会影响企业利润表上的财务风险。实体企业金融化行为可以获得金融投资收益，能否充分有效利用金融投资收益发展企业主业则会显著影响企业的盈利能力和财务风险。实体企业金融化给企业带来的投资收益属于企业的非经常性损益，虽然是不可持续的企业获利，但是当金融化发挥“蓄水池”效应时，实体企业金融化所带来的企业经营水平的提升能够改善企业的资本结构，将更多的资金用于投资固定资产等实物资产，大力支持企业的创新研发，促进企业产品和服务的换代升级，增强企业产品、服务的独特性和市场占有率，增强企业的核心竞争力。另外，金融化的“蓄水池”效应使得企业的内部融资相对充足，同时也提高了企业资产的流动性。相对于外部筹资，金融化的收益融资成本更低，因此减少了企业对外部负债的需求。由此使得企业能够在不过度依赖外部信贷融资的情况下为企业的正常生产经营活动提供支持。因此，“蓄水池”效应下的实体企业金融化对企业经常性损益的放大作用远远大于其金融投资收益的增长，使得企业盈利可持续度上升。另外，持续的主业利润也有利于维持企业盈利的稳定性，使得企业盈利波动性减小，企业财务风险降低。

与之不同的是，如果企业金融化程度的提高产生了挤出效应，企业为了赚取金融投资收益而忽视企业主业的发展，更多地投资于高风险的金融产品，不仅不能带动企业主业收入的增长，反而会将金融市场风险更多地渗透到企业内部，增大企业面临的不确定性。因此，挤出效应下的实体企业金融化使得企业创造的利润过多依赖于金融资产，会对企业盈利可持续度造成不利影响，同时金融资产的高风险性还会导致企业盈利的巨大波动，增加企业面临的财务风险问题。据此，提出如下竞争性假设。

H3a：实体企业金融化程度越高，企业盈利可持续度越高。

H3b：实体企业金融化程度越高，企业盈利可持续度越低。

H4a：实体企业金融化程度越高，企业盈利波动性越低。

H4b：实体企业金融化程度越高，企业盈利波动性越高。

如果说能否充分有效利用金融投资收益发展企业主业会显著影响企业利润表上的财务风险，那么又是什么决定了企业金融化程度对现金流量表上的财务风险的影响呢？从企业金融化行为发挥的影响效应来看，当实体企业金融化程度的提高主要发挥“蓄水池”效应时，金融化是作为企业日常生产经营活动的补充所采取的财务决策，企业利用闲置资金投资于金融市场，但仍专注于发展企业的主营业务，注重核心竞争力的提升，因此有效保障了企业的经营现金流。有限占比的金融资产并不会给企业带来巨大的金融风险，因此企业将会维持在一个稳定的现金流波动性水平上。同时金融资产的“蓄水池”效应又能很好地促进企业经营活动的良好发展，有效保证企业的现金流偿债能力，降低企业财务风险。

而企业金融化行为的挤出效应使得企业并没有充足的资金进行生产经营活动，且缺乏实务抵押资产、主业发展情况不佳等都会导致银行等外部信贷资金提供者降低信贷意愿，企业外部融资困难，只能进一步加大在金融领域的投资以弥补外部融资的不足，使得企业越来越呈现出一种“脱实向虚”的倾向，陷入以钱生钱的恶性循环之中，严重威胁企业的正常生产经营发展，企业的现金流动负债比率势必会降低，加大企业的现金断流风险。另外，金融资产的高风险性导致实体企业金融化程度的提高并不能给企业带来持续稳定的现金流，我国的金融市场本身发展并不完善，金融风险较大，当实体企业过度进行金融投资时无疑增大了企业的现金流波动性，放大了企业面临的风险，一旦企业金融投资失败将会给企业带来毁灭性的打击，严重加剧企业现金流量表上的财务风险。据此，提出如下竞争性假设。

H5a：实体企业金融化程度越高，企业现金流波动性越低。

H5b：实体企业金融化程度越高，企业现金流波动性越高。

H6a：实体企业金融化程度越高，企业现金流动负债比率越高。

H6b：实体企业金融化程度越高，企业现金流动负债比率越低。

如上文所述，实体企业金融化程度对企业资产负债表、利润表、现金流量表上的财务风险指标的影响方向主要取决于其对企业资金配置合理与否。如果企业金融化程度的提升能够带来“蓄水池”效应，那么实体企业金融化会促进企业资金更加合理地利用从而降低企业财务风险。而如果实体企业金融化行为发挥了挤出效应，企业金融化程度的提高则会负向影响企业的正常生产经营和未来发展，使企业面临更严峻的财务风险问题。与之不同的是，企业破产是最为极端的财务风险暴露阶段，管理者实施金融化政策的初衷及实现的结果必然是降低企业破产风险。据此，提出如下假设。

H7：实体企业金融化程度越高，ZScore 越高。

H8：实体企业金融化程度越高，OScore 越低。

5.5 实证研究

5.5.1 样本选择与数据来源

本章选取 2012—2021 年我国 A 股上市实体企业为研究样本，并对初始数据进行了如下处理：剔除金融企业的样本；剔除数据缺失的样本。选用的数据主要来源于 CSMAR 国泰安数据库。为克服极端值的影响，对所有连续型变量采用 1% 和 99% 分位的缩尾处理。运用 Stata15 软件进行数据的清洗、整理，并进行实证检验与结果分析。

5.5.2 变量选取

（1）被解释变量。

本章的研究目的是检验实体企业金融化对企业财务风险的影响，所以被解释变量为企业财务风险指标。根据上文描述，本章的财务风险指标涵盖资产负债表、利润表、现金流量表上的财务风险及企业破产风险在内的 8 个风险度量指标。营运资本耗用率用年度平均净营运资本与营业收入之比来表示，其中净营运资本等于不包括货币资金和交易性金融资产的流动资产减去不包括短期借款的流动负债。现金周期为企业应收账款周转期与存货周转期之和减去应付账款周转期。盈利可持续度为经常性损益与净利润之比。盈利波动性采用息税前利润与总资产之比的三年波动率衡量。现金流波动性用三年现金及现金等价物净增加额除以总资产的标准差表示。现金流动负债比率为经营活动产生的现金流量净额与流动负债之比。破产风险则选用 ZScore、OScore 指标值表示。

（2）解释变量。

金融化程度用金融资产与总资产之比表示，并在此基础上根据王冬梅（2022）的研究修正金融资产的统计口径，综合考虑新金融工具会计准则颁布实施前后的披露要求。本章的金融资产包括：以公允价值计量且其变动计入当期损益的金融资产、交易性金融资产、可供出售金融资产、其他债权投资、其他权益工具投资、其他非流动金融资产、持有至到期投资、债权投资、发放贷款及垫款净额、其他流动资产中的理财产品投资以及金融性长期股权投资。

（3）控制变量。

借鉴黄贤环等（2018）和杨有红、赵晓梅（2021）的研究，本章控制了一系列公司财务特征以及公司治理特征变量。其中，上市年限以“公司年龄 +1”的自然对数表示；企业规模以总资产的自然对数表示；财务杠杆以资产负债率表示；成长能力以营业收入同比增长率表示；现金持有量以货币资金与总资产之比表示；固定投资占比以固定资产与总资产之比表示；盈利能力以总资产净利润率表示；两职合一以董事长与总经理是否兼任表示，兼任取 1，否则取 0；股权集中度以第一大股东持股比例表示。此外还控制了行业和年份固定效应。各变量的定义，如表 5–1 所示。

表 5–1 变量定义

变量类型	变量名称	变量符号	变量定义
被解释变量	营运资本耗用率	WCC	年度平均净营运资本 ÷ 营业收入
	现金周期	CCC	应收账款周转期 + 存货周转期 – 应付账款周转期
	盈利可持续度	ES	经常性损益 ÷ 净利润
	盈利波动性	VEBITTA	（息税前利润 ÷ 总资产）三年波动率
	现金流波动性	VCF	（现金及现金等价物净增加额 ÷ 总资产）三年波动率
	现金流动负债比率	ROCFCL	经营活动产生的现金流量净额 ÷ 流动负债
	ZScore	ZScore	见 5.3.4 节计算公式
	OScore	OScore	见 5.3.4 节计算公式
解释变量	金融化程度	Fin	金融资产 ÷ 总资产

续表

变量类型	变量名称	变量符号	变量定义
控制变量	上市年限	Age	“公司年龄 +1”的自然对数
	企业规模	Size	年末总资产的自然对数
	财务杠杆	Lev	年末资产负债率
	成长能力	Growth	营业收入同比增长率
	现金持有量	CH	货币资金 ÷ 总资产
	固定投资占比	FAR	（固定资产 + 在建工程 + 工程物资）÷ 总资产
	盈利能力	ROA	总资产净利润率
	两职合一	Dual	董事长兼任总经理赋值为 1，否则为 0
	股权集中度	SHF	第一大股东持股比例
	行业	Industry	行业虚拟变量
	年份	Year	年份虚拟变量

5.5.3 模型设计

为验证假设 H1 ~ H8，检验实体企业金融化程度与企业财务风险指标之间的关系，特构建模型（1）~（8）。若假设 H1a 成立，预期 Fin 的回归系数（α_1）显著为负，即表明实体企业金融化程度越高，企业营运资本耗用率越低，反之则说明 H1b 成立。若模型（2）中 Fin 的回归系数（β_1）显著为负，则 H2a 成立，反之则说明 H2b 成立。若模型（3）中 Fin 的回归系数（γ_1）显著为正，则 H3a 成立，反之则说明 H3b 成立。若模型（4）中 Fin 的回归系数（δ_1）显著为负，则 H4a 成立，反之则说明 H4b 成立。若模型（5）中 Fin 的回归系数（λ_1）显著为负，则 H5a 成立，反之则说明 H5b 成立。若模型（6）中 Fin 的回归系数（μ_1）显著为正，则 H6a 成立，反之则说明 H6b 成立。若模型（7）中 Fin 的回归系数（ν_1）显著为正，则 H7a 成立，反之则说明 H7b 成立。若模型（8）中 Fin 的回归系数（ω_1）显著为负，则 H8a 成立，反之则说明 H8b 成立。

$$WCC_{it}=\alpha_0+\alpha_1 Fin_{it}+\sum Control+\sum Industry+\sum Year+\varepsilon_{it} \quad (5\text{-}1)$$

$$CCC_{it}=\beta_0+\beta_1 Fin_{it}+\sum Control+\sum Industry+\sum Year+\varepsilon_{it} \quad (5\text{-}2)$$

$$\mathrm{ES}_{it}=\gamma_0+\gamma_1\,\mathrm{Fin}_{it}+\sum\mathrm{Control}+\sum\mathrm{Industry}+\sum\mathrm{Year}+\varepsilon_{it} \tag{5-3}$$

$$\mathrm{VEBITTA}_{it}=\delta_0+\delta_1\,\mathrm{Fin}_{it}+\sum\mathrm{Control}+\sum\mathrm{Industry}+\sum\mathrm{Year}+\varepsilon_{it} \tag{5-4}$$

$$\mathrm{VCF}_{it}=\lambda_0+\lambda_1\,\mathrm{Fin}_{it}+\sum\mathrm{Control}+\sum\mathrm{Industry}+\sum\mathrm{Year}+\varepsilon_{it} \tag{5-5}$$

$$\mathrm{ROCFCL}_{it}=\mu_0+\mu_1\,\mathrm{Fin}_{it}+\sum\mathrm{Control}+\sum\mathrm{Industry}+\sum\mathrm{Year}+\varepsilon_{it} \tag{5-6}$$

$$\mathrm{ZScore}_{it}=\nu_0+\nu_1\,\mathrm{Fin}_{it}+\sum\mathrm{Control}+\sum\mathrm{Industry}+\sum\mathrm{Year}+\varepsilon_{it} \tag{5-7}$$

$$\mathrm{OScore}_{it}=\omega_0+\omega_1\,\mathrm{Fin}_{it}+\sum\mathrm{Control}+\sum\mathrm{Industry}+\sum\mathrm{Year}+\varepsilon_{it} \tag{5-8}$$

5.5.4　实证结果分析

（1）描述性统计分析。

表 5-2 报告了主要变量的描述性统计结果。样本企业金融化程度的均值为 0.060，最大值为 0.461，说明目前我国实体企业中存在部分企业金融化程度偏高，“脱实向虚”倾向较为明显，且企业间金融资产配置情况存在较大差异。营运资本耗用率的最小值为 -1.120，最大值为 2.170，均值为 0.243。现金周期的均值为 136.024，标准差为 179.774，可见我国上市实体企业的营运资本管理效率存在较大差异，企业间的资产负债表上的财务风险差距较大。盈利可持续度最小值为 -9.661，均值为 0.536，表明大部分企业主业盈利仅占到净利润的一半左右，部分企业主业盈利状况甚至更差。结合盈利波动性均值 0.035 可以看出，我国上市实体企业的盈利可持续性较差且波动性较小，说明企业没有找到有效方式改善主业盈利较弱的现状。现金流波动性均值为 0.075，最大值为 0.394，说明大部分企业现金流状况较为稳定。现金流动负债比率均值 0.218，与国际标准 40% 还有较大差距，但企业经营现金流状况较好。由 ZScore、OScore 值不难看出企业的破产风险较小。此外，样本企业的各控制变量也存在较大差异，说明公司的财务特征、治理特征有较大差异，控制这些变量是合理的。控制变量中成长能力均值为 0.169，中位数为 0.100，说明超过一半的上市实体企业主业呈现小幅增长趋势。现金持有量的均值为 0.170，中位数为 0.141，说明实体企业总体上货币资金比较充裕。总资产净利率的均值为 0.031，说明我国实体企业总体上盈利能力不强。

表 5-2　主要变量的描述性统计

变量	观测数	最大值	最小值	均值	中位数	标准差
Fin	24439	0.461	0	0.060	0.017	0.093
WCC	24439	2.170	−1.120	0.243	0.195	0.463
CCC	24439	1046.877	−188.763	136.024	93.906	179.774
ES	24439	2.683	−9.661	0.536	0.890	1.460
VEBITTA	24439	0.321	0.001	0.035	0.018	0.051
VCF	24439	0.394	0.004	0.075	0.051	0.074
ROCFCL	24439	1.800	−0.547	0.218	0.140	0.354
ZScore	24439	37.694	−0.295	4.947	3.090	5.857
OScore	24439	−3.153	−16.137	−8.609	−8.415	2.236
Age	24439	3.332	0.693	2.270	2.303	0.685
Size	24439	26.105	19.833	22.257	22.094	1.252
Lev	24439	0.910	0.060	0.432	0.424	0.202
Growth	24439	2.809	−0.573	0.169	0.100	0.432
CH	24439	0.577	0.014	0.170	0.141	0.116
FAR	24439	0.771	0.004	0.263	0.228	0.180
ROA	24439	0.196	−0.322	0.031	0.033	0.070
Dual	24439	1	0	0.274	0	0.446
SHF	24439	73.060	9.110	33.683	31.260	14.466

（2）相关性分析。

相关性分析结果如表 5-3 所示，实体企业金融化程度与营运资本耗用率在 1% 水平上显著正相关，与现金周期在 10% 水平上显著负相关，与盈利波动性在 1% 水平上显著正相关，与现金流波动性在 1% 水平上显著正相关，与现金流动负债比率在 1% 水平上显著正相关，与 ZScore 在 1% 水平上显著正相关，与 OScore 在 1% 水平上显著负相关，初步验证了本章的研究假设 H1b、H2a、H4b、H5b、H6a、H7 和 H8。此外，本章还进行了方差膨胀系数检验，VIF 系数均显著小于 10，说明变量间不存在严重的多重共线性。

表 5-3　相关性分析结果

	Fin	WCC	CCC	ES	VEBITTA	VCF	ROCFCL	ZScore	OScore	Age	Size	Lev	Growth	CH	FAR	ROA
Fin	1															
WCC	0.135***	1														
CCC	-0.012*	0.665***	1													
ES	0.003	0.005	-0.020***	1												
VEBITTA	0.029***	0.002	0.056***	-0.072***	1											
VCF	0.088***	0.139***	0.055***	0.006	0.108***	1										
ROCFCL	0.169***	-0.038***	-0.106***	0.107***	-0.074***	0.080***	1									
ZScore	0.236***	0.225***	0.091***	0.045***	-0.004	0.206***	0.428***	1								
OScore	-0.288***	-0.172***	0.009	-0.107***	0.216***	-0.212***	-0.703***	-0.572***	1							
Age	-0.028***	-0.229***	-0.086***	-0.094***	0.079***	-0.307***	-0.118***	-0.135***	0.220***	1						
Size	-0.086***	-0.291***	-0.191***	0.034***	-0.184***	-0.305***	-0.047***	-0.357***	0.084***	0.350***	1					
Lev	-0.304***	-0.356***	-0.113***	-0.097***	0.077***	-0.311***	-0.413***	-0.597***	0.790***	0.302***	0.440***	1				
Growth	-0.038***	-0.082***	-0.095***	0.053***	-0.023***	0.079***	0.006	0.016**	-0.101***	-0.079***	0.026***	0.004	1			
CH	-0.018***	-0.046***	-0.068***	0.037***	-0.021***	0.378***	0.228***	0.307***	-0.349***	-0.138***	-0.167***	-0.313***	0.015**	1		
FAR	-0.241***	-0.328***	-0.277***	-0.031***	-0.053***	-0.151***	0.139***	-0.161***	0.093***	0.097***	0.162***	0.126***	-0.073***	-0.335***	1	
ROA	0.125***	-0.068***	-0.125***	0.045***	-0.417***	0.074***	0.396***	0.286***	-0.681***	-0.135***	0.060***	-0.336***	0.224***	0.209***	-0.041***	1

注：*、**、*** 分别表示 10%、5% 和 1% 的显著性水平，下同。

（3）回归结果分析。

为实证检验实体企业金融化程度与财务风险之间的关系，用模型（5–1）~（5–8）进行回归检验，结果如表 5–4、表 5–5 所示。表 5–4 第二列为实体企业金融化程度与营运资本耗用率的回归结果，系数显著为正，假设 H1b 成立。第三列中金融化程度与现金周期的回归系数显著为负，假设 H2a 得证。表明实体企业金融化程度的提高使得企业营运资本耗用率增加的同时现金周期缩短。一般情况下，企业营运资本耗用率的上升或现金周期的增加代表着企业营运资本管理效率的降低，是企业营运资本管理能力减弱的标志，但此处实体企业金融化行为却导致了这两个指标的相反变化，因此需进一步探讨此时现金周期的缩短到底是企业真正提升了营运能力，还是由于采取了不合理的营运资本管理手段导致的。以应收账款（AR）、存货（Inventory）和应付账款（AP）分别为被解释变量，实体企业金融化程度为解释变量构建模型，回归结果如表 5–4 第四、五、六列所示，金融化程度的回归系数均显著为负。说明实体企业金融化程度越高，企业应收账款越少，存货持有量越少，应付账款越少，可以合理推测企业是通过设置更为严格的赊销政策导致应收账款减少，减少企业库存持有量，以及减少原材料的赊购使得应付账款减少。这一情形下的企业现金周期缩短并非代表企业营运资本管理效率的提高，而是企业为了使现金周期这一指标值降低而采取的不利于企业运营的错误政策导致的。综上所述，实体企业金融化主要发挥了挤出效应，这一财务政策没能使企业资金得到合理的配置，降低了企业营运资本管理效率，放大了资产负债表上的财务风险。

表 5–4 基础回归结果（一）

	WCC	CCC	AR	Inventory	AP
Fin	0.152^{*}	-175.3^{***}	$-1.779e+09^{***}$	$-1.945e+09^{***}$	$-1.417e+09^{***}$
	(1.950)	(−8.170)	(−5.510)	(−4.050)	(−2.580)
Age	-0.043^{**}	−9.712	-504726156^{**}	−804925464.200	−512973847.200
	(−2.280)	(−1.410)	(−2.050)	(−1.590)	(−0.970)
Size	0.040^{***}	6.951^{*}	$1.262e+09^{***}$	$1.139e+09^{***}$	$1.089e+09^{***}$
	(3.720)	(1.890)	(5.950)	(5.500)	(3.800)

续表

	WCC	CCC	AR	Inventory	AP
Lev	−0.852***	−65.240***	−134406647.900	93817984.400	32466508.500
	(−18.460)	(−4.030)	(−0.760)	(0.320)	(0.090)
Growth	−0.097***	−45.130***	−34279979.800	11951792.600	111793101.100**
	(−12.730)	(−16.290)	(−0.760)	(0.260)	(2.210)
CH	−0.772***	−182.400***	−1.308e+09***	−864833555.400**	−503086104.200
	(−15.020)	(−9.710)	(−3.370)	(−2.510)	(−1.100)
FAR	−0.813***	−230.600***	−1.034e+09***	−644206993.500	57736192.200
	(−13)	(−10.370)	(−2.810)	(−1.360)	(0.100)
ROA	−0.814***	−217.600***	−257788280.500	51811898.100	220408057.400
	(−13.330)	(−9.440)	(−1)	(0.170)	(0.630)
Dual	0.016*	−0.570	1331275	127779244.500	83206122.500
	(1.910)	(−0.170)	(0.030)	(1.290)	(1.040)
SHF	0.001**	0.733***	10415251.100	13609191.900	8643785.100
	(2.18)	(3.180)	(1.590)	(1.250)	(0.71)
Industry/Year	YES	YES	YES	YES	YES
_cons	0.158	199**	−2.558e+10***	−2.196e+10***	−2.194e+10***
	(0.580)	(2.020)	(−5.840)	(−6.040)	(−3.870)
r^2	0.213	0.120	0.105	0.022	0.035
N	24439	24439	24439	24439	24439

表 5-5 第二列中实体企业金融化程度与盈利可持续度的回归系数显著为负，假设 H3b 得证。第三列中实体企业金融化程度回归系数显著为正，假设 H4b 得证。实体企业金融化行为降低了企业盈利的可持续性，增大了企业盈利的波动性，不仅没有有效提升企业主业的盈利能力，而且将金融资产的高风险性传染至企业内部使得企业盈利不稳定，放大了企业利润表上的财务风险。第四列中实体企业金融化程度与现金流波动性的回归系数显著为正，假设 H5b 得证。第五列中实体企业金融化程度与现金流动负债比率的回归系数显著为正，假设 H6a 得证。说明实体企业金融化在放大企业盈利波动性的同时也增大了现金流波动性，与此同时也

增强了企业经营活动现金流的短期偿债能力，虽然金融化的财务决策使得企业现金流不稳定，但综合来看对企业现金流量表上的财务风险起到了一定的缓解作用，充分证明了实体企业金融化对于企业资金及现金流的调节作用。第六列中实体企业金融化程度与ZScore的回归系数显著为正，假设H7得证。第七列中实体企业金融化程度与OScore的回归系数显著为负，假设H8得证，说明实体企业金融化起到了降低企业破产风险的作用。

表 5-5　基础回归结果（二）

	ES	VEBITTA	VCF	ROCFCL	ZScore	OScore
Fin	−0.761***	0.0490***	0.081***	0.391***	1.980**	−1.212***
	（−4.080）	（5.380）	（6.920）	（7.620）	（2.510）	（−7.550）
Age	−0.502***	0.0148***	−0.101***	0.009	2.509***	0.154***
	（−7.530）	（5.120）	（−23.860）	（0.580）	（12）	（3.410）
Size	0.060	−0.026***	−0.001	−0.013**	−1.100***	−0.257***
	（1.600）	（−13.930）	（−0.580）	（−1.970）	（−10.570）	（−12.250）
Lev	−0.820***	0.048***	−0.067***	−0.279***	−12.720***	6.876***
	（−5.660）	（6.820）	（−10.490）	（−9.940）	（−26.090）	（69.390）
Growth	0.211***	0.006***	0.006***	−0.003	−0.172**	−0.100***
	（7.340）	（5.140）	（4.730）	（−0.560）	（−2.440）	（−5.990）
CH	−0.145	0.048***	0.163***	0.701***	3.510***	−2.210***
	（−0.900）	（7.230）	（17.440）	（17.270）	（5.920）	（−17.690）
FAR	−0.632***	−0.008	−0.005	0.321***	−1.209**	0.042
	（−3.250）	（−0.950）	（−0.480）	（8.580）	（−2.040）	（0.360）
ROA	−3.538***	−0.239***	−0.049***	0.734***	6.840***	−12.080***
	（−16.480）	（−23.760）	（−5.440）	（16.040）	（11.210）	（−52.660）
Dual	−0.013	0.001	0.004**	−0.009	−0.301***	0.030
	（−0.350）	（0.590）	（2.37）	（−1.290）	（−3.130）	（1.470）
SHF	0.004**	−0.0004***	0.00002	−0.001*	0.003	0.004***
	（2.030）	（−4.500）	（0.17）	（−1.930）	（0.47）	（3.010）
Industry/Year	YES	YES	YES	YES	YES	YES

续表

	ES	VEBITTA	VCF	ROCFCL	ZScore	OScore
_cons	0.602 (0.700)	0.535*** (12.060)	0.315*** (7.310)	0.487*** (2.620)	28.160*** (11.880)	-5.787*** (-9.860)
r^2	0.029	0.257	0.257	0.125	0.288	0.751
N	24439	24439	24439	24439	24439	24439

（4）稳健性检验。

为了保证本章的研究结论具有较强的稳健性，特做如下检验。

第一，改变解释变量的测度。

部分学者认为，投资性房地产也具有类似于金融资产的虚拟化属性，可以视为金融资产的一部分纳入金融化的研究范畴。因此本章使用包含投资性房地产的金融资产数据重新计算企业金融资产在总资产中的占比，用其表示的实体企业金融化程度（Fin^2）对研究假设 H1 ~ H8 进行重新回归。检验结果如表 5-6 所示。可以看出，除了金融化程度与企业营运资本耗用率的回归之外，用包含投资性房地产的金融资产占比表示的实体企业金融化程度的回归系数与基础回归结果均一致，说明本章的研究结论具有较强的稳健性。

表 5-6　稳健性检验——改变解释变量的测度

	WCC	CCC	ES	Vebitta	VCF	Rocfcl	ZScore	OScore
Fin^2	0.061 (0.810)	-167.700*** (-8)	-0.750*** (-4.140)	0.046*** (5.170)	0.073*** (6.730)	0.358*** (7.500)	1.659** (2.210)	-1.006*** (-6.540)
Controls	YES	YES	YES	YES	YES	YES	YES	YES
Industry/Year	YES	YES	YES	YES	YES	YES	YES	YES
_cons	0.176 (0.650)	220.900** (2.230)	0.706 (0.810)	0.530*** (11.880)	0.308*** (7.080)	0.446** (2.390)	28.010*** (11.800)	-5.703*** (-9.660)
r^2	0.213	0.120	0.029	0.257	0.256	0.125	0.288	0.751
N	24439	24439	24439	24439	24439	24439	24439	24439

第二，子样本回归。

因为制造业是最主要的实体企业，在我国 A 股上市实体公司中占比最大，因此本章单独对制造业子样本进行回归，检验结果如表 5-7 所示，回归结果与基础回归一致。

表 5-7　稳健性检验——制造业子样本回归

	WCC	CCC	ES	Vebitta	VCF	Rocfcl	ZScore	OScore
Fin	0.259***	−169.300***	−0.889***	0.041***	0.101***	0.470***	1.321	−1.321***
	(3.010)	(−6.670)	(−3.820)	(3.740)	(6.580)	(7.480)	(1.430)	(−6.950)
Controls	YES	YES	YES	YES	YES	YES	YES	YES
Industry/Year	YES	YES	YES	YES	YES	YES	YES	YES
_cons	0.375	109	1.514	0.525***	0.284***	0.365*	31.200***	−5.498***
	(1.400)	(1.170)	(1.300)	(10.920)	(5.720)	(1.900)	(11.780)	(−10.120)
r^2	0.239	0.142	0.032	0.208	0.276	0.135	0.280	0.752
N	16557	16557	16557	16557	16557	16557	16557	16557

考虑到 2020 年以来的新冠疫情对我国乃至世界经济的冲击，可能会对我国实体企业金融化与企业财务风险之间的关系带来影响，因此，本章剔除 2020—2021 年数据重新回归，检验结果如表 5-8 所示，结论与上文一致。

表 5-8　稳健性检验——2012—2019 年子样本回归

	WCC	CCC	ES	Vebitta	VCF	Rocfcl	ZScore	OScore
Fin	0.383***	−174.900***	−0.974***	0.036***	0.082***	0.322***	3.328***	−1.090***
	(4.360)	(−7.390)	(−3.870)	(3.600)	(5.68)	(5.380)	(3.660)	(−5.850)
Controls	YES	YES	YES	YES	YES	YES	YES	YES
Industry/Year	YES	YES	YES	YES	YES	YES	YES	YES
_cons	0.524	346.400***	−0.080	0.439***	0.287***	0.561**	37.610***	−5.824***
	(1.420)	(2.800)	(−0.070)	(8.78)	(5.190)	(2.340)	(12.890)	(−7.450)
r^2	0.210	0.131	0.031	0.261	0.283	0.124	0.305	0.744
N	18093	18093	18093	18093	18093	18093	18093	18093

第三，内生性检验。

目前对于金融资产的界定并没有统一的标准，并且本章涵盖的财务风险指标很可能会反过来对实体企业金融化程度产生影响，因此可能存在变量测量误差和反向因果引起的内生性问题。我们首先采用滞后一期的金融化程度进行固定效应模型回归，结果如表 5-9 所示，除现金流动负债比率、ZScore、OScore 之外，金融化程度与其他财务风险指标实证检验的回归系数均与基础回归一致。其次以滞后一期的金融化程度作为工具变量采用两阶段最小二乘法（2SLS）对基础模型进行回归，以进一步缓解可能存在的内生性问题。表 5-10 第二列为第一阶段回归结果，工具变量回归系数在 1% 水平上显著为正，表明工具变量与内生性变量金融化程度之间呈显著正相关。第三列至第十列为第二阶段回归结果，与滞后一期的金融化程度回归结果一样，实体企业金融化程度与现金流动负债比率、ZScore、OScore 的回归结果与基础回归不一致，其他回归系数均与基础回归一致。说明在控制内生性问题后，实体企业金融化程度仍能显著正向影响企业营运资本耗用率、盈利波动性和现金流波动性，显著负向影响企业现金周期和盈利可持续度。

表 5-9　稳健性检验——滞后一期金融化程度回归

	WCC	CCC	ES	Vebitta	VCF	Rocfcl	ZScore	OScore
L.Fin	0.348***	-87.610***	-0.518***	0.003	0.026***	-0.210***	-1.218*	0.426***
	(5.580)	(-4.520)	(-2.930)	(0.46)	(2.65)	(-5.020)	(-1.900)	(3.160)
Fin	YES	YES	YES	YES	YES	YES	YES	YES
Industry/Year	YES	YES	YES	YES	YES	YES	YES	YES
_cons	0.114	170.2*	0.511	0.549***	0.333***	0.655***	29.050***	-6.249***
	(0.410)	(1.730)	(0.590)	(12.280)	(7.560)	(3.510)	(12.120)	(-10.610)
r^2	0.217	0.113	0.029	0.254	0.256	0.121	0.287	0.749
N	24439	24439	24439	24439	24439	24439	24439	24439

表 5–10　内生性检验

	Fin	WCC	CCC	ES	Vebitta	VCF	Rocfcl	ZScore	OScore
L.Fin	0.379*** (63.880)								
Fin		0.917*** (11.330)	–231.103*** (–8.040)	–1.367*** (–3.080)	0.008 (0.710)	0.067*** (3.850)	–0.554*** (–7.050)	–3.213*** (–3.160)	1.123*** (4.880)
Controls	YES	YES	YES	YES	YES	YES	YES	YES	YES
Industry	YES	YES	YES	YES	YES	YES	YES	YES	YES
Year	YES	YES	YES	YES	YES	YES	YES	YES	YES
_cons	0.195*** (8.160)	–0.065 (–0.520)	215.310*** (4.830)	0.778 (1.130)	0.547*** (29.590)	0.320*** (11.810)	0.763*** (6.250)	29.673*** (18.790)	–6.468*** (–18.130)
r^2	0.341	0.192	0.119	0.029	0.255	0.257	0.086	0.282	0.743
N	24439	24439	24439	24439	24439	24439	24439	24439	24439

5.6　结论与建议

综合基础回归和稳健性检验实证结果来看，实体企业金融化对企业财务风险有助推作用，主要是放大了企业资产负债表和利润表上的财务风险，对于企业的现金流风险及破产风险的缓解不能一概而论，需结合具体问题具体分析。因此，实体企业在采取金融化的财务决策前应当审慎考虑企业的现实情况，不能盲目扩大金融资产持有量，仍需以企业主营业务为发展中心，同时密切关注企业的现金流状况，避免破产危机的出现。

本章参考文献

[1] 陈赤平，孔莉霞. 制造业企业金融化、技术创新与全要素生产率 [J]. 经济经纬，2020，37（4）：73–80.

[2] 邓路，刘欢，侯粲然. 金融资产配置与违约风险：蓄水池效应，还是逐利

效应？［J］. 金融研究，2020（7）：172–188.

［3］董盈厚，马亚民，董馨格. 金融资产配置、金融杠杆与现金流风险［J］. 审计与经济研究，2021（5）：95–105.

［4］杜勇，等. 金融化对实体企业未来主业发展的影响：促进还是抑制［J］. 中国工业经济，2017（12）：113–131.

［5］高翔，聂赟彬，李秉龙. 涉农企业金融化与企业财务风险水平研究——基于中国A股上市公司的实证分析［J］. 农业经济与管理，2019（5）：46–55.

［6］黄贤环，吴秋生，王瑶. 金融资产配置与企业财务风险："未雨绸缪"还是"舍本逐末"［J］. 财经研究，2018，44（12）：100–112+125.

［7］李秋梅，梁权熙. 企业"脱实向虚"如何传染？——基于同群效应的视角［J］. 财经研究，2020，46（8）：140–155.

［8］刘柏，琚涛. 资产金融化、研发创新与财务风险："共振"抑或"冲销"［J］. 财经科学，2019（10）：20–29.

［9］刘井建，徐一琪，李惠竹. 金融衍生品投资与企业现金流波动风险研究［J］. 管理学报，2021，18（1）：127–136.

［10］陆正飞，何捷，窦欢. 谁更过度负债：国有还是非国有企业？［J］. 经济研究，2015，50（12）：54–67.

［11］戚聿东，张任之. 金融资产配置对企业价值影响的实证研究［J］. 财贸经济，2018，39（5）：38–52.

［12］翟光宇，等. 实体企业金融化与实物资本投资——基于2009—2018年制造业上市公司的实证分析［J］. 经济学动态，2021（1）：85–104.

［13］孙旭，王冬梅. 识别和评价我国上市公司财务风险的新途径——基于京东方A的讨论［J］. 财务管理研究，2021（7）：14–23.

［14］谭小玉，陈裕鑫. 企业金融化对财务风险影响的统计检验［J］. 统计与决策，2022，38（19）：158–163.

［15］王冬梅. 财务会计学［M］. 大连：东北财经大学出版社，2022.

［16］王红建，等. 实体企业金融化促进还是抑制了企业创新——基于中国制造业上市公司的经验研究［J］. 南开管理评论，2017，20（1）：155–166.

[17] 王营，曹廷求．企业金融化的传染效应研究 [J]．财经研究，2020，46 (12)：152-166.

[18] 杨淑娥，徐伟刚．上市公司财务预警模型——Y 分数模型的实证研究 [J]．中国软科学，2003 (1)：56-60.

[19] 杨有红，赵晓梅．实体企业扩大金融活动能够降低财务风险吗? [J]．北京工商大学学报 (社会科学版)，2021，36 (5)：64-76+88.

[20] 赵芮，曹廷贵．实体企业金融化与企业风险：对冲效应抑或扩大效应 [J]．当代财经，2021 (6)：64-77.

[21] 周首华，杨济华，王平．论财务危机的预警分析——F 分数模式 [J]．会计研究，1996 (8)：8-11.

[22] 邹程程，王冬梅．论上市公司盈利和盈利模式的可持续性——基于石头科技的讨论 [J]．国际商务财会，2021 (9)：23-29.

第6章　实体企业金融化程度与财务风险的可视化展示

本章通过Python编程语言调用seaborn包绘制折线图来展示2012—2021年所有上市实体企业金融化程度、短期金融化程度、长期金融化程度、产融结合金融化程度，以及营运资本耗用率、盈利波动性、经营现金流波动性和ZScore四个财务风险指标的均值变化，并选择医药制造业，电气机械及器材制造业，酒、饮料和精制茶制造业三个典型行业进行重点展示。最后通过绘制热力图来展示14个二级行业过度金融化和不当金融化的情况。本章的可视化展示揭示了实体企业金融化引致企业财务风险的规律，期望此举能给企业管理层合理配置资源以形象化的指导。

6.1　引言

实体企业金融化在一定程度上为企业的发展提供了资金保障（邓路、刘欢、侯粲然，2020），但是，金融化也为实体企业带来了新的财务风险（杨有红、赵晓梅，2021；刘柏、琚涛，2019；李程、赵一杰，2019），这些风险具有复杂性和动态性，一旦企业财务风险放大到难以控制的程度，就会对企业的经营和发展产生重大影响（李秋梅、梁权熙，2020）。因此，实体企业需要在金融化过程中加强对企业财务风险的管理，及时识别、展示和控制企业财务风险，以保障企业的稳健运营。然而，由于实体企业金融化涉及的各类金融工具复杂多样，不同金融工具的配置对于企业发展存在不同方向和不同程度的影响（黄贤环、吴秋生、王瑶，2018；高翔、聂赟彬、李秉，2019），单纯依靠传统的财务报表和财务指标分析无法完全满足企业对金融化财务风险的识别和管理需求。鉴于此，有必要将实体企业金融化程度及企业财务风险指标以可视化的形式展现出来，直观地展现企业在不同时间段的金融化程度及其财务风险状况，可以帮助企业制定有效的风险管理策略，提高企业风险管理的效率和准确性，为企业可持续发展提供更有力的支持。

6.2　全部上市实体企业金融化程度展示

图 6–1 通过折线图的形式展示了我国所有上市实体企业 2012—2021 年金融化程度均值的变化趋势，包括金融化程度、短期金融化程度、长期金融化程度和产融结合金融化程度。其中，横轴表示年份，纵轴表示金融化程度，以百分比计。折线图中的每个点表示对应年份的金融化程度均值，点与点之间的连线则表示这些均值之间的变化趋势。具体而言，金融化程度指的是企业持有的各类金融资产在总资产中的占比，根据王冬梅（2022）的研究修正了金融资产的统计口径，综合考虑了新金融工具会计准则颁布实施前后的披露要求。根据企业持有的金融资产的流动性对金融资产进行划分，短期金融资产包括以公允价值计量且其变动计入当期损益的金融资产、交易性金融资产、其他流动资产中的理财产品投资。长期金融资产指的是除短期金融资产之外的金融资产。其中产融结合金融资产包括发放贷款及垫款净额和金融性长期股权投资。

通过观察图 6–1，可以发现这一时段我国实体企业金融化的变化趋势。总体来看，企业短期金融化程度和总体金融化程度基本上呈现相同的变化规律，而产融结合金融化程度和长期金融化程度变化趋势一致。从不同期限结构的金融资产占比来看，企业持有的短期金融资产要远大于长期金融资产，尤其是在 2016 年以后，短期金融化程度约为长期金融化程度的二倍。从金融化程度的变化趋势来看，在2012—2016年，无论是短期金融化程度、长期金融化程度还是企业的整体金融化程度，都呈现出显著的上升趋势，产融结合金融化程度却有小幅下降，说明在这一时期我国实体企业正从各种渠道、通过各种方式扩大金融资产投资、增加金融资产持有量，但更多的可能是实体企业出于投机动机为了获取金融资产投资的超额利润而金融化，忽视了金融服务实体的本质属性，没有促成产融结合的有效发挥。值得注意的是，在2017年，我国实体企业的金融化程度、短期金融化程度达到峰值，而长期金融化程度、产融结合金融化程度则达到波谷。紧接着的2018年，实体企业金融化程度、短期金融化程度明显降低，而长期金融化程度、产融结合金融化程度明显提高。结合证监会出台的2017年再融资新规，推测实体企业可能受此影响，意识到盲目扩大金融资产投资的不利影响，从而开始调整企业资产配置，逐步修正不合理的金融化行为。另外，相较于2020年，我国实体企业2021年的金融化程度、长期金融化程度和产融结合金融化程度均有所降低，而

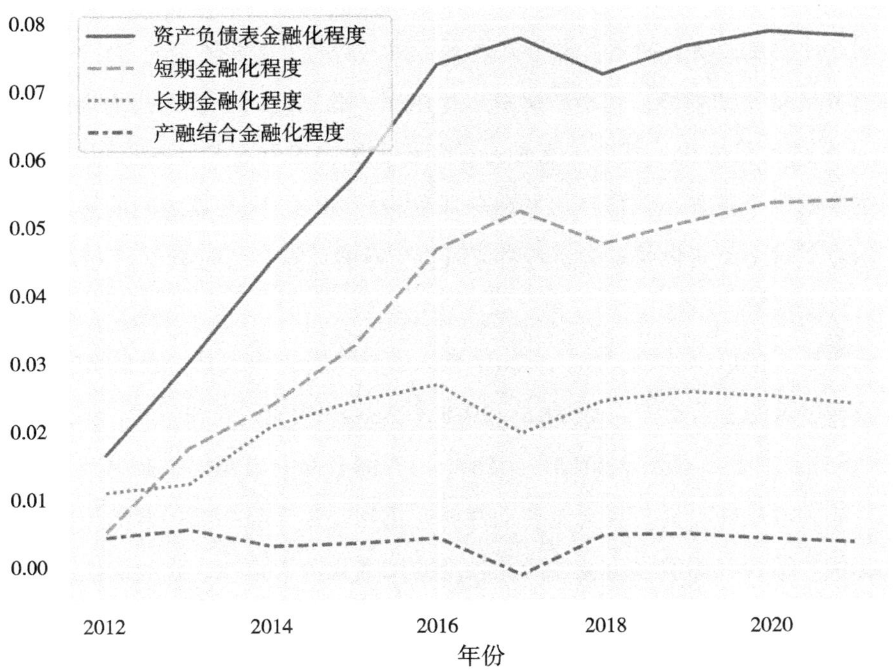

图6–1　实体企业2012—2021年金融化程度均值变化趋势

短期金融化程度无明显变化，判断应是受新冠疫情影响，企业主业发展困难所致，实体企业缺乏能够大量投入金融领域的资金，但仍需维持短期金融资产持有发挥其“蓄水池”效应。通过对实体企业金融化程度的趋势分析，可以更好地了解我国实体企业金融化行为随时间变化的脉络，同时也看到实体企业金融化的变化趋势与宏观经济形势和相关政策法规的出台密切相关。

6.3 全部上市实体企业财务风险展示

实体企业金融化行为可能会导致企业财务风险的增加，而财务风险的发生不仅会影响企业自身的经营和发展，还可能对整个产业链产生影响甚至导致系统性风险的发生。因此，除了关注实体企业金融化程度的波动外，还应当加强对实体企业金融化财务风险的识别和防控，可视化展示我国全部上市实体企业2012—2021年财务风险指标的变化，结合实体企业金融化程度进一步详细分析，对企业管理层具有重要意义。

图6-2和图6-3以折线图的形式展示了我国所有上市实体企业2012—2021年度的财务风险变动趋势，包括营运资本耗用率、盈利波动性、经营现金流波动性和ZScore的均值变化。其中，横轴表示年份，纵轴表示财务风险指标值的大小。折线图中的每个点表示对应年份的财务风险指标均值，点与点之间的连线则表示这些均值随时间而变化的规律。各财务风险指标的计算方法同第5章（陆正飞等，2015；董盈厚等，2021）。

从图6-2中可以看出，2012—2015年，我国全部上市实体企业的ZScore均值总体呈现显著的上升趋势，而2015—2018年ZScore均值则直线下降，但最低值仍大于2.657。图6-3显示：2012—2018年，我国全部上市实体企业的营运资本耗用率、盈利波动性、经营现金流波动性的变化均较为平稳，其中营运资本耗用率稍见起伏。结合我国实体企业金融化程度的可视化分析可知，在我国实体企业金融化浪潮的初期阶段，企业的金融化行为并未明显增加企业的财务风险水平，甚至降低了企业的破产风险。而随着实体企业金融化程度的逐步加深，企业发生破产风险的可能性有所增加，但仍处于企业财务状况良好、并未明显显现破产危机的阶段。尽管 2018 年我国实体企业金融化程度相比于 2017 年显著降低，但企业的财务表现具有滞后性，实体企业 2018 年的财务风险指标指示的是 2017 年最为严重的金融化行为的结果，企业发生破产风险的可能性为十年之最。企业营运资本耗用率很高，表明企业营运资本管理能力较差，资产负债表上的财务风险较大。企业盈利波动性和现金流波动性较高，表明企业利润表和现金流量表上的财务风险水平增加。从 2018 年开始我国实体企业金融化程度降低，企业破产风险也降低，营运资本耗用率也显著降低，说明对实体企业金融化行为的治理有效降低了企业的财务风险。

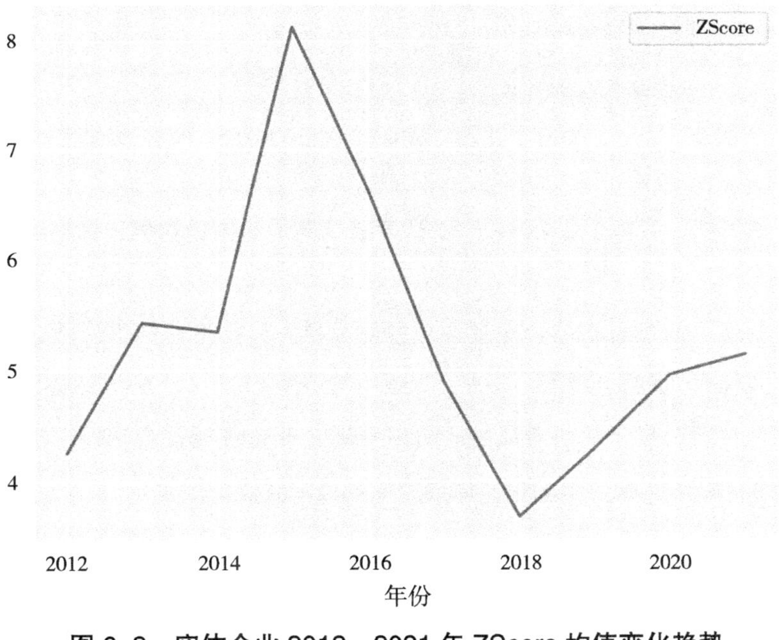

图 6-2　实体企业 2012—2021 年 ZScore 均值变化趋势

总的来说，图 6-2 和图 6-3 显示了我国上市实体企业财务风险指标的变化趋势，揭示了随着实体企业金融化的发展企业财务风险的变化规律。对于企业内部管理者来说，了解这些财务风险指标的变化趋势可以帮助其更准确地评估企业面临的风险。同时，企业需要结合财务风险指标预警，合理控制企业的金融化行为，采取相应的措施降低财务风险，保障企业的持续稳健发展。

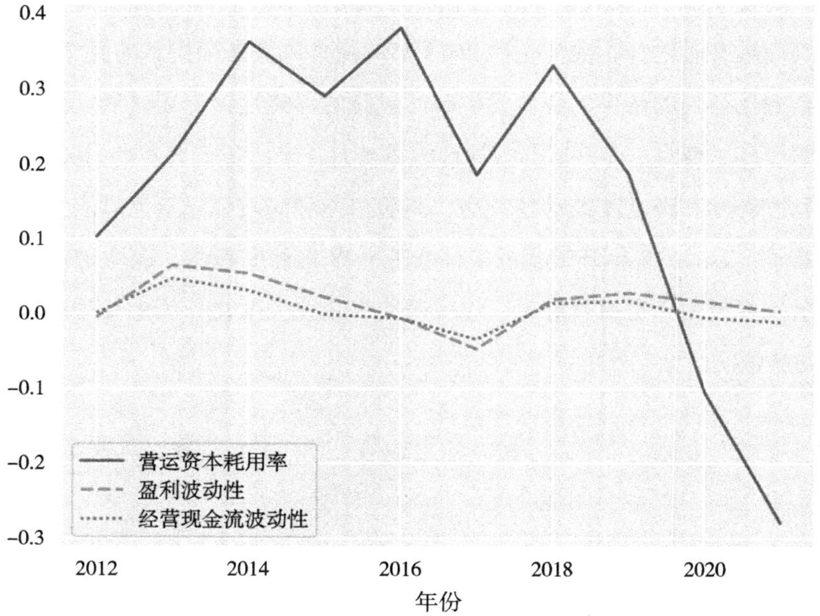

图 6–3　实体企业 2012—2021 年各财务风险指标均值变化趋势

综上所述，通过对实体企业金融化程度及财务风险指标的折线图分析，可以深入了解实体企业的资产配置情况、金融化趋势及相应的财务风险情况。关注实体企业金融化行为带来的财务风险，可以帮助企业合理配置金融资产，加强风险管理，并且能够为实现产融结合、促进实体经济发展提供指导。

6.4　典型行业上市实体企业金融化程度及财务风险展示

6.4.1　典型行业上市实体企业金融化程度展示

本节选取我国上市实体企业中的三个典型行业医药制造业，电气机械及器材制造业，酒、饮料和精制茶制造业，对其金融化程度和财务风险在十年间的变化趋势进行深入分析。医药制造业是一个科技含量较高的行业，需要较高的研发投入和创新能力。电气机械及器材制造业是一个与基础设施建设密切相关的行业，该行业产品的技术密集程度相对较高，近年来该行业的市场需求持续增长。酒、饮料和精制茶制造业是一个消费品行业，具有较强的市场竞争力和品牌优势。因此，选取这三个典型的实体行业进行分析，可以更加具体地了解我国实体企业金融化程度的变化趋势，同时也能够对不同行业间的差异有所了解，明确不同行业的实体企业金融化对企业财务风险的影响差异。

从图 6-4 中可以明显看出，三个行业在 2012—2016 年金融化程度均呈显著上升趋势，电气机械及器材制造业与酒、饮料和精制茶制造业金融化程度在 2016 年达到峰值，医药制造业金融化程度在 2017 年达到峰值。其中，医药制造业金融化程度在 2012 年的初始值和峰值均显著高于电气机械及器材制造业与酒、饮料和精制茶制造业。结合医药制造业具有的研发成本高、资金需求大、风险高等特点，可以知道医药制造业企业需要大量的资金支持研发和生产，同时，医药制造业市场环境复杂，需要及时调整产品结构，因此就需要通过金融化行为来储备资金以应对不时之需。此外，金融市场的不断发展和金融工具的不断创新也为医药制造业提供了更多的金融资产配置选择。电气机械及器材制造业虽然是传统的技术密集型行业，但行业的利润空间相对较小，行业内的市场竞争较为激烈，创新研发投入相对医药制造业来说较低，因此虽然金融化程度也呈显著上升趋势，但相比于医药制造业上升程度要低。酒、饮料和精制茶制造业总体来说金融投资需求相对较小，其中的酒类企业尤其是白酒企业享有高额的利润，集中于主业的良好发展就能得到可观的回报，无须通过金融资产投资储备资金或投机获利，因此酒、饮料和精制茶制造业的金融化程度均值最低。随着国家层面开展对宏观经济和实体企业“脱实向虚”的治理，2018 年三个行业的实体企业金融化程度均有所降低，与全部上市实体企业金融化程度的变化趋势一致。然而在 2019 年及之后，医药制造业与酒、饮料和精制茶制造业金融化程度再次转为上升趋势，而电气机械及器材制造业仍处于下降状态。这进一步说明了电气机械及器材制造业的技术密集、利润空间小、市场竞争激烈的行业特点，通过国家政策约束后企业开始转变发展观念，更多地专注于主业发展。而医药制造业由于需要高额的研发投入仍需依靠金融化储备资金，与之相反，酒、饮料和精制茶制造业掌握较多的流动资金，可以依靠金融资产进一步提高企业盈利水平，因此金融化程度上升。

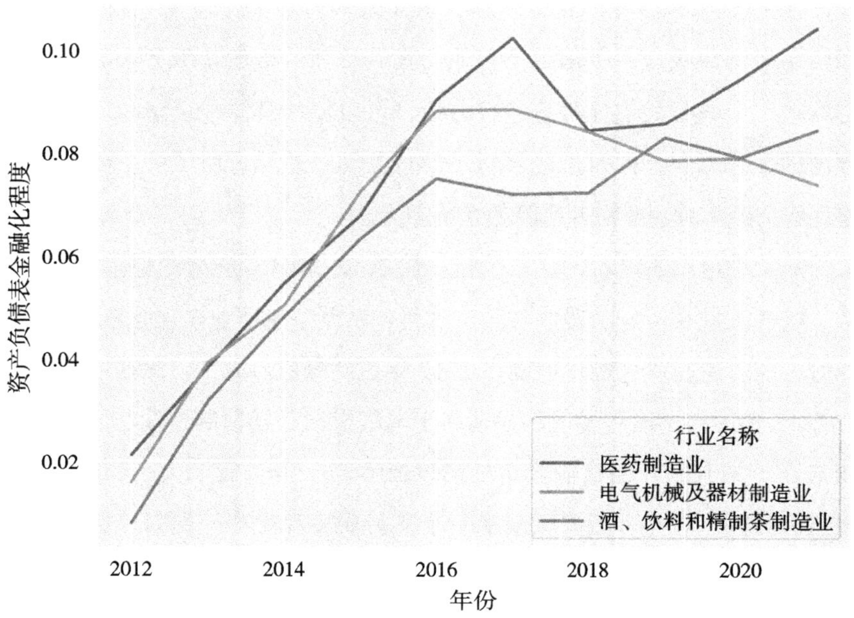

图 6-4　三个典型行业 2012—2021 年金融化程度均值变化趋势

综上所述，三个行业的金融化程度总体均呈上升趋势，政策约束起到了一定的治理作用，且不同行业的金融化程度变化趋势存在差异，主要由行业特点、利润空间大小、融资约束等因素决定。但是，在实际经营过程中，企业应当根据自身情况和行业特点来选择合适的金融资产配置水平，防范由于实体企业金融化所带来的财务风险的增加，企业需要在充分利用金融资本的同时，注重财务风险管理，以确保企业的健康发展。

6.4.2　典型行业上市实体企业财务风险展示

本节选择 Zscore 来展示三个典型行业的财务风险变化趋势，由于篇幅限制，其他财务风险指标的展示从略。从图 6-5 中可以看出，医药制造业、电气机械及器材制造业与酒、饮料和精制茶制造业三个典型行业 2012—2021 年的 ZScore 均值折线图与我国全部上市实体企业的变化趋势一致。在 2015 年以前，实体企业金融化程度的上升并未加剧企业的破产风险，反而使得企业破产的可能性大大降低。

2015—2018 年，三个行业的上市公司破产风险均有所增加，除电气机械及器材制造业的 ZScore 最低值略低于 2.657 的临界值之外，医药制造业与酒、饮料和精制茶制造业仍处于财务状况良好的区间范围内，这也进一步说明实体企业金融化的加深对于电气机械及器材制造业企业具有不利影响，该行业的实体企业仍应当集中资源发展主业。自 2019 年起，三个行业的破产风险又逐渐降低，结合图 6-4 可知，对于金融化的治理有效降低了电气机械及器材制造业的财务风险，而对于需要依靠金融化助力企业发展的医药制造业与酒、饮料和精制茶制造业来说，在经过企业理性判断之后的实体企业金融化能够推动产融结合，更好地促进了企业财务风险的降低。

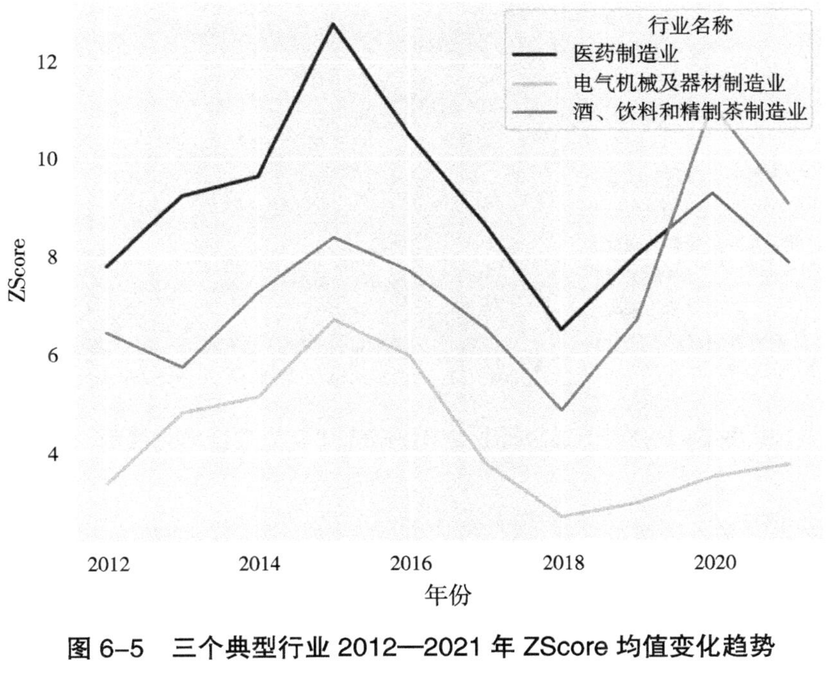

图 6-5 三个典型行业 2012—2021 年 ZScore 均值变化趋势

通过对我国三个典型行业的金融化程度及财务风险的可视化展示和分析，可以看到不同行业的金融化程度和金融化财务风险方面的差异。通过可视化分析增强了对不同行业金融化程度和财务风险的认识和理解，同时也提醒企业管理层要关注不同行业的特点和差异性，才能准确判断实体企业金融化是否恰当。

6.5 上市实体企业过度金融化展示

本节主要通过热力图的形式对我国14个二级行业的上市实体企业过度金融化情况进行可视化展示。热力图中的颜色深浅表示不同行业内企业的过度金融化程度，越深表示行业内过度金融化企业在总企业中的占比越高，反之则越低。其中，企业过度金融化定义为实体企业金融化程度超过行业均值。

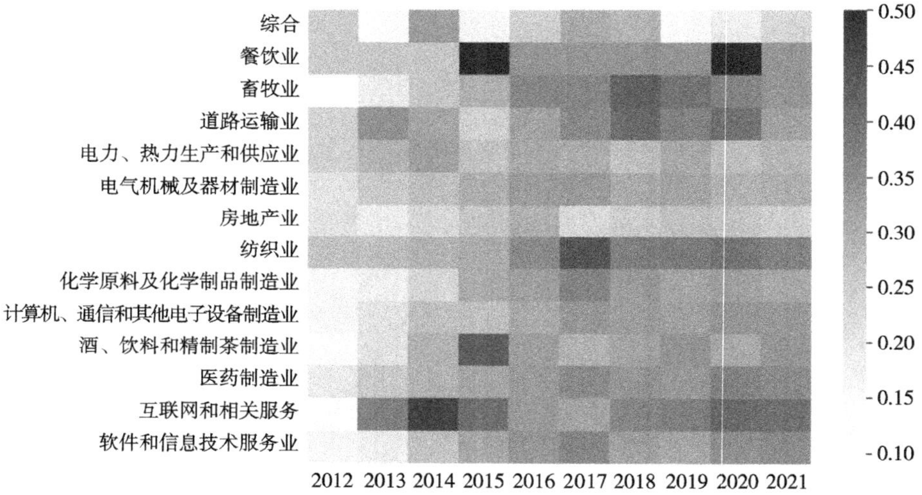

图6-6 14个二级行业2012—2021年过度金融化展示

从图6-6中可以看出，2012—2021年我国实体企业中过度金融化企业的数量相对较多，说明我国企业普遍存在着过度金融化的问题。在14个二级行业中，餐饮业，畜牧业，道路运输业，纺织业，酒、饮料和精制茶制造业，互联网和相关服务业的过度金融化企业比例较高，说明这6个行业过度金融化现象尤为突出，需要引起足够的关注和重视。横向来看，随着时间的推移，所有行业中过度金融化的企业占比都有所增加，2017—2018年尤为明显，2019年及之后年度各个行业的过度金融化企业占比略有下降，但仍维持在30%以上。纵向来看，餐饮业在2015年、2020年过度金融化企业占比高达50%，互联网和相关服务业在2014年过度金融化企业占比高达 50%，说明这两个行业中存在着大量的过度金融化企业。其中，餐饮业在 2015 年的过度金融化问题严重可能是由于企业逐渐意识到金融资产能够带来超额收益导致的，在 2020 年高达 50% 的过度金融化占比应当是受疫情影响餐饮业发展停滞所致。这些行业的金融化行为会导致风险的积累，给行业和整个经济带来潜在的风险。最后，从图 6-6 中可以看出，虽然不同行业之间的过度金融化情况存在差异，但整体来说，制造业中存在的过度金融化问题比较严重，需要采取措施加以规范和管理。

6.6　上市实体企业不当金融化展示

本节再通过热力图的形式对我国 14 个二级行业的上市实体企业不当金融化情况进行可视化展示，如图 6-7 所示。热力图中的颜色深浅表示不同行业内企业的不当金融化程度，越深表示行业内不当金融化企业在总企业中的占比越高，反之则越低。其中，企业不当金融化定义为实体企业金融化的金融投资收益占营业利润之比超过 10% 且剔除产融结合情形。

从图 6-7 中可以看出，我国上市实体企业的不当金融化行为略好于过度金融化情况，但存在的不当金融化问题仍比较明显。其中综合业、餐饮业、房地产业、互联网和相关服务业不当金融化问题尤其突出。总体来看，自 2013 年起，全部上市实体行业不当金融化现象开始显现，在 2015—2018 年最为严重，而后略有降低。其中餐饮行业主业发展已触及天花板，加之资金又比较充裕，选择金融化来弥补盈利的不足，也是一种无奈的选择。房地产业随着房价调控政策的出台和实施，盈利空间缩小，通过金融资产获得较大比例的盈利几乎是必然的选择。但这种情况是最令人担忧的，因为我国房地产业所创造的产值在 GDP 中的占比很大，房地产企业本身财务杠杆偏高，偿付性风险很大，如果金融投资失败，就会造成金融风险与经营风险的叠加，进一步推高企业财务风险以至不可控地步，对我国经济的健康运行影响至深至大。所以需要对房地产企业的金融化进行有力治理，虽然该行业的金融化程度不高。互联网和相关服务业的不当金融化也是需要着力治理的。随着我国经济的数字化转型，期望这个行业的不当金融化能得到相当程度的改善。另外，结合图 6-6 可知，餐饮、互联网和相关服务业属于双高类型，即过度且不当金融化。如上文所述，这两个行业随着我国经济的数字化转型，金融化的治理应当会见成效。

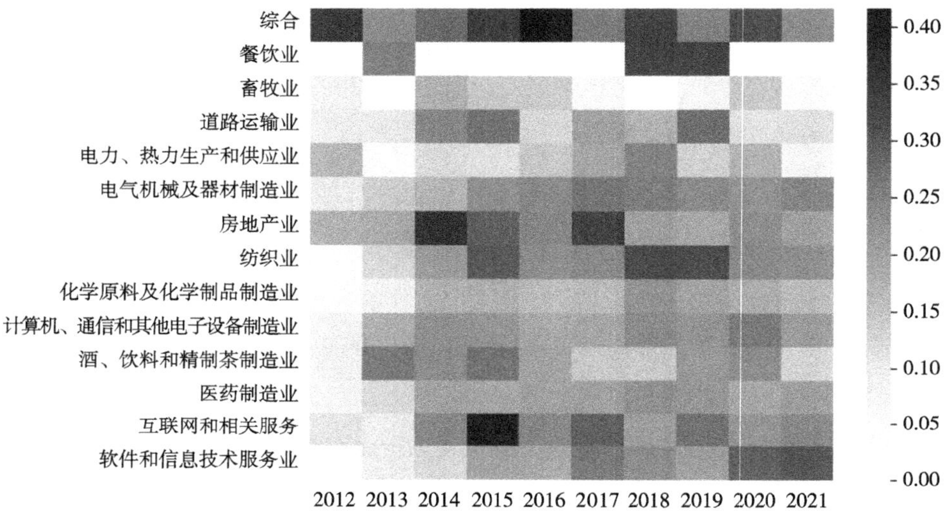

图 6–6　14 个二级行业 2012—2021 年不当金融化展示

6.7　结论与建议

本章首先以可视化的方式具体展示了我国实体企业 2012—2021 年金融化程度均值和企业财务风险均值的变化趋势。其次对医药制造业，酒、饮料和精制茶制造业，电气机械及器材制造业的金融化程度和破产风险指标 Zscore 进行了重点展示。最后对 14 个二级行业的过度金融化和不当金融化占比进行了热力图展示。通过这些展示出来的折线图和热力图，可以形象地看出，2015—2017 年是我国实体企业金融化的高峰期，从 2018 年起，有关金融化治理的相关政策初见成效。总体而言，我国实体企业金融化的财务风险可控，Zscore 基本上没有越过临界值。14 个二级行业中房地产业的不当金融化需要高度重视并予以治理，餐饮、互联网和相关服务业虽然属于双高类型，但随着我国经济的数字化转型，金融化的治理应当会有成效。本章的分析结论对企业管理层进行合理的资源配置具有很强的指导意义。

本章参考文献

[1] 邓路，刘欢，侯粲然．金融资产配置与违约风险：蓄水池效应，还是逐利效应？[J]．金融研究，2020（7）：172-188.

[2] 董盈厚，马亚民，董馨格．金融资产配置、金融杠杆与现金流风险[J]．审计与经济研究，2021（5）：95-105.

[3] 高翔，聂赟彬，李秉龙．涉农企业金融化与企业财务风险水平研究——基于中国A股上市公司的实证分析[J]．农业经济与管理，2019（5）：46-55.

[4] 黄贤环，吴秋生，王瑶．金融资产配置与企业财务风险："未雨绸缪"还是"舍本逐末"[J]．财经研究，2018，44（12）：100-112+125.

[5] 李程，赵一杰．实体企业金融化对微观杠杆率及财务风险的影响研究[J]．金融监管研究，2019，94（10）：20-38.

[6] 李秋梅，梁权熙．企业"脱实向虚"如何传染？——基于同群效应的视角[J]．财经研究，2020，46（8）：140-155.

[7] 刘柏，琚涛．资产金融化、研发创新与财务风险："共振"抑或"冲销"[J]．财经科学，2019，379（10）：20-29.

[8] 陆正飞，何捷，窦欢．谁更过度负债：国有还是非国有企业？[J]．经济研究，2015，50（12）：54-67.

[9] 王冬梅．财务会计学[M]．大连：东北财经大学出版社，2022.

[10] 杨有红，赵晓梅．实体企业扩大金融活动能够降低财务风险吗？[J]．北京工商大学学报（社会科学版），2021，36（5）：64-76+88.

第7章 资本化研发投入对实体企业不当金融化的治理效果考察

本章通过将企业研发投入进一步区分为资本化研发投入和费用化研发投入，对比研究企业不同阶段研发投入对实体企业金融化程度及实体企业不当金融化的影响。我们以2012—2021年我国A股上市实体企业为研究样本进行实证研究。描述性统计结果显示：当前我国实体企业中存在部分企业金融化程度偏高，其中存在不当金融化行为的企业在所有企业中占到21.3%。实体企业最终很可能形成创新研发成果的资本化研发投入占比较低，费用化研发投入显著高于资本化研发投入，后者不仅没有能形成最终的研发成果，而且造成了前期研发投入的资源浪费。基础回归和稳健性检验显示：资本化研发投入能够抑制实体企业金融化程度的提高并治理实体企业不当金融化行为，而费用化研发投入对实体企业金融化的影响因情况而异。建议实体企业继续深入推进创新驱动发展战略，依靠创新增强企业竞争优势的同时，切实提高资本化研发投入的比例，纠正和治理实体企业不当金融化行为，更好地发挥金融对实体经济的促进作用。

7.1 引言

自2012年以来，中国经济逐渐进入“新常态”，经济增速放缓，经济结构也发生了转变。受产能过剩、有效需求不足、产品成本上升等因素影响，实体企业的主营业务利润率明显下降，其主业发展面临瓶颈。与此同时，金融行业在中国的垄断地位使得其超额利润率高于其他行业数倍。随着实体行业利润的降低和金融行业利润的高涨，越来越多的实体企业选择扩大金融资产投资以弥补企业主业盈利能力的不足，由此导致了微观实体企业的金融化浪潮和宏观经济的“脱实向虚”。已有相当多的学者经过研究发现：实体企业盲目且不加限制地扩大金融资产在企业总资产中的占比，会导致企业的生产效率降低（刘笃池等，2016；盛明泉等，2018），抑制企业创新研发投入和产出（王红建等，2017；肖忠意、林琳，2019；晋盛武、何珊珊，2017），严重影响企业未来主业的良好发展（杜勇等，2017），同时放大企业股价崩盘风险（刘丽娜、马亚民，2018）。尽管实体企业金融化行为能够在一定程度上起到现金平滑作用（谭小玉、陈裕鑫,2022），在短期内改善企业的盈利状况，但从长远来看，这种跨行业的套利行为势必会抑制企业的实业投资和创新投入，使企业逐渐偏离主营业务，金融化行为是以牺牲企业的长期增长为代价的（王红建等，2016）。目前正值中国经济转型升级的关键阶段，企业要想得到长期高质量发展就必须进一步落实创新驱动发展战略，通过创新持续提升产品质量，形成企业特有的竞争优势，依靠创新提高企业竞争力，唯有提高企业创新能力才是增强企业硬实力的根本途径。由于企业的创新活动具有投资现金需求量大、投资持续时间长、创新产出的不确定性强等特点，且企业的创新研发投入具有高昂的调整成本，而企业的金融资产配置也同样需要占用企业资金，这就与企业创新研发投入形成企业内部的资源竞争，二者表现为一种投资替代关系。所以，若能通过促进企业创新研发投入来遏制实体企业金融化倾向，则可谓一举两得，不仅可以强化企业创新能力继而提高企业竞争优势地位，而且能够有效治理当前的实体企业不当金融化现象，切实防范实体经济“脱实向虚”，促进实体经济转型升级，实现高质量发展。其中，企业的创新研发投入区分不同的阶段被分别计入资本化研发投入与费用化研发投入，二者也具有不同的内涵，可能会对实体企业金融化行为有不同的影响作用。基于以上原因，有必要深入探究企业资本化与费用化研发投入对实体企业金融化程度的影响及对实体企业不当金融化的治理效果。

7.2 文献综述

鉴于近年来实体企业金融化带来的一系列严重后果，学者们纷纷探究如何治理实体企业的不当金融化行为，通过国家宏观政策调控和企业内部治理行为抑制企业金融化，引导实体企业“脱虚向实”，实现实体经济的高质量发展。相关研究表明，减税降费政策的实施效果越好，就越能有效地遏制实体企业金融化行为，此外，该政策的抑制作用还可以通过提高企业内部控制的有效性进一步增强（吴秋生等，2021）。其中，享受所得税税率优惠的企业金融化程度相较于未享受所得税税率优惠的企业更低，这一政策通过促进企业创新研发和实业投资发挥对金融化的治理作用（魏卉、刘亚梦，2022）。有研究发现，利率优惠政策能够提高实业投资回报率从而引导实体企业“脱虚向实”，但政策实施需要对症下药，对于实行“走出去”政策的国际化企业来说利率优惠会造成资源浪费，因此对不同企业实行差异化的利率政策，同时鼓励企业走国际化之路能够有效治理实体企业金融化（熊剑、陈栋，2021）。宽松的货币政策会显著提高实体企业的金融化程度，尤其是对于面临较低融资约束的企业，它们更可能出于利润追逐动机扩大金融资产配置比例，这将对企业发展产生负面影响（李元、王擎，2020），相反，采用紧缩的货币政策可以有效地遏制实体企业金融化行为（傅代国、杨昌安，2019）。经济政策不确定性的增加会导致出于投机动机的企业减少金融资产持有量，并调整金融资产的配置结构，其中，受融资约束较低的企业受到的影响更大，增加的经济政策不确定性会更加抑制它们的金融化进程（彭俞超等，2018）。良好的产业政策对于抑制企业金融化、减少实体投资受到的挤占具有积极作用，通过制定适宜的产业政策，可以避免企业过度追求金融投资，从而促进实体经济的发展（韩佳玲、芮明杰，2020）。在探讨企业内部治理时，多股东股权结构被认为是一种有效的抑制实体企业金融化行为的方式，尤其可以减少企业持有的长期金融资产，此外，研究表明，当企业所处的外部法律环境越好时，多股东的股权结构对企业金融化行为的抑制作用也越为显著（赵彦锋等，2022）。高管的海外经历通过增加企业实业投资和缓解企业融资约束来抑制实体企业金融化行为（李祯，2021）。与之类似的是，董事会中具有海外背景的董事也可以通过增加资本支出与研发支出、提高企业内控质量降低企业金融化水平（龚光明、肖冰瑜，2020）。

尽管上述关于如何抑制实体企业金融化的研究涉及很多方面，但目前在学术研究领域，把企业创新研发与实体企业金融化相联系时更多的是研究实体企业金融化的经济后果之一——对研发的挤出效应。相关研究表明，实体企业的金融化行为与其创新研发投入呈现出显著的负相关关系，此外，企业套利动机越强，金融化对企业创新的挤出作用也越强。虽然实体企业的金融化行为可能会对企业的创新研发产生挤出效应，但其作用效果存在一个拐点，两者之间呈现出“U形”关系（王红建等，2017）。但企业中的高管股权激励能够在一定程度上减轻金融化对企业创新研发的挤出效应（晋盛武、何珊珊，2017）。而在区分企业自身面临的融资约束时，融资约束大的企业金融化对创新研发具有挤出效应，而融资约束小的企业金融化则具有“蓄水池”效应（郭丽婷，2018）。从长远来看，滞后两期的金融化呈现“蓄水池”效应，其与企业研发投入的交互作用能够显著提升企业研发投入持续性与转化率（杨松令等，2019）。直接研究企业创新研发投入对实体企业金融化的抑制作用的相关文献较少。刘睿智等（2022）通过实证研究发现企业研发投资能够提高企业现金持有量、增强企业市场势力，从而抑制实体企业“脱实向虚”。然而，该研究未对企业创新研发投入中的资本化和费用化部分进行区分。尽管在资源有限的情况下，企业的创新研发投入和金融资产配置存在资源竞争，是一种相互替代的关系，但资本化和费用化的研发投入仍然存在本质差异。资本化的研发投入能够产生成果，而费用化的研发投入主要发生在创新研究工作的前期阶段，具有探索性特征和较高的不确定性，但仍可以使企业获得税收优惠。鉴于此，本章通过区分企业创新研发过程中的资本化研发投入和费用化研发投入，对比分析不同部分的研发投入对于实体企业金融化水平的影响及对实体企业不当金融化的治理效果，以期更进一步揭示企业创新行为对实体企业金融化行为的差别化影响，帮助企业更好地实施创新驱动发展战略，同时引导企业“脱虚向实”，治理实体企业不当金融化行为。

7.3 实体企业不当金融化的测度

截至目前，关于实体企业金融化的研究成果已相当丰富，对于实体企业金融化水平的测度基本上采用企业金融资产占比来表示。虽然实体企业通过金融渠道获利形成的金融投资收益占比指标也能够代表实体企业的金融化程度，但在学术研究中应用较少。更多的原因是考虑金融投资收益具有不确定性，不能完全代表企业主观上的初始金融资产配置意愿。因为金融资产投资的风险性很高，具有极大的不确定性，很可能出现企业想要通过金融化追逐利润却投资失败、金融投资收益很小甚至为负，或企业“无心插柳”地通过投资金融资产收获高额回报的情况。刘贯春（2017）将金融资产份额和金融渠道获利占比对比研究，发现这两种实体企业金融化水平的测度方式代表了企业金融化的不同动机，金融资产持有份额是一个静态指标，反映了实体企业为缓解融资约束的预防性储蓄动机，这种存量性质的指标能够发挥实体企业金融化的“蓄水池”效应。相比之下，金融渠道获利是一个时段性的动态指标，更多地反映了实体企业为实现自身利润最大化的投机动机，能够发挥实体企业金融化的挤出效应。实体企业金融化可以看作是实体企业缺乏耐心的一种业务转型。关于实体企业是否真正实现了业务转型，有一个经验式判定标准：新业务营收占营业收入的比例超过 10% 或新业务利润占营业利润的比例超过 10%。基于此，本章认为，采用金融投资收益占比超过 10% 这一经验值指标作为实体企业不当金融化的衡量标准更为可靠。通过测度实体企业金融投资的实现结果，更能有效评判实体企业金融化行为是否恰当。另外，由于存在相当一部分实体企业参股、并购金融机构或向其他企业发放贷款增加了金融投资收益的情形，而实体企业通过参股、并购金融机构形成的金融性长期股权投资是实体企业为获得隐性金融资源产生的，发放贷款及垫款则大多是为了帮扶中小企业发展或促进自身产业链的上下游企业发展形成的，因此在这两种情形下，可以认为实体企业金融化行为实现了金融资金融通的本质属性，并且很好地促进了实体企业和实体产业的良性发展，尽管可能同时获得了可观的金融投资收益，仍不将其视为实体企业的不当金融化。

7.4　机理分析与研究假设

已有研究表明，创新研发投入能够有效提高企业市场绩效（郭秀强、孙延明，2020），使企业获得超常收益，并提升企业价值（王琳等，2020）。其中，企业进行资本化的研发投入能够产生创新成果，这种投入反映了企业的有效创新研发能力，更有可能成为企业的核心竞争资源。根据资源基础理论，企业通过创新研发形成的成果是有价值的、稀缺的、无法仿制、难以替代的资源，可以形成企业独特的竞争优势。企业利用创新研发成果生产的新产品或提供的新服务能够与其竞争对手形成差异化竞争，获得超额利润，增加企业盈利，提高企业市场占有率。当企业通过资本化研发投入具备了这一独特的竞争优势后，企业进行金融化、通过金融资产投资追逐利润的动机将会大大减弱。同时，企业通过创新研发获得的企业业绩和价值的提升是长期性的、可持续的，这也会进一步刺激企业的创新研发行为，降低企业配置金融资产的比例。另外，企业的资源是有限的，而企业的资本化研发投入所需投资金额大、资金占用时间长，由此导致对企业金融投资资金的挤占。如果企业提前中止对资本化研发投入的投资，将会面临高昂的调整成本，这也可能导致企业错失同时期的金融资产投资机会。据此，提出如下研究假设。

H1：企业资本化研发投入越多，实体企业金融化程度越低。

与之相对应的，企业在创新研发活动的前期探索性阶段支出计入企业费用化研发投入，与资本化研发投入相比，费用化研发投入处于研究开发的前期阶段，中断研发投入转向其他领域的研究调整成本较低。企业即使正在进行费用化的研发投入，当面临很好的金融投资机会时，仍可以以较低的调整成本参与金融资产投资。另外，费用化研发投入是企业创新研发中研究性和探索性的支出，如若不能进一步转为资本化研发投入，在短期内即视为研发投资失败，当投资失败时，企业高管为了增加企业利润、修饰企业业绩转而扩大企业金融资产配置比例，反而会助推实体企业金融化行为。据此，提出如下研究假设。

H2：企业费用化研发投入越多，实体企业金融化程度越高。

资本化研发投入和费用化研发投入对实体企业不当金融化的影响作用同理。企业的资本化研发投入越多，则企业金融资产配置比例越低，对实体企业金融化行为具有抑制作用，那么实体企业不当金融化的可能性也就越低。企业的费用化研发投入越多，则企业金融资产配置比例越高，对实体企业金融化行为具有促进作用，那么实体企业不当金融化的可能性也就越高。据此，提出如下研究假设。

H3：企业资本化研发投入越多，实体企业不当金融化的可能性越低。

H4：企业费用化研发投入越多，实体企业不当金融化的可能性越高。

7.5 实证研究

7.5.1 样本选择与数据来源

本章选取 2012—2021 年我国 A 股上市实体企业为研究样本，并对初始数据进行了如下处理：剔除金融和房地产行业的样本；剔除数据缺失的样本。选用的数据主要来源于 CSMAR 国泰安数据库。为克服极端值影响，对所有连续型变量采用 1% 和 99% 分位的缩尾处理。运用 Stata15 软件进行数据清洗、整理，并进行实证检验与结果分析。

7.5.2 变量选取

（1）被解释变量。

本章仍选择以金融资产占总资产的比例来表示实体企业的金融化程度，采用王冬梅（2022）的金融资产统计口径。至于被解释变量不当金融化，根据上文分析，本章采用金融投资收益占比指标来判定企业当前的金融资产配置是否属于不当金融化的范畴。所以，对于实体企业不当金融化的判定标准为：当实体企业金融投资收益占营业利润的比例超过 10% 且该金融化行为并不属于产融结合金融化时，将其认定为实体企业不当金融化，被解释变量赋值为 1。反之，则不属于实体企业不当金融化，被解释变量赋值为0。其中，产融结合金融化程度为“（发放贷款及垫款＋金融性长期股权投资）÷总资产”，当产融结合金融化程度赋值大于0时，认为实体经济和金融资源得到了有效结合，实现了金融服务实体的目的，不认定为实体企业不当金融化。

（2）解释变量。

本章的研究目的是检验实体企业资本化研发投入和费用化研发投入对实体企业金融化程度的影响及其对实体企业不当金融化的治理效果，因此解释变量为实体企业资本化研发投入和费用化研发投入。以往学者在进行企业研发投入相关研究时多选用企业研发投入与营业收入之比表示企业的研发投入强度，因此本章借鉴相关指标的测度，用资本化研发投入与营业收入之比表示企业的资本化研发投入强度。由于在2018年以前企业的费用化研发投入计入管理费用，而管理费用的附注披露又不不完整，因此本章采用研发投入与资本化研发投入之差表示企业的费用化研发投入，以费用化研发投入与营业收入之比表示企业的费用化研发投入强度，以此作为本章的解释变量进行实证研究。

（3）控制变量。

借鉴刘睿智、寇祥增、王京和王红建、曹瑜强、杨庆的研究，本章控制了公司财务特征以及公司治理特征变量。其中，上市年限以“公司年龄+1”的自然对数表示；企业规模以总资产的自然对数表示；财务杠杆以资产负债率表示；成长能力以营业收入年度增长率表示；现金持有量以货币资金与总资产之比表示；固定投资占比以固定资产、在建工程和工程物资之和与总资产之比表示；资本密集度用企业总资产与营业收入之比表示；盈利能力以总资产净利润率表示；管理费用率以企业不含研发费用的管理费用与营业收入之比表示；两职合一以董事长与总经理是否兼任表示，兼任取1，否则取0；股权集中度以第一大股东持股比例表示。此外还控制了行业和年份固定效应。各变量的定义，如表7-1所示。

表 7-1 变量定义

变量类型	变量名称	变量符号	变量定义
被解释变量	金融化程度	Fin	金融资产 ÷ 总资产
	不当金融化	IFin	金融投资收益占营业利润比是否超过10%，且排除产融结合金融化样本
解释变量	资本化研发投入	RDC	资本化研发投入 ÷ 营业收入
	费用化研发投入	RDE	（研发投入 - 资本化研发投入）÷ 营业收入
控制变量	上市年限	Age	"公司年龄 +1"的自然对数
	企业规模	Size	年末总资产的自然对数
	财务杠杆	Lev	年末资产负债率
	成长能力	Growth	营业收入年度增长率
	现金持有量	CH	货币资金 ÷ 总资产
	固定投资占比	FAR	（固定资产 + 在建工程 + 工程物资）÷ 总资产
	资本密集度	CI	总资产 ÷ 营业收入
	盈利能力	ROA	总资产净利润率
	管理费用率	EAR	不含研发费用的管理费用 ÷ 营业收入
	两职合一	Dual	董事长兼任总经理赋值为1，否则为0
	股权集中度	SHF	第一大股东持股比例
	行业	Industry	行业虚拟变量
	年份	Year	年份虚拟变量

7.5.3 模型设计

为验证假设 H1 ~ H4，检验实体企业资本化研发投入和费用化研发投入与实体企业金融化程度和不当金融化之间的关系，本章构建了模型（7-1）至（7-4）。若 H1 成立，预期 RDC 的回归系数（α_1）显著为负，即表明企业资本化研发投入越多，实体企业金融化程度越低。若模型（7-2）中 RDE 的回归系数（β_1）显著为正，则说明企业费用化研发投入越多，实体企业金融化程度越高，假设 H2 成立。若模型（7-3）中 RDC 的回归系数（γ_1）显著为负，则表明企业资本化研发投入越多，实体企业不当金融化的可能性越低，假设 H3 成立。若模型（7-4）中 RDE 的回归系数（δ_1）显著为正，则说明企业费用化研发投入越多，实体企业不当金融化的可能性越高，假设 H4 成立。

$$\mathrm{Fin}_{it}=\alpha_0+\alpha_1\,\mathrm{RDC}_{it}+\sum\mathrm{Control}+\sum\mathrm{Industry}+\sum\mathrm{Year}+\varepsilon_{it} \tag{7-1}$$

$$\mathrm{Fin}_{it}=\beta_0+\beta_1\,\mathrm{RDE}_{it}+\sum\mathrm{Control}+\sum\mathrm{Industry}+\sum\mathrm{Year}+\varepsilon_{it} \tag{7-2}$$

$$\mathrm{IFin}_{it}=\gamma_0+\gamma_1\,\mathrm{RDC}_{it}+\sum\mathrm{Control}+\sum\mathrm{Industry}+\sum\mathrm{Year}+\varepsilon_{it} \tag{7-3}$$

$$\mathrm{IFin}_{it}=\delta_0+\delta_1\,\mathrm{RDE}_{it}+\sum\mathrm{Control}+\sum\mathrm{Industry}+\sum\mathrm{Year}+\varepsilon_{it} \tag{7-4}$$

7.5.4　实证结果分析

（1）描述性统计分析。

表 7-2 报告了主要变量的描述性统计结果。样本企业金融化程度的均值为 0.068，最大值为 0.479，说明目前我国实体企业中存在部分企业金融化程度偏高，“脱实向虚”倾向较为明显，且企业间金融资产配置情况存在较大差异。不当金融化指标均值为 0.213，中位数为 0，说明在样本企业中有 21.3% 的企业存在不当金融化，一半以上的实体企业都不存在不当金融化问题。资本化研发投入均值为 0.005，最大值为 0.094，说明目前我国实体企业能够资本化，最终形成创新研发成果的研发投入占比较低，研发投资效益不高。费用化研发投入均值为 0.045，最大值为 0.229，显著高于资本化研发投入，一方面符合创新研发活动过程投入分配情况，另一方面也说明当前我国实体企业中有相当一部分创新研发活动没有进入资本化阶段就终止了，不仅没有能够形成最终的研发成果，而且造成了前期研发投入的资源浪费。此外，样本企业的各控制变量也存在较大差异，说明公司的财务特征、治理特征有较大差异，控制这些变量是合理的。控制变量中成长能力均值为 0.179，中位数为 0.120，说明超过一半的上市实体企业主业呈现小幅增长趋势。现金持有量的均值为 0.176，中位数为 0.146，说明实体企业总体上货币资金比较充裕。总资产净利率均值为 0.034，说明我国实体企业总体上盈利能力不强。

表 7-2 主要变量的描述性统计

变量	观测数	最大值	最小值	均值	中位数	标准差
Fin	17593	0.479	0	0.068	0.024	0.099
IFin	17593	1	0	0.213	0	0.410
RDC	17593	0.094	0	0.005	0	0.015
RDE	17593	0.229	0	0.045	0.036	0.041
Age	17593	3.332	0	2.088	2.197	0.787
Size	17593	26	20.021	22.184	22.022	1.225
Lev	17593	0.887	0.062	0.408	0.399	0.195
Growth	17593	2.330	−0.510	0.179	0.120	0.385
CH	17593	0.587	0.018	0.176	0.146	0.117
FAR	17593	0.710	0.005	0.237	0.208	0.159
CI	17593	10.049	0.433	2.344	1.935	1.581
ROA	17593	0.201	−0.329	0.034	0.037	0.072
EAR	17593	0.366	0.009	0.083	0.067	0.061
Dual	17593	1	0	0.315	0	0.465
SHF	17593	70.760	9	32.808	30.480	13.902

（2）相关性分析。

相关性分析结果如表 7-3 所示，资本化研发投入强度与实体企业金融化程度在 1% 的水平上显著负相关，费用化研发投入强度与实体企业金融化程度在 1% 水平上显著正相关，费用化研发投入强度与实体企业不当金融化在 1% 水平上显著正相关，初步验证了本章的研究假设 H1、H2、H4。此外，本章还进行了方差膨胀系数检验，VIF 系数均显著小于 10，说明变量间不存在严重的多重共线性。

表 7-3　相关性分析结果

	Fin	IFin	RDC	RDE	Age	Size	Lev	Growth	CH	FAR	CI	ROA	EAR	Dual	SHF
Fin	1														
IFin	0.265^{***}	1													
RDC	-0.029^{***}	-0.007	1												
RDE	0.152^{***}	0.060^{***}	0.230^{***}	1											
Age	-0.099^{***}	0.026^{***}	0.032^{***}	-0.249^{***}	1										
Size	-0.115^{***}	-0.056^{***}	-0.012	-0.295^{***}	0.451^{***}	1									
Lev	-0.329^{***}	-0.089^{***}	-0.064^{***}	-0.300^{***}	0.322^{***}	0.495^{***}	1								
Growth	-0.046^{***}	-0.050^{***}	-0.031^{***}	-0.048^{***}	-0.093^{***}	0.029^{***}	0.011	1							
CH	-0.035^{***}	0.005	0.054^{***}	0.218^{***}	-0.175^{***}	-0.178^{***}	-0.323^{***}	0.009	1						
FAR	-0.226^{***}	-0.100^{***}	-0.100^{***}	-0.217^{***}	0.104^{***}	0.142^{***}	0.110^{***}	-0.067^{***}	-0.328^{***}	1					
CI	0.096^{***}	0.059^{***}	0.196^{***}	0.242^{***}	-0.003	-0.026^{***}	-0.096^{***}	-0.136^{***}	-0.022^{***}	0.008	1				
ROA	0.150^{***}	0.026^{***}	-0.062^{***}	-0.023^{***}	-0.178^{***}	0.018^{**}	-0.346^{***}	0.253^{***}	0.210^{***}	-0.037^{***}	-0.229^{***}	1			
EAR	0.069^{***}	0.037^{***}	0.286^{***}	0.408^{***}	-0.038^{***}	-0.318^{***}	-0.193^{***}	-0.149^{***}	0.094^{***}	-0.065^{***}	0.548^{***}	-0.265^{***}	1		
Dual	0.068^{***}	0.037^{***}	0.040^{***}	0.139^{***}	-0.236^{***}	-0.189^{***}	-0.123^{***}	0.033^{***}	0.049^{***}	-0.059^{***}	0.029^{***}	0.028^{***}	0.044^{***}	1	
SHF	0.014^{*}	-0.032^{***}	-0.111^{***}	-0.142^{***}	-0.089^{***}	0.168^{***}	0.022^{***}	-0.010	0.058^{***}	0.103^{***}	-0.090^{***}	0.148^{***}	-0.132^{***}	-0.024^{***}	1

注：*、**、*** 分别表示 10%、5% 和 1% 的显著性水平，下同。

（3）回归结果分析。

为实证检验企业资本化研发投入、费用化研发投入与实体企业金融化程度、实体企业不当金融化之间的关系，用模型（7–1）至（7–4）进行回归检验，结果如表7–4所示。表中（1）列为企业资本化研发投入与实体企业金融化程度的回归结果，系数显著为负，假设H1成立。（2）列中费用化研发投入与金融化程度的回归系数显著为正，假设H2得证。表明企业加大资本化研发投入能够显著抑制实体企业金融化程度的提高，而企业费用化研发投入的提高则对实体企业金融化行为具有促进作用。（3）列为企业资本化研发投入与实体企业不当金融化的回归结果，系数显著为负，假设H3成立。（4）列中费用化研发投入与不当金融化的回归系数显著为正，假设H4得证。此处使用的是Logit回归模型。表明资本化研发投入起到治理实体企业不当金融化的作用，而费用化研发投入则会导致实体企业出现不当金融化的现象。

表7–4 基础回归结果

	Fin	Fin	IFin	IFin
	（1）	（2）	（3）	（4）
RDC	-0.139^{*} （–1.680）		-4.705^{***} （–3.290）	
RDE		0.086^{*} （1.690）		0.964^{*} （1.650）
Age	-0.016^{***} （–4.400）	-0.016^{***} （–4.370）	0.259^{***} （8.740）	0.265^{***} （8.780）
Size	-0.009^{***} （–3.270）	-0.009^{***} （–3.350）	-0.107^{***} （–4.750）	-0.117^{***} （–5.220）
Lev	-0.110^{***} （–10）	-0.108^{***} （–9.760）	-0.895^{***} （–6.670）	-0.848^{***} （–6.280）
Growth	-0.007^{***} （–4.150）	-0.007^{***} （–3.980）	-0.407^{***} （–6.230）	-0.405^{***} （–6.180）
CH	-0.328^{***} （–23.310）	-0.328^{***} （–23.390）	-0.976^{***} （–5.290）	-0.993^{***} （–5.350）

续表

	Fin	Fin	IFin	IFin
	(1)	(2)	(3)	(4)
FAR	−0.275***	−0.277***	−1.877***	−1.829***
	(−17.860)	(−17.910)	(−12.490)	(−12.180)
CI	0.007***	0.006***	0.092***	0.089***
	(4.970)	(4.600)	(6.210)	(6.010)
ROA	−0.009	−0.005	1.803***	1.794***
	(−0.750)	(−0.450)	(6.130)	(6.070)
EAR	−0.033	−0.044*	−0.616	−1.086**
	(−1.310)	(−1.720)	(−1.420)	(−2.440)
Dual	0.001	0.001	0.166***	0.157***
	(0.630)	(0.630)	(4.080)	(3.860)
SHF	−0.00003	−0.00003	−0.001	−0.0001
	(−0.220)	(−0.210)	(−0.390)	(−0.100)
Industry/Year	YES	YES	YES	YES
_cons	0.440***	0.441***	0.724	0.880*
	(7.060)	(7.110)	(1.360)	(1.660)
r^2	0.241	0.241	0.041	0.040
N	17593	17593	17593	17593

7.5.5　稳健性检验

（1）被解释变量为金融化程度。

为了保证本章的研究结论具有较强的稳健性，特做如下检验。

第一，改变变量的测度。

改变被解释变量的测度。部分学者认为，投资性房地产也具有类似于金融资产的虚拟化属性，可以视为金融资产的一部分纳入金融化的研究范畴。因此本章使用包含投资性房地产的金融资产数据重新计算企业金融资产在总资产中的占比，用其表示的实体企业金融化程度（Fin1）对研究假设 H1、H2 重新进行回归，检验结果如表 7-5 中的（1）（2）列所示。结果显示，企业资本化研发投入强度与用包含投资性房地产的金融资产占比表示的实体企业金融化程度的回归系数显著为负，而企业费用化研发投入强度与金融化程度的回归系数不再显著为正。

改变解释变量的测度。在探讨企业研发投入时，考虑到营业收入可能是企业盈余管理的结果，因此也有很多学者采用总资产对企业研发投入进行标准化。本章采用总资产对企业资本化研发投入和费用化研发投入标准化，替换原有解释变量进行稳健性检验。检验结果如表 7-5 中的（3）（4）列所示。结果显示，企业资本化研发投入强度与实体企业金融化程度的回归系数显著为负，费用化研发投入强度与金融化程度的回归系数也显著为负。

第二，子样本回归。

因为高新技术企业是企业创新研发的主体，相对其他企业来说研发投入占比更大，因此本章单独对高新技术企业子样本进行回归，检验结果如表 7-5 中的（5）（6）列所示。结果显示，企业资本化研发投入强度与实体企业金融化程度的回归系数显著为负，费用化研发投入强度与金融化程度的回归系数不再显著为正。

第三，内生性检验。

目前对于金融资产的界定并没有统一的标准，并且已有文献表明实体企业金融化行为会显著影响企业创新研发投入，因此可能存在反向因果引起的内生性问题。本章用无形资产同比增长率（IGR）作为资本化研发投入的工具变量，用企业享受的所得税优惠（利润总额 ×25%- 所得税费用，CITP）作为费用化研发投入的工具变量，采用两阶段最小二乘法（2SLS）对基础模型（7-1）和（7-2）进行回归，进一步缓解本章可能存在的内生性问题。两个工具变量都通过了不可识别检验、弱工具变量检验以及过度识别检验，表明工具变量选取有效。表 7-6 中的（1）列和（3）列为第一阶段回归结果，工具变量回归系数均在 1% 水平上显著为正，表明企业无形资产增长率与资本化研发投入、所得税优惠与费用化研发投入之间均存在显著正相关关系。（2）列和（4）列为第二阶段回归结果，回归系数均与基础回归一致，说明在控制内生性问题后，企业资本化研发投入仍能抑制实体企业金融化行为，费用化研发投入仍能促进实体企业金融化行为。

综上所述，当被解释变量为实体企业金融化程度时，企业资本化研发投入对金融化程度的抑制作用具有稳健性，而费用化研发投入对金融化程度的促进作用则稳健性较低。由此也进一步揭示了企业创新研发投入对实体企业金融化的抑制作用主要是依靠能形成成果的资本化研发投入，而费用化研发投入对于企业金融化的影响则因情况而异。

表 7-5　稳健性检验——金融化程度

	Fin1	Fin1	Fin	Fin	Fin	Fin
	(1)	(2)	(3)	(4)	(5)	(6)
RDC	−0.198** (−2.250)				−0.176** (−2.040)	
RDE		0.080 (1.460)				0.081 (1.490)
RDC1			−0.445** (−2.150)			
RDE1				−0.184* (−1.660)		
Controls	YES	YES	YES	YES	YES	YES
Industry/Year	YES	YES	YES	YES	YES	YES
_cons	0.568*** (8.320)	0.573*** (8.400)	0.442*** (7.100)	0.461*** (7.310)	0.479*** (6.660)	0.480*** (6.680)
r^2	0.251	0.251	0.241	0.241	0.253	0.253
N	17593	17593	17593	17593	15367	15367

表 7-6　内生性检验

	RDC	Fin	RDE	Fin
IGR	0.0166*** (5.800)			
RDC		−8.2606*** (−4.660)		

续表

	RDC	Fin	RDE	Fin
CITP			2.800e−12*** (4.190)	
RDE				1.717* (1.940)
Controls	YES	YES	YES	YES
Industry	YES	YES	YES	YES
Year	YES	YES	YES	YES
_cons	−0.036*** (−6.090)	0.136 (1.510)	0.042*** (3.740)	0.378*** (7.010)
r^2	0.037		0.221	
N	17593	17593	17593	17593

（2）被解释变量为实体企业不当金融化。

第一，改变解释变量的测度。

与上文替换的解释变量测度方法相同，检验结果如表 7-7 中的（1）（2）列所示。结果显示，企业资本化研发投入强度回归系数显著为负，费用化研发投入强度回归系数不再显著为负。

第二，子样本回归。

对高新技术企业子样本进行回归，检验结果如表 7-7 中的（3）（4）列所示。结果显示，企业资本化研发投入强度回归系数显著为负，费用化研发投入强度回归系数不再显著为正。

第三，改变估计方法。

由于被解释变量实体企业不当金融化为 0-1 变量，在基础回归中采用了 Logit 模型进行回归检验，因此在稳健性检验部分采用 Probit 模型重新回归。检验结果如表 7-7 中的（5）（6）列所示。结果显示，企业资本化研发投入强度回归系数显著为负，费用化研发投入强度回归系数显著为正。

综上所述，当被解释变量为实体企业不当金融化时，企业资本化研发投入对实体企业不当金融化的治理作用具有稳健性，而费用化研发投入对实体企业不当金融化的促进作用则稳健性较低，与上文企业资本化研发投入和费用化研发投入对实体企业金融化程度的影响一致。

表 7-7 稳健性检验——不当金融化

	IFin	IFin	IFin	IFin	IFin	IFin
	(1)	(2)	(3)	(4)	(5)	(6)
RDC			-4.785*** (-3.230)		-2.689*** (-3.290)	
RDE				0.666 (1.060)		0.585* (1.710)
RDC1	-10.880*** (-2.810)					
RDE1		-2.085 (-1.630)				
Controls	YES	YES	YES	YES	YES	YES
Industry/Year	YES	YES	YES	YES	YES	YES
_cons	0.752 (1.410)	0.910* (1.710)	0.579 (0.960)	0.727 (1.210)	0.315 (1.050)	0.404 (1.350)
r^2	0.041	0.040	0.043	0.043	0.040	0.040
N	17593	17593	15367	15367	17593	17593

7.6 结论与建议

综合基础回归和稳健性检验结果来看，企业资本化研发投入能够抑制实体企业金融化且能治理实体企业不当金融化行为，结论具有稳健性。而企业费用化研发投入会促进实体企业金融化程度的提高，助推实体企业不当金融化行为，但结论的稳健性较低，费用化研发投入对实体企业金融化的影响因情况而异。因此，实体企业应深入推进创新驱动发展战略，依靠创新提升企业竞争力，积极推进企业创新研发投入进入资本化阶段，提高创新研发投入的成果转化率，避免研发投入过多中途夭折于费用化阶段。与此同时，能够“一举两得”地治理实体企业的不当金融化行为，实现实体企业“脱虚向实”。

本章参考文献

[1] 刘笃池，贺玉平，王曦．企业金融化对实体企业生产效率的影响研究[J]．上海经济研究，2016，335（8）：74-83.

[2] 盛明泉，汪顺，商玉萍．金融资产配置与实体企业全要素生产率：“产融相长”还是“脱实向虚”[J]．财贸研究，2018，29（10）：87-97+110.

[3] 王红建，曹瑜强，杨庆，等．实体企业金融化促进还是抑制了企业创新——基于中国制造业上市公司的经验研究[J]．南开管理评论，2017，20（1）：155-166.

[4] 肖忠意，林琳．企业金融化、生命周期与持续性创新——基于行业分类的实证研究[J]．财经研究，2019，45（8）：43-57.

[5] 晋盛武，何珊珊．企业金融化、高管股权激励与研发投资[J]．科技进步与对策，2017，34（22）：78-84.

[6] 杜勇，张欢，陈建英．金融化对实体企业未来主业发展的影响：促进还是抑制[J]．中国工业经济，2017，357（12）：113-131.

[7] 刘丽娜，马亚民．实体企业金融化、过度负债与股价崩盘风险——基于上市公司投资视角的检验[J]．云南财经大学学报，2018，34（3）：41-55.

[8] 谭小玉，陈裕鑫．企业金融化对财务风险影响的统计检验[J]．统计与决策，2022，38（19）：158-163.

[9] 王红建，李茫茫，汤泰劼．实体企业跨行业套利的驱动因素及其对创新的影响[J]．中国工业经济，2016，344（11）：73-89.

[10] 吴秋生，王文文，上官泽明．减税降费与实体企业金融化抑制——兼论内部控制有效性的调节作用[J]．财务研究，2021，41（5）：55-65.

[11] 魏卉，刘亚梦．所得税优惠税率能改善实体企业“不务正业”现象吗？[J]．新疆农垦经济，2022，348（2）：69-80.

［12］熊剑，陈栋．差异化利息政策能否有效治理实体企业金融化［J］．会计之友，2021，654（6）：9-16.

［13］李元，王擎．宽松货币政策对企业金融资产配置影响的实证研究［J］．中国软科学，2020，352（4）：154-163.

［14］傅代国，杨昌安．货币政策对异质性企业“脱实向虚”的影响［J］．华南师范大学学报（社会科学版），2019，242（6）：90-101.

［15］彭俞超，韩珣，李建军．经济政策不确定性与企业金融化［J］．中国工业经济，2018，358（1）：137-155.

［16］韩佳玲，芮明杰．实体部门产业政策是否降低了企业的金融化？［J］．投资研究，2020，39（7）：4-23.

［17］赵彦锋，王桂祯，胡著伟．多个大股东能抑制实体企业金融化吗？［J］．现代财经（天津财经大学学报），2022，42（1）：81-99.

［18］李祯．高管海外经历与实体企业金融化［J］．国际商务财会，2021，395（11）：12-17.

［19］龚光明，肖冰瑜．海外背景董事与实体企业金融化［J］．工业技术经济，2020，39（9）：121-129.

［20］郭丽婷．企业金融化、融资约束与创新投资——基于中国制造业上市公司的经验研究［J］．金融与经济，2018，489（5）：57-62.

［21］杨松令，牛登云，刘亭立，等．实体企业金融化、分析师关注与内部创新驱动力［J］．管理科学，2019，32（2）：3-18.

［22］刘睿智，寇祥增，王京．研发投资能否抑制企业“脱实向虚”——基于资源配置和市场竞争视角［J］．财会月刊，2022，932（16）：42-51.

［23］刘贯春．金融资产配置与企业研发创新：“挤出”还是“挤入”［J］．统计研究，2017，34（7）：49-61.

［24］郭秀强，孙延明．研发投入、技术积累与高新技术企业市场绩效［J］．科学学研究，2020，38（9）：1630-1637.

［25］王琳，刘沛鑫，沈沛龙．研发投入累积效应、超常收益与企业价值研究［J］．工业技术经济，2020，39（7）：48-55.

第8章 电气机械及器材制造业的金融化

本章对电气机械及器材制造业上市公司2012—2021年的财务数据进行实证检验发现：实业投资回报率的下降和在供应链中的话语权对金融化均起到显著的助推作用，且后者对短期金融化也有显著的助推作用；毛利率的下滑对金融化没有显著的影响，但对长期金融化有显著影响；研发强度和政府补助对净利润的贡献对金融化和长期金融化均有显著的抑制作用，但政府补助对净利润的贡献对短期金融化也有显著的抑制作用。内生性检验显示，研发强度抑制企业金融化的方向是成立的。中介效应检验显示，在研发强度抑制企业金融化的过程中，政府补助对净利润的贡献起到了部分中介作用。金融化和短期金融化均显著挤出了固定资产投资占比和实业投资占比，长期金融化还显著挤出了固定资产投资占比。金融化对经营现金流波动性有显著的正向影响，短期金融化对盈利波动性和现金流动负债比率均有显著的正向影响。中介效应显示，在短期金融化放大企业盈利波动性的过程中，固定资产投资占比具有完全中介效应。而在短期金融化提高企业现金流动负债比率的过程中，固定资产投资占比发挥了遮掩效应。为了避免过度金融化而损害主业发展，建议：就企业层面而言，依旧需要持续进行研发投入，依靠差异化和高质量产品稳住毛利率，从而保持企业在市场中的竞争地位；就政府层面而言，积极地营造良好的营商环境至关重要，坚定不移地对企业的研发努力通过研发补贴予以支持，是防止该行业企业“脱实向虚”的有效措施。

8.1 引言

近年来，实体企业金融化问题引起了政学两界的高度关注。党的二十大报告明确指出，“十四五”期间，要把发展经济的着力点转移到实体经济上来。学术界自 2013 年以来更是涌现出了大量研究实体企业金融化的文献。然而这些文献中实证研究居多，案例研究文献很少，正式的期刊文献中只有一篇。如穆林娟、佟欣（2020）通过分析雅戈尔的报表判定雅戈尔的金融化属于过度金融化，对主业的发展不利，具有挤出效应。实证研究文献中，更缺乏针对具体地区和行业的研究。所以从本章起，本章将针对北京地区和部分典型行业的金融化动因、后果和治理对策展开差异化研究，同时配以典型案例分析，以解决现有研究文献针对性不足的问题，以期为政府和实务界引导企业“脱虚向实”提供具体的解决办法，甚至“一企一策”。本章先就电气机械及器材制造业的金融化展开研究。

本章的贡献有三点。一是相比绝大多数文献发现金融化的后果是挤出了研发投入，本章发现，对一个充分竞争行业而言，研发投入对金融化反而有治理效应。在这个治理过程中，政府补助起到了部分中介作用，从而丰富了对研发投入、政府补助和金融化之间相互影响机理的认识，也为企业坚持研发投入和政府部门坚持对企业的研发投入予以财政政策支持提供了理论依据。二是金融化虽然挤出了固定资产和实业投资，从而放大了以盈利或经营现金流的波动性衡量的企业财务风险，但是本章发现了硬币的另一面：短期金融化还提高了企业现金流动负债比率，从而提高了企业的清偿能力，又降低了企业财务风险。这说明短期金融化也有对企业有利的一面。三是本章的结论具有行业针对性，因而所提出的治理过度金融化的建议也具有行业针对性，因此提高了政府和企业治理实体企业“脱实向虚”的有效性。

8.2 理论基础、文献回顾与研究假设

关于实体企业金融化的动因，相关研究文献已很丰富。部分文献从企业微观经营活动层面探究了实体企业金融化的影响因素。如宋军、陆旸（2015）认为低业绩公司更倾向于将有限资金投向金融资产，依靠金融投资收益来弥补主业业绩不足。王红建、李茫茫、汤泰劼（2016）也发现，市场竞争加剧导致的盈利能力下降是企业金融化的重要动因。陈妍村、干胜道（2018）发现，制造业企业主营业务利润率越低，金融化程度越高。也就是说，是制造业企业主营业务盈利能力的下滑导致了实体企业金融化。电气机械及器材制造业属于充分竞争行业，盈利能力已呈现逐步下滑趋势，有的企业主业发展甚至已触及天花板，面临艰难的转型，一旦转型失败，就会转向金融化。所以，金融化也是实体企业因主业发展受阻缺乏耐心的一种转型。据此，提出如下两个假设。

H1：随着毛利率的下降，电气机械及器材制造业金融化的程度越高。

H2：随着实业投资回报率的下降，电气机械及器材制造业金融化的程度越高。

李馨子、牛煜皓、张广玉（2019）讨论了供应链关系如何影响企业金融化行为，认为供应商—客户关系是企业重要的经济资源，对企业经营有着重要影响。中国市场正式契约的不完善程度较高，基于大客户的关系型交易对于中国企业至关重要。实证结果发现：客户集中度越高，企业金融投资水平越高。这种现象在客户稳定程度高、企业议价能力弱、产品市场竞争激烈和企业对客户是专用性投资时更显著。也就是说，为了避免“客大欺店”，客户集中度高的企业，金融化倾向更明显。这篇文献虽富有启发性，但是只从客户集中度的角度来考察对企业金融化的影响，没有从供应链整体的角度来思考问题。黄贤环、贾敏、王瑶（2022）以产业链中商业信用水平表征产业链中的话语权，研究发现：实体企业对上游企业具有话语权时，能够抑制其金融化行为，而对下游企业及在产业链整体中具有话语权时，则促进了其金融化行为。该文所说的产业链应指的是供应链。产业链是指同一行业内不同节点上的企业所形成的链条；供应链指的是基于供需关系而形成的企业联盟，可以跨越行业。另外，该文还分别就实体企业对上游和

下游的话语权对金融资产投资的影响进行实证研究，实际上没有必要，只需从整体话语权来考察即可。该文用净商业债务占总资产比来表征整体话语权也不甚恰当，应改用净商业债务占货币资金比。因为所谓在供应链上有话语权的企业，就是强势企业，对上下游有净资金占用，也就是看有多少货币资金来自对上下游的占用。行业中的一些强势企业尤其是龙头企业，由于对上游供应商具有较强的议价能力和对下游经销商具有较强的管控能力，在资金供应链上占据主动地位，能够净占一部分商业信用为己所用，导致其货币资金较为充裕时，在实业利润率下滑的背景下，有动因和能力转向金融投资（王冬梅、吕本富，2010）。据此，提出如下假设。

H3：在供应链中的话语权越高，电气机械及器材制造业金融化的程度越高。

根据资源有限理论，金融投资和实业投资本质上是一种替代关系，即在资源有限的情况下，企业进行投资决策时会在金融投资、研发投入和实业投资之间进行权衡。企业加大研发投入，就会削弱金融资产的投资，从而达到抑制金融化的效果。刘睿智、寇祥增、王京（2022）发现研发投资能够在一定程度上抑制企业金融化行为，且市场势力发挥了部分中介作用。但该文用“（营业收入 – 营业成本 – 销售费用 – 管理费用）÷ 营业收入”作为市场势力的替代变量，这个替代变量似乎更能表征企业主营业务盈利能力的强弱或企业产品竞争力的强弱，也就是说，研发投资是通过提高主业盈利能力来抑制企业金融化行为的。据此，提出如下假设。

H4：研发投入越大，电气机械及器材制造业金融化的程度越低。

后小仙、郑田丹（2021）建议对金融化水平较高的目标企业适度削减财政激励幅度，以防止其空心化和“脱实向虚”。也就是说，财政激励是导致部分企业金融化水平居高不下的原因之一。然而有没有相反的情形呢？政府补助很大一部分就是研发补贴，企业由于研发投资获得的政府补助成为企业盈利业绩的一部分，有了这部分业绩支撑，企业就没有足够的动力金融化了。据此，提出如下假设。

H5：政府补助对净利润的贡献越大，电气机械及器材制造业金融化的程度越低。且政府补助在研发投入抑制企业金融化的过程中起到部分中介效应。

根据资源有限理论，企业加大对金融资产的投资就会削弱实业投资。王红建等（2017）证实，实体企业金融化对实业投资等产生了挤出效应。刘井建、张冬妮、李惠竹（2022）也发现金融化对实业投资有抑制作用。据此，提出如下假设。

H6：电气机械及器材制造业的金融化对固定资产投资和实业投资均具有挤出效应。

黄贤环、吴秋生、王瑶（2018）研究发现，持有金融资产越多，企业面临的财务风险越高。当企业属于国有企业，面临较严重的融资约束和紧缩的货币政策时，金融资产配置量及持有长期金融资产均会加剧企业面临的财务风险。杨有红、赵晓梅（2021）证实我国实体企业扩大金融活动会加剧财务风险，主业具有竞争优势和高财务风险的企业后果更严重。但该文采用 Zscore 来表征企业财务风险，要知道，Zscore 是用来对企业进行破产预测的，破产是企业财务风险失控后对企业进行极端处理的一种方式，所以它一般不适合用来衡量经营正常企业的财务风险。赵芮、曹廷贵（2021）发现，实体企业金融化通过挤出实业投资和降低实业投资回报率来扩大财务风险。该文采用经行业调整的资产收益率三期滚动标准差来测度财务风险，被称之为盈利的波动性。董盈厚、马亚民、董馨格（2021）发现金融资产配置与现金流风险之间呈“U 形”关系，并采用“三期经营活动现金净流量 ÷ 总资产”的标准差来测度现金流风险，被称之为经营现金流波动性。除此之外，实体企业金融化可能主要是为了应对短期偿债风险，而衡量短期偿债风险要求最高的指标是现金流动负债比率。据此，提出如下两个假设。

H7：电气机械及器材制造业的金融化会加剧盈利波动性和经营现金流波动性，从而放大企业财务风险，而固定资产投资占比起到了完全中介效应。

H8：电气机械及器材制造业的金融化会提高现金流动负债比率，从而降低企业现金流量表上的财务风险，而固定资产投资占比发挥了遮掩效应。

8.3 研究设计

8.3.1 样本选择与数据来源

本章选取 2012—2021 年 A 股电气机械及器材制造业上市实体企业为研究对

象，并剔除了数据缺失的样本。本章所选用的数据主要来源于 CSMAR 国泰安数据库。为克服极端值的影响，对所有连续型变量均采用 1% 和 99% 分位的缩尾处理。本章运用 Stata15 软件进行实证检验。

8.3.2　变量选取

（1）动因和治理效应研究变量选取。

被解释变量：金融化程度 Fin。本章采取通行的做法，以金融资产占总资产的比例表示金融化程度，金融资产的统计口径采用的是王冬梅（2022）的标准。同时还区分短期金融化程度 SFin、长期金融化程度 LFin 和产融结合金融化程度 FinC。

解释变量。本章在检验电气机械及器材制造业金融化的动因时，选取的解释变量有三个。一是实业投资回报率 ROOA，等于营业利润中属于经营活动的损益除以总资产。实体企业金融化最初的动因就是由于营商环境的恶化导致实业投资回报率下滑造成的，当企业营业利润中实业投资损益的贡献不足时，企业往往会寄希望于金融化的利润来弥补。另外两个解释变量是毛利率同比增长率 GMG 和净商业债务占货币资金比 SCP。之所以选择这两个解释变量，是因为电气机械及器材制造业为充分竞争行业，所制造的产品关系到人民群众最日常的需求，这样的行业进行金融化，主要原因恐怕是主业发展遭遇了瓶颈。然而如何来衡量主业发展遭遇瓶颈呢？最常见的是营业收入出现明显下滑。而营业收入明显下滑有可能是企业在进行产品转型，从生产低毛利率产品转到生产高毛利率产品，这时营业收入下滑了但综合毛利率却提高了。毛利率也是衡量企业主打产品或服务竞争力的核心指标，只有毛利率同比明显下滑才是主业发展遭遇天花板的体现。第三个动因解释变量之所以选择净商业债务占货币资金比，是因为这类行业的强势企业经常能做到己占人之资金大于人占己之资金（王冬梅、吕本富，2010），而这部分浮存现金也经常成为企业货币资金的主要来源。由于企业货币资金充裕，很有可能将其中一部分配置在金融资产上（黄贤环、贾敏、王瑶，2022）。所以，净商业债务占货币资金比就成为推动这类行业金融化的因素之一。本章在检验电气机械及器材制造业金融化的治理效应时，选取了研发强度 RDI 作为解释变量。研发强度代表企业研发投入的水平，越高代表企业对研发越重视。创新是一国经济发展的动力，而企业又是技术创新的主体。对于充分竞争的行业，企业要维持竞争优势，就要持续地进行研发投入。对研发投入得多了，自然就抑制了对金融资产的配置。而研发做得好的企业，往往主业发展较好，且研发还能为企业带来政府补助，这时就不那么依赖其他途径获利了，自然也就抑制了企业金融化的冲动。

中介变量。基于上述论述，可见检验治理效应时的中介变量应该是政府补助对净利润的贡献 SUB。

控制变量。借鉴黄贤环、吴秋生、王瑶（2018）和杨有红、赵晓梅（2021）的研究，本章控制了公司财务特征以及公司治理特征变量。此外，本章还控制了年份效应。

各变量的定义，如表 8-1 所示。

表 8-1　电气机械及器材制造业金融化的动因和治理效应研究采用的变量

变量类型	变量名称	变量符号	定义
被解释变量	金融化程度	Fin	金融资产 ÷ 总资产
	短期金融化程度	SFin	短期金融资产 ÷ 总资产
	长期金融化程度	LFin	长期金融资产 ÷ 总资产
	产融结合金融化程度	FinC	（发放贷款及垫款 + 金融性长期股权投资）÷ 总资产
动因解释变量	实业投资回报率	ROOA	（营业利润 – 利息净收入 – 公允价值变动收益 – 投资收益 + 对联营企业和合营企业的投资收益）÷ 总资产
	毛利率同比增长率	GMG	（本期毛利率 – 上期毛利率）÷ 上期毛利率
	净商业债务占货币资金比	SCP	净商业债务 ÷ 货币资金
治理解释变量	研发强度	RDI	研发投入 ÷ 营业收入
治理中介变量	政府补助对净利润的贡献	SUB	（其他收益 + 营业外收入中的政府补助）×（1– 所得税费用 ÷ 利润总额）÷ 净利润

续表

变量类型	变量名称	变量符号	定义
控制变量	上市年限	Age	“公司年龄 +1”的自然对数
	企业规模	Size	企业年末总资产的自然对数
	财务杠杆	Lev	企业年末资产负债率
	成长能力	Growth	企业营业收入同比增长率
	现金持有量	CH	货币资金 ÷ 总资产
	管理费用率	EAR	管理费用 ÷ 营业收入
	盈利能力	ROA	总资产净利润率
	两职合一	Dual	董事长兼任总经理赋值为 1，否则为 0
	股权集中度	SHF	第一大股东持股比例
	产权性质	SOE	国有企业赋值为 1，否则为 0
	年份	Year	年份虚拟变量

（2）后果研究变量选取。

被解释变量。实体企业金融化的后果最常见的是挤出了实业投资，而实业投资水平可从资产负债表维度和现金流量表维度来分别衡量，所以本章首先选取固定资产投资占比 FAR 和实业投资占比 FIR 作为检验实体企业金融化的经济后果的被解释变量。除此之外，实体企业金融化的经济后果中最令人担心的莫过于放大了企业财务风险，一旦企业财务风险失控的话，就会传染到金融体系中与金融风险形成共振，影响国民经济在风险可控的基础上健康运行。赵芮、曹廷贵（2021）和董盈厚、马亚民、董馨格（2021）将盈利的波动性和经营现金流的波动性作为衡量企业财务风险的指标。除此之外，现金流动负债比率也可以选作衡量企业财务风险的指标。

解释变量。同动因和治理效应研究中的被解释变量。

控制变量。同动因和治理效应研究中的控制变量。

各变量的定义，如表 8-2 所示。

表 8-2 电气机械及器材制造业金融化的后果研究采用的变量

变量类型	变量名称	变量符号	变量定义
被解释变量	固定资产投资占比	FAR	（固定资产净额 + 工程物资 + 在建工程）÷ 总资产
	实业投资占比	FIR	购建固定资产、无形资产和其他长期资产支付的现金 ÷ 投资活动现金流出小计
	盈利波动性	VEBITTA	（息税前利润 ÷ 总资产）三年波动率
	经营现金流波动性	VOCF	（三年经营活动现金净流量 ÷ 总资产）的标准差
	现金流动负债比率	ROCFCL	经营活动现金净流量 ÷ 流动负债
解释变量	金融化程度	Fin	见表 8-1
	短期金融化程度	SFin	见表 8-1
	长期金融化程度	LFin	见表 8-1
	产融结合金融化程度	FinC	见表 8-1
控制变量	上市年限	Age	“公司年龄 +1”的自然对数
	企业规模	Size	企业年末总资产的自然对数
	财务杠杆	Lev	企业年末资产负债率
	成长能力	Growth	企业营业收入年度增长率
	现金持有量	CH	货币资金 ÷ 总资产
	管理费用率	EAR	管理费用 ÷ 营业收入
	盈利能力	ROA	总资产净利润率
	两职合一	Dual	董事长兼任总经理赋值为 1，否则为 0
	股权集中度	SHF	第一大股东持股比例
	产权性质	SOE	国有企业赋值为 1，否则为 0
	年份	Year	年份虚拟变量

8.3.3 模型设计

为了验证假设 H1、H2 和 H3，即检验毛利率同比增长率、实业投资回报率和企业在供应链中的话语权与实体企业金融化程度之间的关系，本章构建了模型（8-1）至（8-3）。若上述三个假设成立，则预期 α_1 和 β_1 显著为负，γ_1 显著为正。

$$\mathrm{Fin}_{it}=\alpha_0+\alpha_1\,\mathrm{GMG}_{it}+\Sigma\,\mathrm{Control}+\Sigma\,\mathrm{Year}+\varepsilon_{it} \tag{8-1}$$

$$\mathrm{Fin}_{it}=\beta_0+\beta_1\,\mathrm{ROOA}_{it}+\Sigma\,\mathrm{Control}+\Sigma\,\mathrm{Year}+\varepsilon_{it} \tag{8-2}$$

$$\mathrm{Fin}_{it}=\gamma_0+\gamma_1\,\mathrm{SCP}_{it}+\Sigma\,\mathrm{Control}+\Sigma\,\mathrm{Year}+\varepsilon_{it} \tag{8-3}$$

为了验证假设 H4，即检验研发强度对实体企业金融化的抑制作用，本章构建了模型（8–4）。若上述假设成立，则预期 δ_1 显著为负。

$$\mathrm{Fin}_{it}=\delta_0+\delta_1\,\mathrm{RDI}_{it}+\Sigma\,\mathrm{Control}+\Sigma\,\mathrm{Year}+\varepsilon_{it} \tag{8-4}$$

为了验证假设 H5，即检验政府补助对实体企业金融化的抑制作用以及在研发投入对金融化的抑制作用中政府补助是否起到中介效应，本章构建了模型（8–5）至（8–7）。若假设 H5 成立，则预期 θ_1 显著为负，ρ_1 显著为正，σ_1 和 σ_2 显著为负。

$$\mathrm{Fin}_{it}=\theta_0+\theta_1\,\mathrm{SUB}_{it}+\Sigma\,\mathrm{Control}+\Sigma\,\mathrm{Year}+\varepsilon_{it} \tag{8-5}$$

$$\mathrm{SUB}_{it}=\rho_0+\rho_1\,\mathrm{RD}_{it}+\Sigma\,\mathrm{Control}+\Sigma\,\mathrm{Year}+\varepsilon_{it} \tag{8-6}$$

$$\mathrm{Fin}_{it}=\sigma_0+\sigma_1\,\mathrm{RD}_{it}+\sigma_2\,\mathrm{SUB}_{it}+\Sigma\,\mathrm{Control}+\Sigma\,\mathrm{Year}+\varepsilon_{it} \tag{8-7}$$

为了验证假设 H6，即检验实体企业金融化是否挤出了固定资产投资和实业投资，本章构建了模型（8–8）和（8–9）。若上述假设成立，则预期 η_1 和 μ_1 显著为负。

$$\mathrm{FAR}_{it}=\eta_0+\eta_1\mathrm{Fin}_{it}+\Sigma\,\mathrm{Control}++\Sigma\,Year+\varepsilon_{it} \tag{8-8}$$

$$\mathrm{FIR}_{it}=\mu_0+\mu_1\,\mathrm{Fin}_{it}+\Sigma\,\mathrm{Control}+\Sigma\,\mathrm{Year}+\varepsilon_{it} \tag{8-9}$$

为了验证假设 H7 和 H8，即检验实体企业金融化是否放大了企业财务风险以及固定资产投资占比是否起到了中介效应，本章构建了模型（8–10）至（8–13）。若上述假设成立，则预期 σ_1 显著为正，φ_2 显著为负，ω_1、τ_1 和 τ_2 显著为正。

$$\mathrm{VEBITTA}_{it}/\mathrm{VOCF}_{it}=\sigma_0+\sigma_1\,\mathrm{Fin}_{it}+\Sigma\,\mathrm{Control}+\Sigma\,\mathrm{Year}+\varepsilon_{it} \tag{8-10}$$

$$\mathrm{VEBITTA}_{it}/\mathrm{VOCF}_{it}=\varphi_0+\varphi_1\,\mathrm{Fin}_{it}+\varphi_2\,\mathrm{FAR}+\Sigma\,\mathrm{Control}+\Sigma\,\mathrm{Year}+\varepsilon_{it} \tag{8-11}$$

$$\mathrm{ROCFCL}=\omega_0+\omega_1\,\mathrm{Fin}_{it}+\Sigma\,\mathrm{Control}+\Sigma\,\mathrm{Year}+\varepsilon_{it} \tag{8-12}$$

$$\mathrm{ROCFCL}=\tau_0+\tau_1\,\mathrm{Fin}_{it}+\tau_2\,\mathrm{FAR}+\Sigma\,\mathrm{Control}+\Sigma\,\mathrm{Year}+\varepsilon_{it} \tag{8-13}$$

8.4 电气机械及器材制造业金融化的动因及治理效应实证结果分析

8.4.1 描述性统计

表 8-3 列示的是电气机械及器材制造业金融化的动因及治理效应检验中所涉变量的描述性统计结果。从中可以看出：该行业实体企业金融化程度的均值为 0.070，中位数为 0.023，最大值为 0.533。说明因为占少数的企业金融化程度过高而推高了该行业均值。其中，无论是最大值还是均值，短期金融化程度均高于长期金融化程度，产融结合金融化程度很低。毛利率同比下降 0.022，说明该行业主业竞争力普遍呈下滑趋势。实业投资回报率 ROOA 的均值为 0.030，ROA 的均值为 0.032，说明该行业盈利能力偏低且金融资产投资回报率很低。净商业债务占货币资金比整体为 –0.608，说明该行业普遍商业债权大于商业债务，总体来看在供应链中的话语权被上下游所控制。研发强度均值为 0.047，较高，说明该行业企业普遍重视研发。政府补助对净利润的贡献均值为 0.201，中位数为 0.084，说明该行业企业盈利业绩对政府补助的依赖程度较高同时占少数的企业对政府补助过于依赖。该行业资产负债率均值为 0.429，低于 50%，不算高。营收同比保持两位数的增长，均值为 0.176，说明该行业总体增长较快。现金持有量均值为 0.182，中位数为 0.154，超过 15%，说明该行业企业普遍资金较充裕。管理费用率偏高，均值为 0.086，应该是研发费用偏高所致。该行业约有 1/3 的企业有两职合一的情形。第一大股东持股比例也接近 1/3，均值为 31.780。产权性质均值为 0.138，说明该行业中民营企业占多数。其他控制变量的描述性统计结果不再一一说明。

表 8-3 电气机械及器材制造业金融化的动因及治理效应检验中变量的描述性统计结果

变量	样本数	最大值	最小值	均值	中位数	标准差
Fin	2107	0.533	0	0.070	0.023	0.109
SFin	2107	0.501	0	0.046	0.001	0.092
LFin	2107	0.364	0	0.024	0.001	0.057
FinC	2107	0.118	0	0.004	0	0.016
GMG	1780	1.171	-1.189	-0.022	-0.025	0.267
ROOA	2107	0.195	-0.407	0.030	0.036	0.081
SCP	2107	2.976	-6.723	-0.608	-0.383	1.403
RDI	2063	0.155	0.002	0.047	0.040	0.027
SUB	2107	3.099	-0.564	0.201	0.084	0.441
Age	2036	3.296	0	1.895	2.079	0.870
Size	2107	25.620	19.550	21.940	21.84	1.131
Lev	2107	0.972	0.086	0.429	0.427	0.187
Growth	1974	2.167	-0.510	0.176	0.120	0.369
CH	2107	0.567	0.020	0.182	0.154	0.114
EAR	2107	0.359	0.012	0.086	0.072	0.061
ROA	2107	0.181	-0.431	0.032	0.038	0.079
Dual	2056	1	0	0.340	0	0.474
SHF	1883	70.420	8.090	31.780	29.420	14.130
SOE	2037	1	0	0.138	0	0.345

8.4.2 相关分析

表 8-4 列示的是电气机械及器材制造业金融化的动因及治理效应检验中所涉变量的相关性分析系数及显著性水平。从中可以看出：ROOA 和 ROA 在 1% 的显著性水平上高度正相关，相关系数达 0.942。所以当 ROOA 作为自变量时，模型中的控制变量要去掉 ROA。除此之外，其他自变量和控制变量之间的相关系数的绝对值都没有远大于 0.5 的情形，由此可以判定彼此之间不存在严重的共线性。

表 8-4 电气机械及器材制造业金融化的动因及治理效应检验中变量的相关性分析表

	Fin	SFin	LFin	FinC	ROOA	GMG	SCP	RDI	SUB	Age	Size	Lev	Growth	CH	EAR	ROA
Fin	1															
SFin	0.825***	1														
LFin	0.528***	−0.038*	1													
FinC	0.282***	−0.031	0.565***	1												
ROOA	0.094***	0.193***	−0.115***	−0.020	1											
GMG	0.017	0.017	0.005	0.022	0.227***	1										
SCP	0.151***	0.154***	0.034	0.046**	0.018	0	1									
RDI	−0.021	0.030	−0.089***	−0.078***	−0.080***	−0.031	0.057**	1								
SUB	−0.106***	−0.101***	−0.039*	−0.001	−0.044**	0.044*	−0.020	0.137***	1							
Age	−0.071***	−0.232***	0.228***	0.066***	−0.288***	0.015	0.005	−0.093***	0.105***	1						
Size	0.024	−0.010	0.070***	0.100***	0.062***	−0.016	0.229***	−0.087***	0.030	0.369***	1					
Lev	−0.237***	−0.292***	0.013	0.002	−0.331***	−0.070***	0.132***	−0.198***	0.054**	0.424***	0.426***	1				
Growth	−0.070***	−0.035	−0.069***	−0.021	0.281***	0.060**	0.016	−0.076***	−0.055**	−0.086***	0.101***	0.055**	1			
CH	−0.132***	−0.068***	−0.130***	−0.051**	0.204***	0.028	0.308***	0.133***	−0.088***	−0.289***	−0.076***	−0.309***	−0.005	1		
EAR	0.052**	−0.040*	0.134***	0.046**	−0.369***	−0.091***	0.021	0.368***	0.033	0.021	−0.356***	−0.159***	−0.181***	0.070***	1	
ROA	0.121***	0.202***	−0.081***	−0.011	0.942***	0.213***	0.034	−0.055**	−0.016	−0.253***	0.053**	−0.323***	0.250***	0.192***	−0.293***	1

注：*、**、*** 分别表示 10%、5% 和 1% 的显著性水平，下同。

8.4.3　金融化的动因及治理效应回归分析

（1）基础回归。

表 8-5 列示的是电气机械及器材制造业金融化的动因回归分析结果，使用的是固定效应模型。从中可以看出：毛利率的下滑对该行业企业的金融化没有显著影响。实业投资回报率 ROOA 在 10% 的水平上与金融化程度显著负相关，也就是说，是由于实业投资回报率的下降导致了该行业企业的金融化程度的提高。企业在供应链中的话语权 SCP 在 5% 的水平上与金融化程度显著正相关，即话语权越大，金融化程度越高。

表 8-5　电气机械及器材制造业金融化的动因回归分析结果

	（1）	（2）	（3）
	Fin	Fin	Fin
GMG	−0.007 （−1.07）		
ROOA		-0.049^{*} （−1.690）	
SCP			0.008^{**} （2.460）
Age	-0.035^{**} （−2.200）	-0.025^{*} （−1.880）	-0.022^{*} （−1.740）
Size	−0.0003 （−0.040）	−0.004 （−0.440）	−0.006 （−0.780）
Lev	-0.132^{***} （−4.410）	-0.126^{***} （−4.120）	-0.125^{***} （−4.020）
Growth	−0.008 （−1.520）	−0.006 （−1.200）	−0.008 （−1.570）
CH	-0.307^{***} （−5.530）	-0.297^{***} （−5.830）	-0.327^{***} （−5.930）

续表

	(1)	(2)	(3)
	Fin	Fin	Fin
EAR	0.071 (0.780)	0.069 (-0.770)	0.075 (0.880)
ROA	-0.016 (-0.670)		0.0001 (0)
Dual	-0.0003 (-0.040)	0.001 (-0.130)	0.001 (0.140)
SHF	0.0002 (0.320)	0.0003 (-0.630)	0.0003 (0.560)
SOE	0.003 (0.150)	0.005 (-0.230)	0.004 (0.170)
Year	控制	控制	控制
_cons	0.205 (1.160)	0.233 (-1.390)	0.297* (1.760)
N	1654	1842	1842
r^2	0.186	0.211	0.221

表 8-6 列示的是电气机械及器材制造业金融化的治理效应回归分析结果。从中可以看出：研发强度 RDI 在 5% 的水平上与金融化程度显著负相关，对该行业企业的金融化有显著的抑制作用。政府补助对净利润的贡献 SUB 在 1% 的水平上对金融化有显著的抑制作用。

表 8-6　电气机械及器材制造业金融化的治理效应回归分析结果

	(1)	(2)
	Fin	Fin
RDI	-0.371** (-2.150)	

续表

	(1)	(2)
	Fin	Fin
SUB		-0.012^{***} (−3.260)
Age	-0.025^{*} (−1.840)	-0.024^{*} (−1.820)
Size	−0.001 (−0.080)	−0.003 (−0.330)
Lev	-0.132^{***} (−3.990)	-0.119^{***} (−3.930)
Growth	-0.010^{**} (−2.070)	-0.001^{*} (−1.830)
CH	-0.302^{***} (−5.810)	-0.301^{***} (−5.910)
EAR	0.143 (1.420)	0.0926 (1.050)
ROA	−0.019 (−0.690)	0.011 (0.450)
Dual	0.001 (0.120)	0.001 (0.150)
SHF	0.0004 (0.780)	0.0003 (0.690)
SOE	0.007 (0.320)	0.005 (0.230)
Year	控制	控制
_cons	0.178 (1.040)	0.207 (1.240)
N	1809	1842
r^2	0.218	0.215

（2）异质性分析。

上面从总体上考察了金融化的动因和治理效应，然而，在短期金融化、长期金融化和产融结合金融化之间有没有异质性存在呢？如表 8-7 所示：毛利率同比增长率和实业投资回报率对短期金融化没有显著影响；企业在供应链中的话语权在 1% 的水平上对短期金融化有显著的推动作用；研发强度对短期金融化没有显著影响，政府补助在 5% 的水平上对短期金融化有显著的抑制作用。

表 8-7　电气机械及器材制造业短期金融化的动因与治理效应回归分析结果

	（1）	（2）	（3）	（4）	（5）
	SFin	SFin	SFin	SFin	SFin
GMG	−0.001 （−0.270）				
ROOA		−0.041 （−1.390）			
SCP			0.006*** （3.270）		
RDI				−0.124 （−0.960）	
SUB					−0.005** （−2.340）
Age	−0.052*** （−4.110）	−0.036*** （−3.650）	−0.034*** （−3.480）	−0.035*** （−3.470）	−0.035*** （−3.580）
Size	0.013** （2.120）	0.009* （−1.810）	0.007 （1.420）	0.0109** （2.100）	0.010* （1.850）
Lev	−0.135*** （−5.180）	−0.126*** （−4.880）	−0.125*** （−4.840）	−0.130*** （−4.800）	−0.121*** （−4.820）
Growth	−0.005 （−1.270）	−0.005 （−1.230）	−0.007 （−1.560）	−0.008** （−2.070）	−0.007* （−1.710）
CH	−0.265*** (−5.280)	−0.255*** （−5.630）	−0.278*** （−5.840）	−0.261*** （−5.620）	−0.257*** （−5.650）

续表

	(1)	(2)	(3)	(4)	(5)
	SFin	SFin	SFin	SFin	SFin
EAR	0.027 (0.350)	0.006 (−0.080)	0.011 (0.150)	0.034 (0.410)	0.023 (0.330)
ROA	−0.026 (−1.030)		−0.004 (−0.140)	−0.012 (−0.450)	0.0002 (0.010)
Dual	−0.003 (−0.400)	−0.002 (−0.350)	−0.002 (−0.350)	−0.002 (−0.300)	−0.002 (−0.340)
SHF	−0.00001 (−0.030)	0.0001 (−0.240)	0.0001 (0.170)	0.0001 (0.150)	0.0001 (0.270)
SOE	−0.002 (−0.190)	−0.005 (−0.480)	−0.006 (−0.590)	−0.004 (−0.390)	−0.005 (−0.480)
Year	控制	控制	控制	控制	控制
_cons	−0.051 (−0.390)	−0.026 (−0.230)	0.024 (0.210)	−0.055 (−0.500)	−0.037 (−0.320)
N	1654	1842	1842	1809	1842
r^2	0.191	0.192	0.200	0.194	0.192

如表 8-8 所示：毛利率同比增长率在 10% 的水平上与长期金融化程度显著负相关，即毛利率的下滑导致了企业提高长期金融资产的配置水平；实业投资回报率和企业在供应链中的话语权对长期金融化程度没有显著影响；研发强度和政府补助对净利润的贡献在 5% 的水平上对长期金融化程度有显著的抑制作用。

所以，假设 H1 得到了部分验证，假设 H2 和 H3 得到了验证。

表 8-8　电气机械及器材制造业长期金融化的动因与治理效应回归分析结果

	(1)	(2)	(3)	(4)	(5)
	LFin	LFin	LFin	LFin	LFin
GMG	−0.005* (−1.670)				

续表

	(1)	(2)	(3)	(4)	(5)
	LFin	LFin	LFin	LFin	LFin
ROOA		-0.001 (-0.07)			
SCP			0.001 (0.590)		
RDI				-0.233** (-2.070)	
SUB					-0.007** (-1.980)
Age	0.018* (1.840)	0.012 (-1.500)	0.013 (1.550)	0.012 (1.390)	0.013 (1.570)
Size	-0.012** (-2.480)	-0.012** (-2.400)	-0.013** (-2.460)	-0.011** (-2.150)	-0.012** (-2.330)
Lev	0.001 (0.070)	-0.001 (-0.070)	-0.0002 (-0.020)	-0.003 (-0.240)	0.001 (0.070)
Growth	-0.004 (-1.120)	-0.002 (-0.650)	-0.003 (-0.760)	-0.003 (-0.900)	-0.003 (-0.920)
CH	-0.035 (-1.640)	-0.035 (-1.590)	-0.040 (-1.550)	-0.035 (-1.570)	-0.037* (-1.670)
EAR	0.013 (0.300)	0.034 (-0.670)	0.036 (0.720)	0.075 (1.220)	0.039 (0.770)
ROA	0.015 (1)		0.010 (0.720)	0.0004 (0.030)	0.017 (1.260)
Dual	0.003 (0.590)	0.003 (-0.750)	0.003 (0.760)	0.003 (0.680)	0.003 (0.790)
SHF	0.0001 (0.530)	0.0001 (-0.620)	0.0001 (0.600)	0.0003 (1.100)	0.0002 (0.670)
SOE	-0.002 (-0.240)	0.003 (-0.320)	0.003 (0.290)	0.004 (0.410)	0.003 (0.310)
Year	控制	控制	控制	控制	控制

续表

	(1)	(2)	(3)	(4)	(5)
	LFin	LFin	LFin	LFin	LFin
_cons	0.242** (2.450)	0.246** (-2.380)	0.255** (2.440)	0.223** (2.120)	0.232** (2.290)
N	1654	1842	1842	1809	1842
r^2	0.078	0.095	0.096	0.105	0.101

被解释变量为产融结合金融化程度时没有显著性影响。回归分析表格从略。

（3）内生性检验。

对电气机械及器材制造业而言，到底是企业金融化挤出了研发投入还是研发投入抑制了企业金融化呢？为了排除反向因果关系的影响，本章用滞后一期的 RDI 作为工具变量，采用两阶段最小二乘法（2SLS）进行内生性检验，第一阶段是以工具变量对内生解释变量进行回归，第二阶段是利用第一阶段结果以内生解释变量对被解释变量进行回归，结果如表 8-9 所示。从表中第二列可以看出，滞后一期的 RDI 对 RDI 在 1% 的水平上有显著的正向影响。而第三列又显示，第一阶段结果确实在 5% 的水平上显著抑制了该行业实体企业的金融化。反向因果关系得以排除。

表 8-9　RDI 对电气机械及器材制造业金融化的治理效应内生性检验结果

	RDI	Fin
L.RDI	0.331*** (14.830)	
RDI		-0.371** (-2.150)
Age	-0.003 (-1.260)	-0.025* (-1.840)
Size	0.006*** (6.300)	-0.001 (-0.080)
Lev	-0.017*** (-4.560)	-0.132*** (-3.990)

续表

	RDI	Fin
Growth	-0.008*** (-7.620)	-0.010** (-2.070)
CH	0.003 (-0.720)	-0.302*** (-5.810)
EAR	0.103*** (9.850)	0.143 (1.420)
ROA	-0.028*** (-5.310)	-0.019 (-0.690)
Dual	0.00008 (0.080)	0.00094 (0.120)
SHF	-0.00003 (-0.490)	0.0004 (0.780)
SOE	0.003 (1.320)	0.007 (0.320)
Year	控制	控制
_cons	-0.0931** (-4.370)	0.178 (1.040)
N	1612	1809

（4）中介效应检验。

如表 8-10 所示，研发投入对金融化在 5% 的水平上有显著的抑制作用。其影响路径为：研发强度在 5% 的水平上显著正向影响了政府补助对净利润的贡献，体现为利润表上企业盈利业绩减少了对金融渠道获利的依赖，从而抑制了金融化。最终结果为研发投入在 10% 的水平上和政府补助在 1% 的水平上一起抑制了实体企业金融化。政府补助对净利润的贡献起到了部分中介效应，相当于双管齐下治理实体企业金融化。不过从回归系数来看，研发投入的治理效果要明显得多。由此可以看出，假设 H4 和 H5 成立。

表 8-10　电气机械及器材制造业金融化的治理效应 SUB 中介检验结果

	Fin（1）	SUB（2）	Fin（3）
RDI	−0.371** （−2.150）	3.626** （2.310）	−0.331* （−1.890）
SUB			−0.011*** （−2.950）
Age	−0.025* （−1.840）	0.050 （0.970）	−0.024* （−1.820）
Size	−0.001 （−0.080）	0.080 （1.560）	0.0003 （0.040）
Lev	−0.132*** （−3.990）	0.128 （0.910）	−0.130*** （−3.920）
Growth	−0.010** （−2.070）	−0.074** （−2.220）	−0.011** （−2.230）
CH	−0.302*** （−5.810）	−0.258** （−2.130）	−0.304*** （−5.900）
EAR	0.143 （1.420）	−0.273 （−0.710）	0.140 （1.390）
ROA	−0.019 （−0.690）	1.247*** （5.390）	−0.005 （−0.170）
Dual	0.001 （0.120）	0.016 （0.360）	0.001 （0.140）
SHF	0.0004 （0.780）	0.002 （1.290）	0.0004 （0.830）
SOE	0.007 （0.320）	0.001 （0.010）	0.007 （0.320）
Year	控制	控制	控制
_cons	0.178 （1.040）	−1.840 （−1.630）	0.158 （0.920）
N	1809	1809	1809
r^2	0.218	0.059	0.223

8.5 电气机械及器材制造业金融化后果的实证分析

8.5.1 描述性统计

表 8-11 列示的是电气机械及器材制造业金融化的后果检验中部分变量的描述性统计结果。从中可以看出：固定资产投资占比 FAR 均值为 0.200，实业投资占比均值为 0.463，说明该行业固定资产投资较大，投资活动现金流出小计中实业投资的现金流出占比较高。盈利的波动性 VEBITTA 均值为 0.037，不算大；最大值为 0.415，最小值为 0，说明企业之间在这个指标上差异较大。经营现金流的波动性 VOCF 均值为 0.043，不算大；最大值为 0.183，最小值为 0，说明企业之间在这个指标上差异也较大。现金流动负债比率 ROCFCL 均值为 0.140，在中国企业中算是比较高的，说明该行业短期清偿能力普遍较强。

表 8-11 电气机械及器材制造业金融化的后果检验中部分变量的描述性统计

变量	样本数	最大值	最小值	均值	中位数	标准差
FAR	2107	0.546	0.027	0.200	0.177	0.108
FIR	2107	1	0.004	0.463	0.389	0.367
VEBITTA	2025	0.415	0	0.037	0.016	0.065
VOCF	2023	0.183	0	0.043	0.035	0.034
ROCFCL	2107	1.105	-0.518	0.140	0.102	0.257

8.5.2 相关分析

表 8-12 列示的是电气机械及器材制造业金融化的后果检验中部分变量的相关系数和显著性水平。相关系数没有绝对值大于 0.5 的，说明不存在严重的共线性。除此之外，自变量和控制变量之间也没有严重的共线性。限于篇幅，没有在此处展示。

表 8-12　电气机械及器材制造业金融化的后果检验中部分变量的相关性分析表

	Fin	FAR	FIR	VEBITTA	VOCF	ROCFCL
Fin	1					
FAR	-0.262^{***}	1				
FIR	-0.426^{***}	0.319^{***}	1			
VEBITTA	0.023	-0.040^{*}	-0.008	1		
VOCF	-0.053^{**}	0.006	0.019	0.205^{***}	1	
ROCFCL	0.203^{***}	-0.001	-0.120^{***}	-0.091^{***}	-0.076^{***}	1

8.5.3　电气机械及器材制造业金融化后果的回归分析

（1）基础回归。

从表 8-13 中可以看出，当解释变量为金融化程度时，电气机械及器材制造业实体企业金融化对固定资产投资占比和实业投资占比均在 1% 的水平上有显著的挤出效应，在 10% 的水平上对经营现金流波动性有显著的正向影响，即导致了经营现金流的正向波动，加大了企业财务风险。

表 8-13　电气机械及器材制造业金融化的后果检验回归分析结果

	FAR（1）	FIR（2）	VEBITTA（3）	VOCF（4）	ROCFCL（5）
Fin	-0.320^{***} （-11.100）	-0.961^{***} （-5.000）	0.043 （1.580）	0.024^{*} （1.840）	0.138 （1.060）
Age	0.010 （0.850）	-0.048 （-0.900）	0.0002 （0.020）	0.012^{**} （2.420）	0.029 （0.830）
Size	0.0004 （0.040）	-0.063^{*} （-1.920）	-0.038^{***} （-4.370）	-0.010^{***} （-3.110）	-0.035^{*} （-1.790）
Lev	-0.036 （-1.070）	0.121 （1.060）	0.118^{***} （3.840）	0.029^{**} （2.460）	-0.123^{*} （-1.670）
Growth	-0.023^{***} （-3.560）	-0.037 （-1.440）	0.015^{***} （2.910）	0.008^{***} （2.800）	-0.033 （-1.350）
CH	-0.295^{***} （-9.210）	-0.227 （-1.500）	0.030 （1.440）	0.031^{**} （2.550）	0.476^{***} （3.610）

续表

	FAR（1）	FIR（2）	VEBITTA（3）	VOCF（4）	ROCFCL（5）
EAR	0.170*	−0.243	0.235***	−0.013	−0.267
	（1.710）	（−0.690）	（3.120）	（−0.450）	（−1）
ROA	−0.034	0.231	−0.249***	−0.036***	0.295***
	（−1.140）	（1.500）	（−7.070）	（−2.770）	（3.100）
Dual	0.005	0.018	−0.004	0.003	−0.025
	（0.750）	（0.740）	（−0.740）	（1）	（−1.380）
SHF	0.001	−0.003	−0.0003	−0.00002	−0.001
	（1.290）	（−1.550）	（−0.770）	（−0.090）	（−0.890）
SOE	−0.034*	0.036	−0.001	0.004	−0.085
	（−1.760）	（0.490）	（−0.050）	（0.650）	（−1.540）
Year	控制	控制	控制	控制	控制
_cons	0.254	2.257***	0.790***	0.235***	0.867**
	（1.430）	（3.210）	（4.460）	（3.290）	（2.010）
N	1842	1842	1830	1830	1842
r^2	0.238	0.175	0.373	0.057	0.117

（2）异质性分析。

从表 8-14 中可以看出，当解释变量为短期金融化程度时，电气机械及器材制造业实体企业金融化对固定资产投资占比和实业投资占比均在 1% 的水平上有显著的挤出效应，在 10% 的水平上对盈利的波动性有显著的正向影响，即导致了盈利业绩的正向波动，加大了利润表上的企业财务风险。在 5% 的水平上对现金流动负债比率有显著的正向影响，降低了现金流量表上的财务风险。

表 8-14　电气机械及器材制造业短期金融化的后果检验回归分析结果

	FAR（1）	FIR（2）	VEBITTA（3）	VOCF（4）	ROCFCL（5）
SFin	−0.287***	−1.245***	0.047*	0.022	0.313**
	（−7.780）	（−6.190）	（1.920）	（1.520）	（2.350）

续表

	FAR（1）	FIR（2）	VEBITTA（3）	VOCF（4）	ROCFCL（5）
Age	0.008 （0.630）	−0.069 （−1.310）	0.001 （0.080）	0.012** （2.430）	0.036 （1.040）
Size	0.004 （0.490）	−0.048 （−1.530）	−0.039*** （−4.390）	−0.011*** （−3.170）	−0.038* （−1.930）
Lev	−0.033 （−0.930）	0.085 （0.750）	0.119*** （3.840）	0.029** （2.420）	−0.101 （−1.340）
Growth	−0.022*** （−3.370）	−0.037 （−1.510）	0.015*** （2.890）	0.008*** （2.760）	−0.032 （−1.320）
CH	−0.273*** （−8.460）	−0.258* （−1.760）	0.030 （1.440）	0.030** （2.400）	0.515*** （3.590）
EAR	0.148 （1.420）	−0.302 （−0.860）	0.237*** （3.130）	−0.011 （−0.410）	−0.261 （−0.990）
ROA	−0.035 （−1.170）	0.226 （1.480）	−0.249*** （−7.100）	−0.036*** （−2.760）	0.296*** （3.090）
Dual	0.004 （0.600）	0.015 （0.630）	−0.004 （−0.720）	0.003 （1.020）	−0.024 （−1.330）
SHF	0.001 （1.150）	−0.003* （−1.660）	−0.0003 （−0.750）	−0.00001 (−0.07)	−0.001 （−0.870）
SOE	−0.037** （−2.020）	0.026 （0.360）	−0.0001 （−0.010）	0.004 （0.700）	−0.083 （−1.510）
Year	控制	控制	控制	控制	控制
_cons	0.172 （0.950）	2.002*** （2.980）	0.801*** （4.490）	0.241*** （3.360）	0.907** （2.080）
N	1842	1842	1830	1830	1842
r^2	0.197	0.183	0.372	0.056	0.122

从表 8-15 中可以看出，当解释变量为长期金融化程度时，电气机械及器材制造业实体企业金融化对固定资产投资占比在 1% 的水平上有显著的挤出效应，对财务风险各指标均没有显著的影响。

表 8-15　电气机械及器材制造业长期金融化的后果检验回归分析结果

	FAR（1）	FIR（2）	VEBITTA（3）	VOCF（4）	ROCFCL（5）
LFin	−0.264***	−0.268	0.015	0.024	−0.261
	（−4.930）	（−1.100）	（0.320）	（0.980）	（−1.020）
Age	0.021	−0.021	−0.001	0.011**	0.029
	（1.650）	（−0.380）	（−0.120）	（2.240）	（0.850）
Size	−0.002	−0.062*	−0.038***	−0.010***	−0.039**
	（−0.190）	（−1.900）	（−4.320）	（−3.010）	（−1.980）
Lev	0.002	0.236**	0.113***	0.026**	−0.139*
	（0.070）	（2.090）	（3.710）	（2.230）	（−1.960）
Growth	−0.021***	−0.029	0.014***	0.008***	−0.035
	（−3.140）	（−1.170）	（2.840）	（2.750）	（−1.430）
CH	−0.209***	0.050	0.018	0.025**	0.425***
	（−6.440）	（0.370）	（1）	（2.310）	（3.540）
EAR	0.151	−0.320	0.238***	−0.011	−0.244
	（1.440）	（−0.910）	（3.150）	（−0.410）	（−0.940）
ROA	−0.031	0.235	−0.250***	−0.037***	0.297***
	（−1）	（1.540）	（−7.010）	（−2.820）	（3.130）
Dual	0.006	0.018	−0.004	0.003	−0.024
	（0.780）	（0.710）	（−0.740）	（0.980）	（−1.320）
SHF	0.001	−0.003	−0.0003	−0.00001	−0.001
	（1.100）	（−1.650）	（−0.740）	（−0.070）	（−0.830）
SOE	−0.034*	0.033	−0.0003	0.004	−0.084
	（−1.830）	（0.450）	（−0.020）	（0.670）	（−1.560）
Year	控制	控制	控制	控制	控制
_cons	0.244	2.100***	0.796***	0.234***	0.963**
	（1.310）	（2.960）	（4.430）	（3.260）	（2.250）
N	1842	1842	1830	1830	1842
r^2	0.164	0.139	0.370	0.0556	0.118

当解释变量为产融结合金融化程度时，电气机械及器材制造业企业金融化对

固定资产投资占比和实业投资占比没有明显的挤出效应，也没有放大企业财务风险。回归分析表格从略。

（3）中介效应检验。

如表 8-16 所示，短期金融化程度在 10% 的水平上显著放大了盈利的波动性是因为短期金融化程度在 1% 的水平上显著挤出了固定资产投资占比，而固定资产投资占比的下降又在 5% 的水平上显著放大了盈利的波动性。所以，固定资产投资占比具有完全中介效应。

表 8-16　固定资产投资占比的中介效应检验（VEBITTA）

	（1）	（2）	（3）
	VEBITTA	FAR	VEBITTA
SFin	0.047*	−0.287***	0.029
	（1.920）	（−7.780）	（1.190）
FAR			−0.065**
			（−2.170）
Age	0.001	0.008	0.001
	（0.080）	（0.630）	（0.130）
Size	−0.039***	0.004	−0.039***
	（−4.390）	（0.490）	（−4.410）
Lev	0.119***	−0.033	0.116***
	（3.840）	（−0.930）	（3.870）
Growth	0.015***	−0.022***	0.013***
	（2.890）	（−3.370）	（2.660）
CH	0.030	−0.273***	0.012
	（1.440）	（−8.460）	（0.640）
EAR	0.237***	0.148	0.246***
	（3.130）	（1.420）	（3.260）
ROA	−0.249***	−0.035	−0.252***
	（−7.100）	（−1.170）	（−7.220）

续表

	(1)	(2)	(3)
	VEBITTA	FAR	VEBITTA
Dual	−0.004 (−0.720)	0.004 (0.600)	−0.004 (−0.670)
SHF	−0.0003 (−0.750)	0.0006 (1.150)	−0.0002 (−0.660)
SOE	−0.0001 (−0.010)	−0.037** (−2.020)	−0.003 (−0.210)
_cons	0.801*** (4.490)	0.172 (0.950)	0.813*** (4.560)
N	1830	1842	1830
r^2	0.372	0.197	0.377

如表 8-17 所示，短期金融化程度通过直接效应在 5% 的水平上显著影响现金流动负债比率是 0.440，但是由于挤出了固定资产投资占比，固定资产投资占比发挥了遮掩效应，所以总效应变成了 0.313。由此可以得出，假设 H6、H7 和 H8 均成立。

表 8-17　固定资产投资占比的中介效应检验（ROCFCL）

	(1)	(2)	(3)
	ROCFCL	FAR	ROCFCL
SFin	0.313** (2.350)	−0.287*** (−7.780)	0.440*** (3.320)
FAR			0.442*** (3.780)
Age	0.036 (1.040)	0.008 (0.630)	0.033 (0.950)
Size	−0.038* (−1.930)	0.004 (0.490)	−0.040** (−2.110)

续表

	(1)	(2)	(3)
	ROCFCL	FAR	ROCFCL
Lev	−0.101 (−1.340)	−0.033 (−0.930)	−0.087 (−1.190)
Growth	−0.032 (−1.320)	−0.022*** (−3.370)	−0.022 (−0.960)
CH	0.515*** (3.590)	−0.273*** (−8.460)	0.635*** (4.590)
EAR	−0.261 (−0.990)	0.148 (1.420)	−0.327 (−1.240)
ROA	0.296*** (3.090)	−0.035 (−1.170)	0.311*** (3.230)
Dual	−0.024 (−1.330)	0.004 (0.600)	−0.026 (−1.460)
SHF	−0.0011 (−0.870)	0.0006 (1.150)	−0.0013 (−1.100)
SOE	−0.083 (−1.510)	−0.037** (−2.020)	−0.067 (−1.240)
_cons	0.907** (2.080)	0.172 (0.950)	0.831* (1.940)
N	1842	1842	1842
r^2	0.122	0.197	0.137

8.6　结论、建议与进一步研究方向

本章通过对电气机械及器材制造业上市公司2012—2021年的财务数据进行描述性统计、相关性分析、回归分析、异质性检验和中介效应检验后，得到如下结论。

该行业金融化程度总体偏高，均值达7%，其中主要是短期金融资产投资，部

分企业已出现过度金融化行为。该行业盈利能力较差，实业投资回报率较低，均值约3%。总体上该行业企业在供应链中被上下游所控制，普遍重视研发投入，研发强度均值达4.7%。企业盈利业绩对政府补助的依赖程度较高，同时少数企业对政府补助过于依赖。行业总体增长较快，资金较充裕，股权集中度不高，多数为民营企业。固定资产投资占比和实业投资占比较大。盈利的波动性和经营现金流的波动性不大，现金流动负债比率较高，说明该行业总体财务风险不高，清偿能力较强。

实业投资回报率的下降和在供应链中的话语权对金融化均起到显著的助推作用，且后者对短期金融化也有显著的助推作用。毛利率的下滑对金融化没有显著的影响，但对长期金融化有显著影响。假设H1得到部分验证，假设H2和H3成立。研发强度和政府补助对净利润的贡献对金融化和长期金融化均有显著的抑制作用，但政府补助对净利润的贡献对短期金融化也有显著的抑制作用。内生性检验显示，研发强度抑制企业金融化的方向是成立的。中介效应检验显示，在研发强度抑制企业金融化的过程中，政府补助对净利润的贡献起到了部分中介作用。假设H4和H5成立。金融化和短期金融化均显著挤出了固定资产投资占比和实业投资占比，长期金融化还显著挤出了固定资产投资占比。金融化对经营现金流波动性有显著的正向影响，短期金融化对盈利波动性和现金流动负债比率均有显著的正向影响。中介效应显示，在短期金融化放大企业盈利波动性的过程中，固定资产投资占比具有完全中介效应，而在短期金融化提高企业现金流动负债比率的过程中，固定资产投资占比发挥了遮掩效应。假设H6、H7和H8均成立。

基于以上所述，为了避免过度金融化而损害主业发展，就企业层面而言，依旧需要持续进行研发投入，依靠差异化和高质量产品稳住毛利率，从而保持企业在市场中的竞争地位。就政府层面而言，积极地营造良好的营商环境至关重要，坚定不移地对企业的研发努力通过研发补贴予以支持，是防止该行业企业“脱实向虚”的有效措施。

在本章实证过程中还发现，实体企业金融化属于投资活动，其现金流入和流出在投资活动现金流量里列报。那么，短期金融化又如何能提高现金流动负债比率呢？有两种可能：一是上市公司错误地把短期金融资产买进赎回列报在经营活动里了，结果改善了经营活动现金流；二是流动负债在下降。因为企业投资短期金融资产，挤出了固定资产投资，不但长期借款需求下降，短期借款也能及时偿还，导致现金流动负债比率提高了。但是否如此，还需要进一步证实，这也是进一步研究的方向。

本章参考文献

［1］穆林娟，佟欣．实体企业金融化及其经济后果研究——以雅戈尔集团股份有限公司为例［J］．财务管理研究，2020（1）：51-58.

［2］宋军，陆旸．非货币金融资产和经营收益率的“U 形”关系——来自我国上市非金融公司的金融化证据［J］．金融研究，2015（6）：111-127.

［3］王红建，李茫茫，汤泰劼．实体企业跨行业套利的驱动因素及其对创新的影响［J］．中国工业经济，2016（11）：73－89.

［4］陈妍村，干胜道．我国制造业企业金融化趋势及其影响因素研究——基于企业生命周期视角［J］．财会月刊，2018（19）：7-14.

［5］李馨子，牛煜皓，张广玉．客户集中度影响企业的金融投资吗?［J］．会计研究，2019（9）：65-70.

［6］黄贤环，贾敏，王瑶．产业链中的话语权与非金融企业金融投资［J］．会计研究，2022（5）：118-130.

［7］王冬梅，吕本富．财务供应链管理提高企业短期财务绩效的实证研究［J］．数学的实践与认识，2010，40（2）：57-66.

［8］刘睿智，寇祥增，王京．研发投资能否抑制企业“脱实向虚”——基于资源配置和市场竞争视角［J］．财会月刊，2022（16）：42-51.

［9］王红建，等．实体企业金融化促进还是抑制了企业创新——基于中国制造业上市公司的经验研究［J］．南开管理评论，2017（1）：155-166.

［10］刘井建，张冬妮，李惠竹．中国上市公司金融化与实业投资研究——对金融化动因及监管效应的再检验［J］．管理评论，2022，34（1）：37-50.

［11］后小仙，郑田丹．金融化、财政激励与企业投资结构［J］．审计与经济研究，2021（3）：117–127.

［12］黄贤环，吴秋生，王瑶．金融资产配置与企业财务风险："未雨绸缪"还是"舍本逐末"［J］．财经研究，2018，44（12）：100–112+125.

［13］杨有红，赵晓梅．实体企业扩大金融活动能够降低财务风险吗?［J］．北京工商大学学报（社会科学版），2021,36（5）：64–76+88.

［14］赵芮，曹廷贵．实体企业金融化与企业风险：对冲效应抑或扩大效应［J］．当代财经，2021（6）：64–77.

［15］董盈厚，马亚民，董馨格．金融资产配置、金融杠杆与现金流风险［J］．审计与经济研究，2021（5）：95–105.

［16］王冬梅．财务会计学［M］．大连：东北财经大学出版社，2022.

第9章　格力电器的金融化

本章通过格力电器的案例分析发现：采用不包含超过正常需求的货币资金、衍生金融资产和投资性房地产的金融资产作为金融资产的统计口径比较符合金融资产的本质定义，也是合理可行的。对格力电器这样的行业龙头企业而言，主业发展遭遇瓶颈而转型又不成功是其进行金融化的根本动因，格力电器扩大金融活动的方式是增加短期金融资产的投资，而其长期金融化方式还是产融结合。格力电器在供应链中的话语权对其金融化有助推作用，用净商业债务占货币资金比表示企业在供应链中的话语权比较合理。大多数年份格力电器的金融化确实挤出了实业投资，对研发强度没有明显的影响。格力电器的金融化与其融资约束程度之间没有明显的相关关系，其金融化降低了企业财务风险，且采用盈利波动性、经营现金流波动性和现金流动负债比率来衡量企业财务风险比较合适。是否进行了混改对格力电器的金融化有显著影响，但这种影响是短期的。政府补助对格力电器的金融化具有抑制作用，所得税优惠则没有。一般而言，均认为基于个案的研究结论不具有普遍推广价值，但若案例的选择很典型、很有代表性的话，个案研究结论对大样本实证研究仍具有较强的指导意义。

9.1 格力电器金融资产的统计口径和金融化程度测度

9.1.1 格力电器 2014—2021 年金融资产统计

表 9–1 列示了格力电器 2014—2021 年金融资产的具体构成。金融资产的统计口径是参照王冬梅（2022）的标准界定的。其中，超过正常需求的货币资金 = 货币资金 – 短期借款 – 应付利息 – 一年内到期的非流动负债；短期金融资产 = 交易性金融资产 + 以公允价值计量且其变动计入当期损益的金融资产 + 应收利息 + 衍生金融资产 + 买入返售金融资产 + 其他流动资产中的金融资产 + 一年内到期的非流动资产；长期金融资产 = 发放贷款及垫款 + 可供出售金融资产 + 债权投资 + 其他债权投资 + 其他权益工具投资 + 其他非流动金融资产 + 投资性房地产。从表 9–1 中可以看出，格力电器 2014—2021 年货币资金非常充裕，达到 545.46 亿 ~ 1364.13 亿元，导致其超过正常需求的货币资金为 488.69 亿 ~ 1161.09 亿元。但是，关于超过正常需求的货币资金是否应计入金融资产，学术界存在较大分歧。主要观点认为：经营活动需要货币资金，同时经营活动也产生货币资金，所以超过正常需求的货币资金不应计入（赵芮、曹廷贵，2021）。鉴于格力电器货币资金的最大来源是商业信用，属于经营活动的范畴，故本章对格力电器的金融资产进行统计时，不包含超过正常需求的货币资金。如表 9–1 所示，格力电器的短期金融资产主要由两项构成——应收利息和其他流动资产中的金融资产，从 2017 年起，则主要是后者。格力电器的长期金融资产主要包括发放贷款及垫款和可供出售金融资产，后者从 2019 年起由于新金融工具会计准则的实施，分列成其他债权投资、其他权益工具投资和其他非流动金融资产，其中金额最大的是其他权益工具投资。至于投资性房地产，由于其金额较小，是否计入不影响金融化程度的测度。格力电器 2014—2016 年金融资产的投资主要是长期金融资产，2017—2021 年短期金融资产的投资增长迅速，与长期金融资产大约各占一半。

表 9-1　格力电器 2014—2021 年金融资产统计（金额单位：亿元）

项目	2014	2015	2016	2017	2018	2019	2020	2021
货币资金	545.46	888.20	957.54	996.10	1130.79	1254.01	1364.13	1169.38
超过正常需求的货币资金	488.69	800.91	850.11	807.68	910.11	1094.57	1161.09	880.65
交易性金融资产	0	0	0	0	0	9.55	3.71	0
应收利息	12.42	11.10	10.46	18.89	0	0	0	0
以公允价值计量且其变动计入当期损益的金融资产	0	0	0	6.02	10.13	0	0	0
衍生金融资产	0.84	0	2.51	4.81	1.7	0.92	2.86	1.99
买入返售金融资产	0	10.00	0	0	0	0	0	0
其他流动资产中的金融资产	**4.59**	**16.23**	**13.2**	**90.2**	**168.00**	**193.47**	**130.84**	**65.96**
一年内到期的非流动资产	0	0	0	0	0	4.45	0	110.00
短期金融资产	**17.85**	**37.33**	**26.17**	**119.92**	**179.83**	**208.39**	**137.41**	**177.95**
发放贷款及垫款	**64.42**	**78.73**	**47.37**	**66.73**	**90.71**	**144.24**	**52.74**	**41.43**
可供出售金融资产	**21.50**	**27.05**	**13.84**	**21.75**	**22.16**	0	0	0
债权投资	0	0	0	0	0.37	0	0	0
其他债权投资	0	0	0	0	0	2.97	5.02	59.1
其他权益工具投资	0	0	0	0	0	46.45	77.88	101.14
其他非流动金融资产	0	0	0	0	0	20.04	20.04	0.81
投资性房地产	5.08	4.92	5.98	5.17	5.38	4.99	4.63	4.55
长期金融资产	**91.00**	**110.7**	**67.19**	**93.65**	**118.62**	**218.69**	**160.31**	**207.03**
资产总计	1562.31	1616.98	1823.74	2149.68	2512.34	2829.72	2792.18	3195.98

资料来源：格力电器 2014—2021 年合并资产负债表及相关附注。

9.1.2 从资产负债表维度衡量的金融化程度

表 9-2 列示的是格力电器 2014—2021 年从资产负债表维度衡量的金融化程度。其中，现金持有量 = 货币资金 ÷ 资产总计；金融资产占比 1= 包含超过正常需求的货币资金的金融资产 ÷ 资产总计；金融资产占比 2= 不包含超过正常需求的货币资金的金融资产 ÷ 资产总计；金融资产占比 3= 不包含超过正常需求的货币资金和投资性房地产的金融资产 ÷ 资产总计；金融资产占比 4= 不包含超过正常需求的货币资金、衍生金融资产和投资性房地产的金融资产 ÷ 资产总计。从表 9-2 中可以看出：格力电器的现金持有量很高，2014—2021 年处于 35% ～55%。如果包含超过正常需求的货币资金作为金融资产的统计口径的话，其金融化程度显然被高估了。格力电器衍生金融资产占比很低，可以忽略不计，投资性房地产是否包括影响也不大，所以金融资产占比 2 和金融资产占比 4 作为金融化程度的衡量指标比较具有参考价值，这两个指标的变化规律也高度一致。从资产负债表维度来衡量格力电器金融化程度的话，2014—2016 年，主要由长期金融资产占比来决定，2017—2021 年短期金融资产占比迅速提高，与长期金融资产占比相当。另外，发放贷款及垫款占比表示的是从资产负债表维度衡量的产融结合程度，格力电器 2014—2021 年这个指标处于 1.30% ～5.10%，其中 2014 年、2015 年和 2019 年较高，分别是 4.12%、4.87% 和 5.10%。这三年长期金融资产的主要构成就是发放贷款及垫款。

表 9-2 格力电器 2014—2021 年从资产负债表维度衡量的金融化程度（单位：%）

年份	现金持有量	金融资产占比 1	金融资产占比 2	金融资产占比 3	金融资产占比 4	衍生金融资产占比	短期金融资产占比	长期金融资产占比	发放贷款及垫款占比
2014	34.91	38.25	6.97	6.64	6.59	0.05	1.14	5.82	4.12
2015	54.93	58.69	9.15	8.85	8.85	0.00	2.31	6.85	4.87
2016	52.50	51.73	5.12	4.79	4.65	0.14	1.43	3.68	2.60
2017	46.34	47.51	9.93	9.69	9.47	0.22	5.58	4.36	3.10
2018	45.01	48.10	11.88	11.67	11.60	0.07	7.16	4.72	3.61
2019	44.32	53.77	15.09	14.92	14.88	0.03	7.36	7.73	5.10

续表

年份	现金持有量	金融资产占比1	金融资产占比2	金融资产占比3	金融资产占比4	衍生金融资产占比	短期金融资产占比	长期金融资产占比	发放贷款及垫款占比
2020	48.86	52.25	10.66	10.50	10.39	0.10	4.92	5.74	1.89
2021	36.59	39.60	12.05	11.90	11.84	0.06	5.57	6.48	1.30

资料来源：根据表 9-1 计算而得。

9.2 格力电器金融投资收益的统计口径和金融化程度测度

表 9-3 列示的是格力电器 2014—2021 年金融投资收益的构成和从利润表维度衡量的金融化程度。其中，金融性投资收益指的是投资收益明细中来自金融资产投资所获得的收益；金融投资收益 = 利息收入 – 利息支出 + 公允价值变动收益 + 金融性投资收益 – 发放贷款及垫款减值损失；金融化程度 = 金融投资收益 ÷ 营业利润；产融结合金融化程度 =（利息收入 – 利息支出 – 发放贷款及垫款减值损失）÷ 营业利润；不包含产融结合的金融化程度 =（公允价值变动收益 + 金融性投资收益）÷ 营业利润。

据格力电器 2020 年财务报告第 188 页“在子公司中的权益”的“企业集团的构成”部分下的注 1 披露：格力电器对珠海格力集团财务有限责任公司（简称格力财务公司）的长期股权投资，2020 年以前一直是 14 亿元，持股比例为 89.25%。2020 年进行增资，增资总金额为 26.4 亿元，其中 15 亿元计入格力财务公司注册资本，其余 11.4 亿元计入格力财务公司资本公积。增资后，格力电器持有格力财务公司 94.16% 的股权，对格力财务公司的控制权未发生变化。这就是格力电器实施产融结合所采用的形式。体现在资产负债表上就是有“发放贷款及垫款”这个项目；体现在利润表上就是有营业总收入项下的“利息收入”和营业总成本项下的“利息支出”，同时还有包含在“资产减值损失”或“信用减值损失”（2019 年起）中的“发放贷款及垫款减值损失”，它们共同构成格力电器产融结合所形成的损益。

如表 9-3 所示，产融结合这种金融化形式在格力电器的金融化中占据主导地位，2014—2021 年，产融结合金融化程度处于 4.63% ～15.74%，2015 年最高，达到 15.74%，2016 年次之，为 10.27%。格力电器其他金融资产投资带来的金融性投资收益不是金融投资收益的主要来源，所以格力电器从利润表维度衡量的金融化程度要包括产融结合的金融化程度。如果剔除的话，不包含产融结合的金融化程度就会出现负值，这个维度的指标就不具有参考价值。

从表 9-3 的利润表维度衡量的金融化程度指标来看，2014—2021 年处于 3.78% ~ 10.12%，与表 9-2 计算出来的金融资产占比 2 和金融资产占比 4 的变化规律较为接近。由此可以看出，用这三个指标衡量金融化程度是合理的。由于其他上市公司的金融投资收益有可能为负，所以从资产负债表维度来衡量实体企业金融化程度是实证研究中普遍的选择，更为普遍的选择是金融资产占比 2，称之为金融资产占比（刘贯春，2017；胡奕明、王雪婷、张瑾，2017；杜勇、张欢、陈建英，2017；王红建、曹瑜强、杨庆等，2017），而本章采用金融资产占比 4 来衡量实体企业的金融化程度。

表 9-3　格力电器 2014—2021 年金融投资收益的构成及从利润表维度衡量的金融化程度（金额单位：亿元）

年份	利息收入	利息支出	公允价值变动收益	金融性投资收益	发放贷款及垫款减值损失	营业利润	金融投资收益	金融投资收益占比（%）	产融结合金融化程度（%）	不包含产融结合的金融化程度（%）
2014	22.54	7.10	-13.82	7.28	0.48	160.89	8.42	5.23	9.30	-4.06
2015	28.16	6.52	-10.10	0.93	0.37	135.16	12.10	8.95	15.74	-6.78
2016	18.10	0.93	10.93	-22.29	-0.81	175.04	6.62	3.78	10.27	-6.49
2017	17.32	1.96	0.09	3.90	0.50	261.27	18.85	7.21	5.69	1.53
2018	18.99	0.45	0.46	1.06	0.61	309.97	19.45	6.27	5.78	0.49
2019	23.52	1.11	2.28	-2.06	1.36	296.05	21.27	7.18	7.11	0.07
2020	22.96	3.05	2.00	6.78	2.34	260.44	26.35	10.12	6.75	3.37
2021	17.85	5.23	-0.58	4.70	0.28	266.77	16.46	6.17	4.63	1.54

资料来源：格力电器 2014—2021 年合并利润表及相关附注。

9.3　格力电器主业发展遭遇瓶颈和金融化选择

表 9–4 展示的是格力电器的主业发展情况与金融化程度。表 9–4 中，以金融资产占比表示的金融化程度中，金融资产不包含超过正常需求的货币资金、衍生金融资产和投资性房地产；以金融投资收益占比表示的金融化程度中，金融投资收益包含产融结合所形成的损益。从表 9–4、图 9–1、图 9–2 和图 9–3 来看，格力电器 2014—2021 年共存在三个拐点，即 2015 年、2018—2019 年和 2020 年。这三个拐点均存在营业收入大幅下滑或停滞、毛利率较大幅度下降、资产收益率大幅下滑或停滞、金融化程度在当年或次年明显提高等特征。其中，2015 年由于国企普遍致力于清理僵尸企业和降杆杆等，格力电器主业发展出现第一个拐点。据格力电器 2015 年财务报告管理层讨论与分析部分披露，格力电器从此时起就积极地谋求业务转型，拟转型新能源汽车。但在 2015—2018 年，由于受董明珠与雷军之间的赌约的驱动，格力电器在这一时期营业收入高速扩张，一举从 2015 年的 977.45 亿元扩张至 2018 年的 1981.23 亿元，几乎翻番。查看格力电器营业收入的明细构成发现，新业务的占比一直没有达到营收或净利润的 10% 及以上，转型宣告失败。2016—2019 年，格力电器金融资产的占比确实在提高，从 4.65% 提高至 14.88%。2018—2019 年格力电器主业的发展面临第二个拐点，营收的扩张接近天花板，无法再增长。2020 年由于新冠疫情影响，营收出现大幅下滑在情理之中，所以 2020 年不适合算作格力电器主业发展的拐点。因此，综合考虑营收增长停滞、毛利率出现明显下滑两个因素，应把 2015 年、2018—2019 年作为格力电器主业发展遭遇瓶颈的时期。如表 9–4 所示，在格力电器主业发展遭遇瓶颈的时候，其金融化程度也显著提高了。

从图 9–3 中还可以看出，格力电器 2014—2021 年营业利润率和净利润率的变化规律基本一致。以金融资产占比表示的金融化程度与以金融投资收益占比表示的金融化程度，2014—2017 年变化规律是一致的，2017—2021 年变化规律大致相反。而以金融资产占比表示的金融化程度与营业利润率和净利润率之间的变化趋势在 2017–2021 年正好相反，主要是受短期金融资产投资的影响。也就是说，格力电器的金融化主要是因为货币资金充裕，转型不成功而避免资金闲置的无奈之举，当然也在一定程度上阻止了其盈利能力的下滑。

表 9-4 格力电器的主业发展情况与金融化程度（金额单位：亿元）

年份	营业收入	营业成本	毛利率（%）	营业利润率（%）	净利润率（%）	资产收益率（%）	金融资产占比 4（%）	金融投资收益占比（%）
2014	1377.50	880.22	36.10	11.68	10.35	9.12	6.59	5.23
2015	977.45	660.17	32.46	13.83	12.92	7.81	8.85	8.95
2016	1083.03	728.86	32.70	16.16	14.37	8.54	4.65	3.78
2017	1482.87	995.63	32.86	17.62	15.18	10.47	9.47	7.21
2018	1981.23	1382.34	30.23	15.65	13.31	10.50	11.60	6.27
2019	1981.53	1434.99	27.58	14.94	12.53	8.77	14.88	7.18
2020	1681.99	1242.29	26.14	15.48	13.25	7.98	10.39	10.12
2021	1878.69	1422.52	24.28	14.20	12.15	7.14	11.84	6.17

资料来源：根据格力电器 2014—2021 年合并报表及表 9-2、表 9-3 计算整理而得。

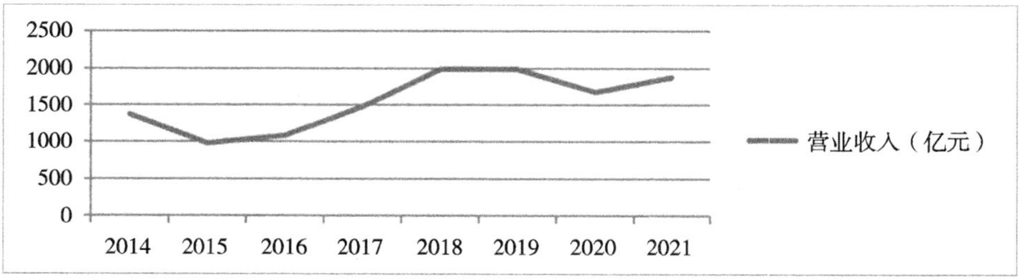

图 9-1 格力电器 2014—2021 年营业收入的变化趋势

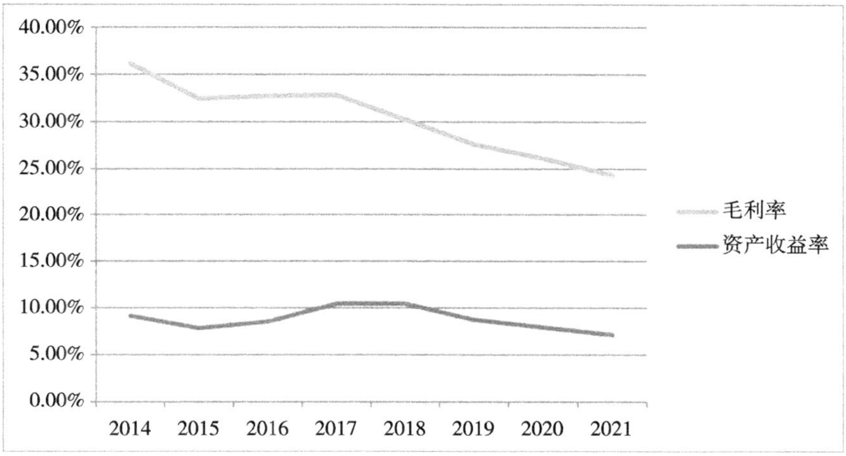

图 9-2　格力电器 2014—2021 年毛利率和资产收益率的变化趋势

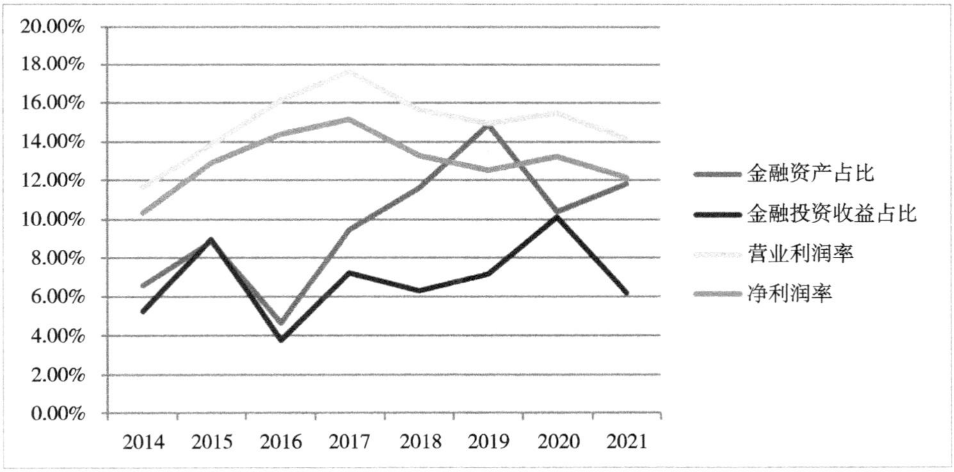

图 9-3　格力电器 2014—2021 年金融化程度、营业利润率和净利润率的变化趋势

9.4　格力电器在供应链中的话语权对其金融化的影响

表 9-5 中，营运资本耗用率 = 年度平均净营运资本 ÷ 营业收入，现金周期 = 应收账款周转期 + 存货周转期 - 应付账款周转期，合并利润表上财务费用中的利息收入来源于企业的净商业债务，净商业债务 =（应付票据 + 应付账款 + 预收款项

+ 其他流动负债中的商业债务 + 合同负债）-（应收票据 + 应收款项融资 + 应收账款 + 合同资产 + 预付款项）。如表所示，格力电器 2014—2021 年商业债务一直大于商业债权，产生大额净商业债务。2014—2021 年净商业债务金额从 320.2 亿元增长至 1007.49 亿元，格力电器因此获利 11.63 亿 ~ 42.43 亿元不等。这就是学术界所定义的类金融盈利模式（王冬梅、吕本富，2010），也是格力电器在供应链中的话语权的具体体现。所以，格力电器 2014—2021 年营运资本管理效率很高，营运资本耗用率为负，现金周期除 2021 年外也一直为负。

若用净商业债务占货币资金比表示格力电器在供应链中的话语权，如表 9-5 和图 9-4 所示，2014—2021 年格力电器的金融化程度与其在供应链中的话语权大致呈同方向变化，表示格力电器资金越充裕时越有能力进行金融化。若用财务费用中的利息收入对营业利润的贡献来表示格力电器因其在供应链中的话语权的受益程度，则看不到这个指标与金融化程度之间有何显著关系。这是因为这部分利息收入的高低除了受净商业债务金额大小的影响外，还与这部分资金的年度回报率有关。从表 9-5 可以估算出，格力电器 2014 年、2019—2021 年净商业债务的年回报率大致为 4%，2015 年不到 2%，2016 年大致为 2%，2017—2018 年大致为 3%。所以，在实证研究中宜采用净商业债务占货币资金比，而不宜采用财务费用中的利息收入对营业利润的贡献，来作为实体企业在供应链中的话语权的替代变量。

表 9-5　格力电器 2014—2021 年营运资本管理效率、净商业债务与金融化程度（金额单位：亿元）

年份	财务费用中的利息收入	营运资本耗用率（倍）	现金周期（天）	商业债权	商业债务	净商业债务	财务费用中的利息收入对营业利润的贡献（%）	净商业债务占货币资金比（%）	金融资产占比 4（%）
2014	12.50	−0.28	−60.56	547.34	867.54	320.20	7.77	58.70	6.59
2015	11.63	−0.76	−81.15	186.08	928.92	742.84	8.60	83.63	8.85
2016	14.84	−0.64	−78.80	346.02	1 069.10	723.08	8.48	75.51	4.65
2017	22.05	−0.39	−58.95	417.89	1 179.30	761.41	8.44	76.44	9.47

续表

年份	财务费用中的利息收入	营运资本耗用率（倍）	现金周期（天）	商业债权	商业债务	净商业债务	财务费用中的利息收入对营业利润的贡献（%）	净商业债务占货币资金比（%）	金融资产占比4（%）
2018	23.85	−0.25	−35.85	457.74	1 214.92	757.18	7.69	66.96	11.60
2019	36.98	−0.34	−31.12	391.35	1 369.20	977.85	12.49	77.98	14.88
2020	37.08	−0.36	−12.40	328.40	1 235.18	906.78	14.24	66.47	10.39
2021	42.43	−0.32	25.64	440.45	1 447.94	1 007.49	15.91	86.16	11.84

资料来源：根据格力电器2014—2021年会计报表及相关项目明细整理计算而得。

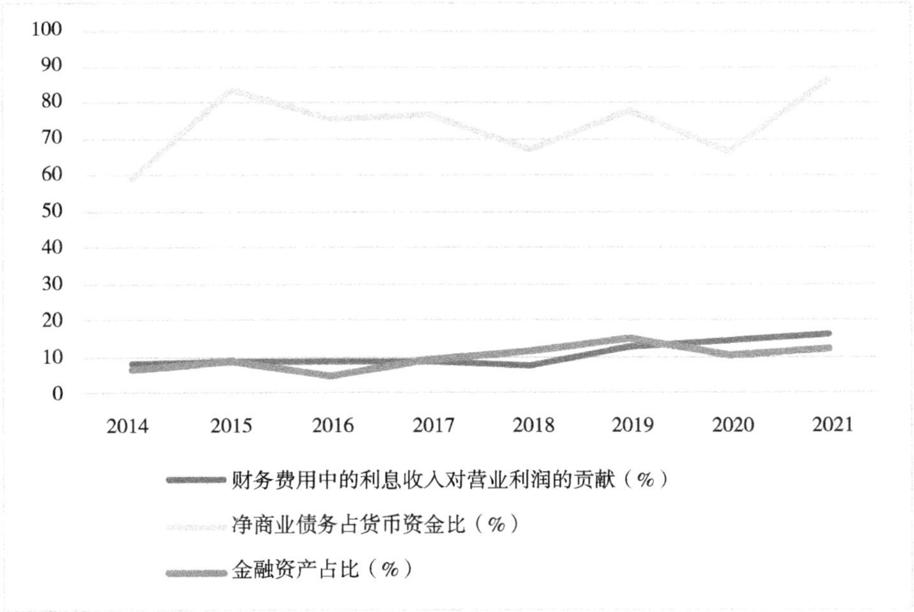

图9-4 格力电器2014—2021年在供应链中的话语权与金融化程度

9.5 格力电器的金融化是否挤出了实业投资和创新投入

表 9-6 中的实业投资用购建固定资产、无形资产和其他长期资产支付的现金来表示。实业投资占比 = 购建固定资产、无形资产和其他长期资产支付的现金 ÷ 投资活动现金流出小计。如表所示，格力电器的研发投入主要是费用化的研发投入，资本化的部分极少。研发投入金额有过两段增长，2016—2018 年从 46.25 亿元增长至 72.68 亿元，2019—2021 年从 60.11 亿元增长至 65.29 亿元。研发强度在 2016—2021 年处于 3.03% ~4.27%，变动不大，可见格力电器的金融化程度对其研发投入没有显著的挤出效应，这一点从图 9-5 中也可以看出。从图中还可以看出，2016—2017 年、2019—2021 年格力电器金融化程度与实业投资占比呈反向变化，可见大多数年份格力电器的金融化确实挤出了实业投资。

表 9-6 格力电器 2014—2021 年的研发情况、实业投资与金融化程度（金额单位：亿元）

年份	研发投入	研发强度（%）	资本化研发投入	研发费用	金融资产占比 4（%）	实业投资	实业投资占比（%）
2014	--	--	--	--	6.59	17.77	41.99
2015	--	--	--	--	8.85	28.85	48.96
2016	46.25	4.27	0	46.25	4.65	32.77	14.44
2017	57.67	3.89	0	57.67	9.47	24.25	3.66
2018	72.68	3.67	2.80	69.88	11.60	38.38	12.07
2019	60.11	3.03	1.20	58.91	14.88	47.13	23.90
2020	62.14	3.69	1.61	60.53	10.39	45.29	32.22
2021	65.29	3.48	2.32	62.97	11.84	57.27	22.34

资料来源：根据格力电器 2014—2021 年合并报表、研发投入明细披露及表 9-2、9-3 计算整理而得。

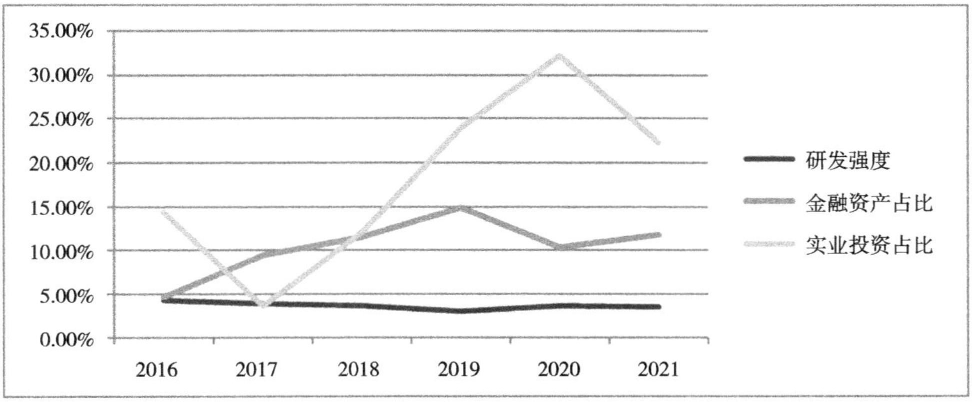

图 9-5　格力电器 2016—2021 年研发强度、实业投资占比和金融化程度

9.6　格力电器的金融化对企业财务风险的影响

Altman 曾提出公开上市交易的制造业公司的破产指数模型：Z=1.2 营运资本 ÷ 总资产 +1.4 留存收益 ÷ 总资产 +3.3（利润总额 + 财务费用）÷ 总资产 +0.6 公司市值 ÷ 总负债 +0.99 销售额 ÷ 总资产。判断标准为：$Z < 1.8$，破产区；$1.8 \leq Z < 2.99$，灰色区；$2.99 < Z$，安全区。Altman 对该模型的解释是：Zscore 越小，企业破产的可能性越大，Zscore 小于 1.8 的企业很可能破产。按此标准，如表 9-7 所示，格力电器除 2019—2020 年处在安全区外，其他年份均处在灰色区，这与实际情况显然不符。所以，破产模型中的 Z 值对像格力电器这种企业的财务风险没有多大指示意义，因为格力电器的营运资本一直为负。SA 指数是由企业规模和企业年龄构建而成的衡量企业融资约束的指标。关于 SA 的计算（鞠晓生等，2013），资产要除以 1000000，Age 用观测年度减去企业建立年份，$SA=0.043Size^2-0.737Size-0.04Age$。通过公式计算出来的 SA 如果是正数，SA 指数越大，表示企业的融资约束越小；如果是负数，则取绝对值，绝对值越大，表示企业受到的融资约束越强。如表 9-7 所示，格力电器未受到明显的融资约束。其 SA 指数与金融化程度之间也没有明显的相关关系。盈利波动性等于"息税前利润 ÷ 总资产"的三年波动率（陆正飞等，2015）；经营现金流波动性等于三年经营活动现金净流量除以总资产的标准差（董盈厚、马亚民、董馨格，2021）；现金流波动性等于三年现

金及现金等价物净增加额除以总资产的标准差。

表 9-7 格力电器 2014—2021 年财务风险指标与金融化程度

年份	ZScore	SA 指数	盈利波动性（%）	经营现金流波动性（%）	现金流波动性（%）	现金流动负债比率（%）	金融资产占比 4（%）
2014	2.24	-3.66	1.25	3.78	4.06	17.47	6.59
2015	2.00	-3.69	1.08	9.62	7.92	39.40	8.85
2016	2.00	-3.70	1.38	10.19	12.13	11.71	4.65
2017	2.68	-3.69	2.79	11.30	22.13	11.09	9.47
2018	2.67	-3.68	2.80	1.66	13.68	17.09	11.60
2019	3.05	-3.68	1.64	1.61	14.15	16.45	14.88
2020	3.03	-3.72	1.75	2.01	2.17	12.14	10.39
2021	2.03	-3.71	0.92	4.73	1.50	0.96	11.84

资料来源：CSMAR 国泰安数据库及表 9-2。

如图 9-6 所示，盈利波动性与金融化程度除 2016—2018 年外大致呈反向变化，也就是说，在 2014—2016 年和 2018—2021 年，格力电器的金融化降低了利润表上的财务风险。现金流动负债比率与金融化程度在 2014—2016 年呈同向变化，也就是说，在这段时间内，格力电器的金融化降低了现金流量表上的财务风险。现金流动负债比率与经营现金流波动性在 2016—2021 年呈反向变化，也就是说这两个指标均可以用来衡量企业财务风险，只是指示意义相反。经营现金流波动性与金融资产占比即金融化程度在 2017—2020 年大致呈反向变化，也就是说，在这段时间内，格力电器的金融化程度越高，企业财务风险越低。格力电器 2014—2021 年现金流波动性与金融化程度之间没有明显的相关关系，总体而言，格力电器的金融化降低了企业财务风险，但不是所有时间段内都呈现这种规律，这有可能是在进行个案分析时，数据量有限以及没有剔除离群值的影响造成的。所以，在做实证研究时可以采用盈利波动性、经营现金流波动性和现金流动负债比率来衡量企业财务风险。

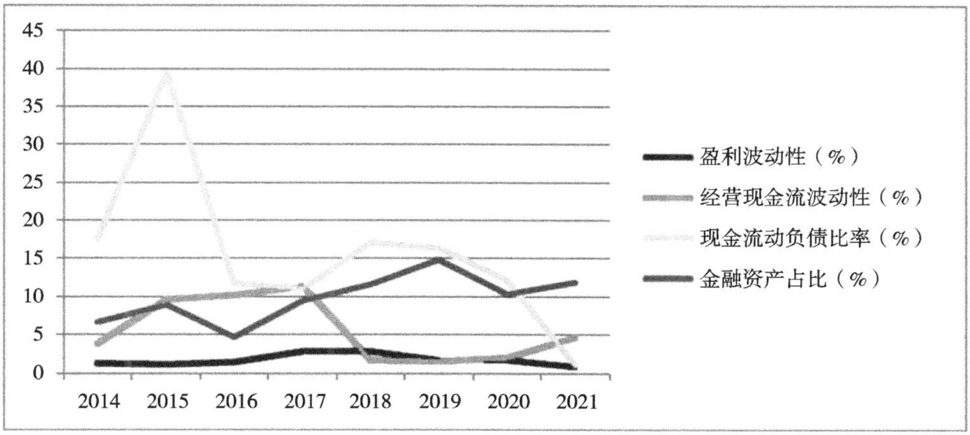

图 9-6　格力电器 2014—2021 年主要财务风险指标与金融化程度

9.7　格力电器混改对金融化程度的影响

表 9-8 列示的是格力电器 2014—2021 年的混改与金融化程度。从中可以看出：在 2020 年之前，格力电器均属于国有企业。而是否属于国有企业，对其金融化程度没有显著影响。格力电器曾在 2016 年引入战略投资者高瓴资本管理有限公司—HCM 中国基金，进行第一次混改，混改完成后高瓴资本持股 0.84%，没有改变格力电器国有企业的性质。但该年度格力电器的金融化程度确实有明显的下降，大幅下降至 4.65%，其后再开始反弹。格力电器在 2020 年又引入另一个战略投资者珠海明骏投资合伙企业（有限合伙），持股 15%。这次混改的力度较大，格力电器也从国有企业变成了民营企业。表中显示格力电器当年的金融化程度大幅下降至 10.39%，2021 年又反弹至 11.84%。至 2021 年，高瓴资本完全退出，不再持有格力电器的股份，珠海明骏则增持格力电器的股份至 15.26%。从表中来看，格力电器的混改短期内（只在当年）对其金融化有抑制作用，而长期来看则无明显的抑制作用。

表 9-8　格力电器 2014—2021 年的混改与金融化程度

年份	珠海格力集团有限公司持股比例（%）	高瓴资本管理有限公司—HCM 中国基金持股比例（%）	珠海明骏投资合伙企业（有限合伙）持股比例（%）	是否国有	金融资产占比4（%）
2014	18.22	0	0	1	6.59
2015	18.22	0	0	1	8.85
2016	18.22	0.84	0	1	4.65
2017	18.22	0.84	0	1	9.47
2018	18.22	0.72	0	1	11.60
2019	18.22	0.72	0	1	14.88
2020	3.22	0.72	15	0	10.39
2021	2.87	0	15.26	0	11.84

资料来源：格力电器 2014—2021 年年报中持股 5% 以上的股东或前 10 名股东持股情况。

9.8　政府补助和税收优惠对格力电器金融化的抑制作用

表 9-9 展示的是格力电器 2014—2021 年政府补助、所得税优惠与金融化程度。其中，政府补助 = 其他收益 + 营业外收入中的政府补助；实际税率 = 所得税费用 ÷ 利润总额；所得税优惠 = 利润总额 ×（25%- 实际税率）；政府补助对净利润的贡献 = 政府补助 ×（1- 实际税率）÷ 净利润；所得税优惠对净利润的贡献 = 所得税优惠 ÷ 净利润；政府补助和所得税优惠对净利润的贡献 = 政府补助对净利润的贡献 + 所得税优惠对净利润的贡献。

如表 9-9 所示，格力电器 2014—2021 年政府补助为 6.77 亿 ~ 13.87 亿元，各年间变动幅度较大，但在格力电器最困难的年份如 2015 年和 2020 年政府补助金额最大，分别为 13.64 亿元和 13.87 亿元。相应的，政府补助对净利润的贡献在这两年也达到最高和较高水平，分别为 9.15% 和 5.27%。格力电器各年所得税实际税率差别不大，导致所得税优惠对净利润的贡献在各年之间变化很小。再结合图 9-7 可以看出，格力电器所得税优惠对净利润的贡献与金融化程度之间没

表 9-9　格力电器 2014—2021 年政府补助、所得税优惠与金融化程度（金额单位：亿元）

年份	其他收益	营业外收入中的政府补助	政府补助	利润总额	所得税费用	实际税率（%）	所得税优惠	净利润	政府补助对净利润的贡献（%）	所得税优惠对净利润的贡献（%）	政府补助和所得税优惠对净利润的贡献（%）	金融资产占比 4（%）
2014	--	6.82	6.82	167.52	25.00	14.92	16.88	142.53	4.07	11.84	15.91	6.59
2015	--	13.64	13.64	149.09	22.86	15.33	14.41	126.24	9.15	11.42	20.56	8.85
2016	--	10.59	10.59	185.73	30.07	16.19	16.36	155.67	5.70	10.51	16.21	4.65
2017	4.01	4.79	8.80	266.17	41.09	15.44	25.45	225.09	3.31	11.31	14.61	9.47
2018	4.09	2.68	6.77	312.74	48.95	15.65	29.24	263.79	2.16	11.08	13.25	11.60
2019	9.36	2.92	12.28	293.53	45.26	15.42	28.12	248.27	4.18	11.33	15.51	14.88
2020	11.64	2.23	13.87	263.09	40.30	15.32	25.47	222.79	5.27	11.43	16.71	10.39
2021	8.32	0.83	9.15	268.03	39.71	14.82	27.30	228.32	3.41	11.96	15.37	11.84

资料来源：根据格力电器 2014—2021 年会计报表及相关附注整理计算而得。

有显著的相关性。政府补助对净利润的贡献与政府补助和所得税优惠对净利润的贡献之间变动趋势是一致的，主要由政府补助对净利润的贡献的变动趋势所决定。

政府补助对净利润的贡献与政府补助和所得税优惠对净利润的贡献在2014—2016年与金融化程度变化趋势一致，2016—2021年与金融化程度变化趋势大致相反。所以，格力电器的政府补助在2016—2021年对其金融化有抑制作用。

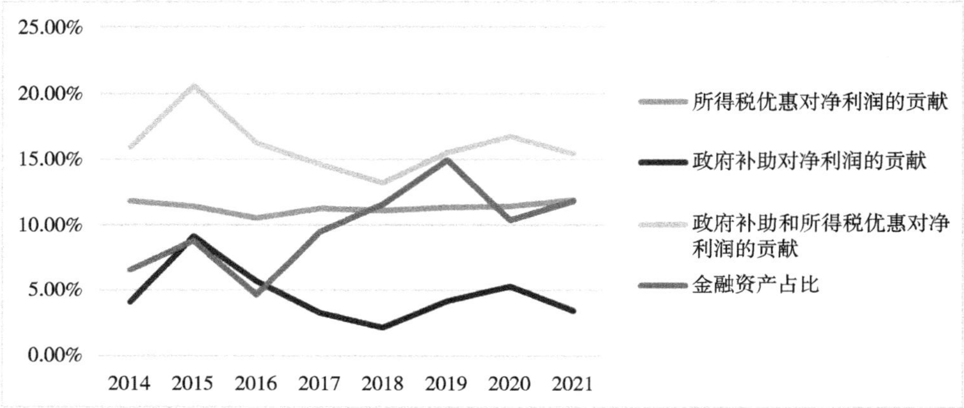

图 9-7　格力电器 2014—2021 年政府补助、所得税优惠与金融化程度

9.9　总结与结论

本章通过格力电器的案例分析发现：采用不包含超过正常需求的货币资金、衍生金融资产和投资性房地产的金融资产作为金融资产的统计口径比较符合金融资产的本质定义，也是合理可行的。对格力电器这样的行业龙头企业而言，主业发展遭遇瓶颈而转型又不成功是其进行金融化的根本原因，格力电器扩大金融活动的方式是增加短期金融资产的投资，而其长期金融化方式还是产融结合。格力电器在供应链中的话语权对其金融化有助推作用，用净商业债务占货币资金比表示企业在供应链中的话语权比较合理。大多数年份格力电器的金融化确实挤出了实业投资，对研发强度没有明显的影响。格力电器的金融化与其融资约束程度之间没有明显的相关关系，其金融化降低了企业财务风险，且采用盈利波动性、经营现金流波动性和现金流动负债比率来衡量企业财务风险比较合适。是否进行了混改对格力电器的金融化有显著影响，但这种影响是短期的。政府补助对格力电器的金融化具有抑制作用，所得税优惠则没有。

本章试图通过解读一个典型案例的方式来寻找实体企业金融化的动因、经济后果和治理对策，还包括应该怎样测度金融化程度。一般认为，从个案有限的数据总结出来的规律不能指导实证研究，因为担心这些规律不具有普遍适用性。但有三个理由支持这样做。其一是选择的个案足够典型，可以从各个方面进行直观而深入细致的观察，提炼出来的规律未必不具有普遍性；其二是从个案研究中提炼出来的规律只用于指导某个行业内具有共性的企业样本的实证研究，可以规避个案研究的不足；其三是个案研究结论可以与相关理论、文献相结合共同指导实证研究，同时又可以印证实证研究结论。本章的案例分析结论与行业实证研究结果基本相符。根据格力电器的个案分析，本章特提出电气机械与器材制造业实体企业金融化实证研究中建议选取的变量（见表 9-10），可见与前述实证研究中得到验证的变量大致相符。其中，混改与否虚拟变量之所以在前述实证研究中不予选取，是因为电气机械与器材制造业发生过混改的企业极少。除此之外，在格力电器的案例分析中没有发现金融化对研发强度有显著影响。

表 9-10 电气机械与器材制造业金融化实证研究中建议选取的变量

<table>
<tr><th colspan="2">考察维度</th><th>指标名称</th><th>计算公式</th></tr>
<tr><td rowspan="4">口径界定</td><td>金融化程度</td><td>金融资产占比（%）</td><td>金融资产 ÷ 总资产</td></tr>
<tr><td>短期金融化程度</td><td>短期金融资产占比（%）</td><td>短期金融资产 ÷ 总资产</td></tr>
<tr><td>长期金融化程度</td><td>长期金融资产占比（%）</td><td>长期金融资产 ÷ 总资产</td></tr>
<tr><td>产融结合金融化程度</td><td>产融结合金融资产占比（%）</td><td>（发放贷款及垫款 + 金融性长期股权投资）÷ 总资产</td></tr>
<tr><td rowspan="2">金融化的动因</td><td>主业发展遭遇瓶颈</td><td>毛利率同比增长率（%）</td><td>（本期毛利率 − 上期毛利率）÷ 上期毛利率</td></tr>
<tr><td>在供应链中的话语权</td><td>净商业债务占货币资金比（%）</td><td>净商业债务 ÷ 货币资金</td></tr>
</table>

续表

考察维度		指标名称	计算公式
金融化的后果	是否挤出实业投资	实业投资占比（%）	购建固定资产、无形资产等支付的现金 ÷ 投资活动现金流出小计
	是否挤出研发投入	研发强度（%）	研发投入 ÷ 营业收入
	是否放大财务风险	盈利的波动性（%）	（息税前利润 ÷ 总资产）三年波动率
		经营现金流波动性（%）	（三年经营活动现金净流量 ÷ 总资产）的标准差
		现金流动负债比率（倍）	经营活动现金净流量 ÷ 流动负债
治理效应	**混改与否**	**混改虚拟变量**	**发生过混改，赋值为 1，否则为 0**
	政府补助的抑制作用	政府补助对净利润的贡献（%）	（其他收益 + 营业外收入中的政府补助）×（1- 所得税费用 ÷ 利润总额）÷ 净利润

本章参考文献

［1］王冬梅．财务会计学［M］．大连：东北财经大学出版社，2022.

［2］赵芮，曹廷贵．实体企业金融化与企业风险：对冲效应抑或扩大效应［J］．当代财经，2021（6）：64-77.

［3］刘贯春．金融资产配置与企业研发创新："挤出"还是"挤入"［J］．统计研究，2017（7）：51-63.

［4］胡奕明，王雪婷，张瑾．金融资产配置动因："蓄水池"或"替代"？——来自中国上市公司的证据［J］．经济研究，2017（1）：181-194.

［5］杜勇，张欢，陈建英．金融化对实体企业未来主业发展的影响：促进还是抑制［J］．中国工业经济，2017（12）：119-131.

［6］王红建，曹瑜强，杨庆，等．实体企业金融化促进还是抑制了企业创新——基于中国制造业上市公司的经验研究［J］．南开管理评论，2017（1）：155-166.

［7］王冬梅，吕本富．财务供应链管理提高企业短期财务绩效的实证研究［J］．数学的实践与认识，2010，40（2）：57-66.

［8］鞠晓生，等．融资约束、营运资本管理与企业创新可持续性［J］．经济研究，2013，48（1）：4-16.

［9］陆正飞，何捷，窦欢．谁更过度负债：国有还是非国有企业？［J］．经济研究，2015，50（12）：54-67.

［10］董盈厚，马亚民，董馨格．金融资产配置、金融杠杆与现金流风险［J］．审计与经济研究，2021（5）：95-105.

第 10 章　医药制造业上市公司金融化对其财务风险的放大作用研究

本章以医药制造业上市公司 2012—2021 年的数据为样本进行实证分析发现：医药制造业上市公司的金融化水平越高，财务风险越高，且不同产权性质的公司其企业金融化水平与财务风险间关系的差异性较大，非国有企业财务风险受金融化水平影响更为显著。医药制造业上市公司的长期金融化水平对财务风险的影响在不同的财务风险衡量方法下差异较大，因长期金融资产中的部分资产其公允价值变动不纳入利润表核算，不直接影响企业盈利能力，因此对以盈利能力衡量的财务风险影响不显著，而对以现金流波动性衡量的财务风险，因不受会计处理的影响，正向显著影响，即长期金融化水平越高，财务风险越高。鉴于这个行业的重要性，建议政府有关部门应加强对该行业的监督，出台有关措施制止医药制造业上市企业偏离主业。

10.1　引言

近年来，实体企业金融化的趋势愈演愈烈。医药制造业事关人民群众的生命安全与身体健康，在国民经济构成中至关重要。但仍有部分医药企业热衷于配置金融资产尤其是短期金融资产以赚取快钱。这样势必会放大其财务风险，影响企业的可持续发展，其危害不可轻忽。鉴于此，本章选取 2012—2021 年医药制造业上市企业为研究样本专门研究其金融化水平对财务风险的影响就具有很强的现实意义。

10.2　文献综述、影响机理及研究假设

实体企业金融化是市场经济快速发展的必经之路，近年来，实体企业出现了金融化水平不断提升的趋势，表现为实体企业持有的金融资产规模有所增加，资产结构中金融资产占比不断加大，同时金融资产带来的收益或损失对企业盈利能力的影响逐步增大（Orhangazi，2008）。根据国内外学者的文献研究，通常将实体企业金融化的趋势归因于以下几点。

第一，在以银行为主导的金融体系下，中国实体企业的外源性融资仍以信贷资金为主（董菁，2018），而由于银企之间的信息不对称，导致企业在获取银行信贷时受到的融资约束不同，即具有不同风险标识的企业获取银行信贷资金的效率和成本各有不同。由于融资约束的存在，部分规模大、国有企业等风险较低的企业，可以更容易地以更低的价格从银行融资，但由于其生产经营效率低，其会通过金融资产投资将部分资金投入其他主体以获取高额回报，从而导致金融资产规模有所增加。

第二，在委托代理理论下，公司管理层可能会存在对短期利益的偏好。而近年来随着实体企业面临各种压力、金融投资收益率有所上升，从而导致部分企业将资金投入收益率更高的金融投资，而非主营业务的发展。

第三，相比于固定资产等实物资产，金融资产具有投资期限短、流通性强的特点，可以作为“蓄水池”来缓解现金流波动带来的风险，保障企业内部资金供给，缓解对外源性融资的依赖。从已有文献研究角度来看，实体企业提高金融化水平对其主营业务生产经营产生的影响是全方位的。积极方面具有“蓄水池”效应，即通过金融资产投资优化资金配置，控制企业现金流波动的风险，缓解对外源性融资的依赖（胡奕明等，2017）。消极方面具有挤出效应，即由于企业资源有限，企业金融资产的配置将限制与主业相关的研发投入、固定资产更新改造等周

期长、不确定性较大的长期生产性投资，从而导致长期来看企业竞争力不足，持续经营能力受损（Demir，2009；王红建等，2017；周雪峰、左静静，2018；戚聿东、张任之，2018；文春晖等，2018；穆林娟、佟欣，2020）。因此，当实体企业进行合理的金融资产投资时，能够为主业发展带来积极影响，即表现为“蓄水池”效应。首先，金融资产具有较强的流动性、较低的转换成本，在企业面临财务困境、现金流压力时可以快速变现，缓解融资约束，改善财务状况。其次，在金融资产收益率高于主营业务回报率的情况下，配置的高收益率的金融资产在一定程度上可以改善企业的盈利状况，降低财务风险。相应的，如果实体企业因短期暴利等因素盲目扩张金融资产规模，提高金融化水平，减缓对主业研发投入、固定资产更新换代等投资，将会导致资产配置偏离主业，长此以往，必将抑制企业创新能力，降低企业核心竞争力，最终影响主营业务的可持续发展，推高企业财务风险。同时，金融资产本身具有一定的风险性，尤其是股票、债券、金融衍生品等金融产品的投资，其收益不确定性较大，企业可能会因为持有的该类金融资产市场价格大幅波动而导致财务风险叠加。黄贤环、吴秋生、王瑶（2018）对2007—2016年A股非金上市公司数据研究发现，持有金融资产越多，企业面临的财务风险越高。

企业金融化水平提高如何影响其财务风险，取决于“蓄水池”效应和挤出效应哪个占主导地位。根据相关研究，中国实体企业金融化呈现增加趋势是由于实业投资利润率偏低，企业缺乏实业投资意愿，资金在逐利避险动机的驱使下流向了短期暴利的金融领域（张成思等，2016）。在这种背景下，挤出效应占主导地位，“蓄水池”效应对财务风险的缓解作用有限。企业持有的金融资产中，银行理财、交易性金融资产等短期金融资产的流动性更强、可转换成本更低，“蓄水池”效应更为明显，而长期金融资产因其投资期限较长，“蓄水池”效应较弱。据此，提出如下假设。

H1：实体企业金融化水平越高，财务风险越高。

H2：实体企业长期金融化水平越高，财务风险越高。

10.3　样本选择、变量说明及研究模型

10.3.1　样本选择和数据处理

本章选取我国 A 股上市的医药制造业公司 2012—2021 年数据为样本进行实证检验，初始数据来自 CSMAR，本研究中对初始数据进行了筛选，主要筛选原则为剔除 ST 类公司、数据缺失的样本。经筛选，共取得 1625 个样本。为避免极值对研究结果的影响，对连续变量进行了 1% 和 99% 分位的缩尾处理。

10.3.2　变量说明

（1）被解释变量——企业财务风险。

净资产收益率（ROE）用来衡量每单位净资产创造了多少净利润，是对企业盈利能力进行分析的核心指标之一。因为企业经营中难免会出现政府补助等非经常性损益，为剔除其影响，本研究采用扣除非经常性损益后的净资产收益率的波动率来衡量企业财务风险。其中净资产收益率计算标准依照《公开发行证券的公司信息披露编报规则第 9 号——净资产收益率和每股收益的计算及披露（2007 年修订）》，净资产收益率波动性（VROE）参照盈利波动性采用最近三年净资产收益率的标准差来衡量。

（2）解释变量——企业金融化水平。

在本研究中，企业金融化水平以金融资产占总资产的比例来度量，即：金融化水平 = 金融资产 ÷ 总资产；金融资产 = 超过正常需求的货币资金 +（以公允价值计量且其变动计入当期损益的金融资产 + 交易性金融资产）+（可供出售金融资产 + 其他债权投资 + 其他权益工具投资 + 其他非流动金融资产）+（持有至到期投资 + 债权投资）+ 其他流动资产中的理财产品投资 + 发放贷款及垫款净额 + 金融性长期股权投资。

其中，超过正常需求的货币资金 = 货币资金 − 短期借款 − 应付利息 − 一年内到期的非流动负债。超过正常需求的货币资金、以公允价值计量且其变动计入当

期损益的金融资产和交易性金融资产合计为短期金融资产，其他金融资产合计为长期金融资产，其中金融性长期股权投资指被投资单位为金融企业的长期股权投资。短期金融化水平（SFin）= 短期金融资产 ÷ 总资产；长期金融化水平（LFin）= 长期金融资产 ÷ 总资产。

（3）控制变量。

企业财务风险是多重因素综合影响的结果，借鉴已有研究，本章将企业规模（Size）、财务杠杆（Lev）等上市公司特征作为控制变量，同时采用时间和个体固定效应进行控制。各变量的具体定义，如表 10-1 所示。

表 10-1 变量定义

变量类型	变量缩写	变量含义	计算公式
被解释变量	VROE	净资产收益率波动性	净资产收益率三年波动率
解释变量	Fin	金融化水平	金融资产 ÷ 总资产
	SFin	短期金融化水平	短期金融资产 ÷ 总资产
	LFin	长期金融化水平	长期金融资产 ÷ 总资产
控制变量	Size	企业规模	总资产自然对数
	Lev	财务杠杆	年末资产负债率
	Growth	成长能力	营业收入年度增长率
	EAR	管理费用率	管理费用 ÷ 营业收入
	SHF	股权集中度	第一大股东持股比例
	IND	独立董事比例	独立董事人数 ÷ 董事总人数
	SOE	企业性质	企业性质虚拟变量，国有企业为 1，其他为 0
	Age	上市年限	“企业上市年龄 +1”取自然对数
	Year	年份	年度虚拟变量

10.3.3　研究模型

为了验证 H1，检验医药制造业企业金融化水平与其财务风险之间的关系，本章构建了如下模型。

$$VROE=\alpha_0+\alpha_1 Fin+\alpha_2 Controls+Year+\varepsilon \quad (10-1)$$

为了验证 H2，检验医药制造业企业持有长期金融资产与财务风险之间的关系，本章构建了如下模型。

$$VROE=\beta_0+\beta_1 SFin+\beta_2 LFin+\beta_3 Controls+Year+\mu \quad (10-2)$$

10.4　实证过程

10.4.1　描述性统计

表 10-2 为对主要变量的描述性统计结果，净资产收益率波动性（VROE）的均值为 0.046，中位数为 0.022，标准差为 0.074，最小值接近 0，最大值为 0.519，说明样本公司净资产收益率波动性差异较大。从描述性统计结果来看，样本公司的财务风险差异较大。

解释变量金融化水平（Fin）的均值为 0.174，中位数为 0.159，标准差 0.215，最小值 -0.301，最大值 0.682，其最大值和最小值存在巨大差异，可见样本公司金融化水平差异明显。短期金融化水平均值明显高于长期金融化水平，且接近整体的金融化水平，可见样本公司主要是持有短期金融资产，持有长期金融资产的规模偏低。金融化水平（Fin）及短期金融华水平（SFin）存在负值，主要原因为部分样本公司货币资金持有量低于其短期的非经营性资金需求，导致其超过正常需求的货币资金为负值且金额较大，从而导致其持有的金融资产合计值为负。

如表 10-2 所示，企业规模（Size）、财务杠杆（Lev）等主要控制变量的最大值与最小值差异明显，而均值与中位数大体一致，基本呈正态分布。

表 10-2　主要变量的描述性统计

变量	样本量	均值	中位数	标准差	最小值	最大值
VROE	1625	0.046	0.022	0.074	0	0.519
Fin	1625	0.174	0.159	0.215	−0.301	0.682
SFin	1625	0.147	0.129	0.211	−0.306	0.681
LFin	1625	0.026	0.006	0.051	0	0.300
Size	1625	22	21.970	0.981	19.260	24.310
Lev	1625	0.319	0.295	0.179	0.045	0.845
Growth	1625	0.167	0.123	0.356	−0.461	2.402
EAR	1625	0.109	0.093	0.064	0.025	0.416
SHF	1625	0.327	0.308	0.139	0.035	0.891
IND	1625	0.371	0.333	0.051	0.222	0.625

注：VROE 最小值接近 0。

10.4.2　相关性分析

由表 10-3 可见，被解释变量与解释变量、控制变量相关性显著，其中被解释变量净资产收益率波动性与解释变量金融化水平、短期金融化水平间呈现强相关性，而长期金融化水平与净资产收益率波动性没有显著的相关性。

因金融化水平为短期金融化水平、长期金融化水平的合计数，其共线性较强，因此单独对金融化水平、长短期金融化水平与其他变量进行多重共线性分析。如表 10-4 所示，经过 VIF 方差膨胀因子检验，样本公司金融化水平与其他主要变量的 VIF 均值为 1.350，样本公司短期金融化水平、长期金融化水平与其他主要变量的 VIF 均值为 1.320，均显著小于 10，即金融化水平、长短期金融化水平分别与其他变量间不存在严重的多重共线性问题，可采用所选变量进行回归分析。

表 10-3　相关性分析表

	VROE	Fin	SFin	LFin	Size	Lev	Growth	EAR	SHF	IND	SOE	Age
VROE	1											
Fin	-0.065^{***}	1										
SFin	-0.064^{***}	0.963^{***}	1									
LFin	−0.006	0.205^{***}	-0.059^{**}	1								
Size	-0.120^{***}	-0.175^{***}	-0.190^{***}	0.046^{*}	1							
Lev	0.302^{***}	-0.611^{***}	-0.607^{***}	-0.059^{**}	0.161^{***}	1						
Growth	0.032	0.031	0.044^{*}	-0.044^{*}	−0.041	−0.011	1					
EAR	0.180^{***}	−0.015	−0.017	−0.015	-0.315^{***}	0.097^{***}	-0.064^{**}	1				
SHF	-0.156^{***}	0.094^{***}	0.124^{***}	-0.096^{***}	0.172^{***}	-0.118^{***}	−0.024	-0.215^{***}	1			
IND	0.021	-0.088^{***}	-0.084^{***}	−0.017	0.011	0.100^{***}	−0.024	0.040	0.038	1		
SOE	-0.047^{*}	−0.035	-0.049^{**}	0.030	0.215^{***}	0.166^{***}	-0.096^{***}	-0.116^{***}	0.160^{***}	−0.038	1	
Age	0.102^{***}	-0.172^{***}	-0.215^{***}	0.144^{***}	0.422^{***}	0.278^{***}	-0.161^{***}	-0.084^{***}	-0.135^{***}	0.049^{**}	0.386^{***}	1

注：*、**、*** 代表 10%、5%、1% 的显著性水平，下同。

表 10-4 多重共线性分析

变量	金融化水平		长短期金融化水平	
	VIF	1/VIF	VIF	1/VIF
Fin	1.640	0.610		
SFin			1.660	0.604
LFin			1.050	0.950
Lev	1.750	0.570	1.750	0.571
Age	1.580	0.633	1.600	0.623
Size	1.430	0.697	1.440	0.696
SOE	1.280	0.784	1.270	0.785
SHF	1.200	0.834	1.210	0.826
EAR	1.180	0.846	1.180	0.846
Growth	1.040	0.959	1.040	0.958
IND	1.020	0.976	1.020	0.976
Mean	VIF	1.350	VIF	1.320

10.4.3 回归分析

经过豪斯曼检验，在混合效应、固定效应及随机效应下，净资产收益率波动性均呈现显著相关性，最终本研究采用固定效应模型进行回归分析。

表 10-5 是金融化水平对财务风险的回归分析，(1) 列为采用 Fin 单因素回归，可见 VROE 与 Fin 显著相关，但为负相关，与假设 H1 相悖，考虑到财务风险不单受到金融化水平影响，其回归结果有可能失真，因此引入资产规模等控制变量并进行回归，结果如表 10-5 中的 (2) 列所示。从该结果来看，金融化水平 Fin 系数为正，且在 1% 的水平上显著，说明样本公司的金融化水平加剧了其财务风险，验证了 H1。表 10-5 中的 (3)(4) 列为分别控制年份及个体与年份后得出的回归结论，与 (2) 列的回归结果相近，金融化水平 Fin 系数均为正，且在 1% 的水平上显著。通过对不同变量的回归分析，可见样本公司的企业金融化水平与财务风险呈现强正相关关系，即金融化水平越高，财务风险越高，验证了 H1。

表 10-5 基本回归分析——金融化水平

	(1)	(2)	(3)	(4)
	VROE	VROE	VROE	VROE
Fin	-0.044***	0.087***	0.088***	0.088***
	(0.013)	(0.015)	(0.015)	(0.015)
Size		-0.018***	-0.027***	-0.027***
		(0.005)	(0.006)	(0.006)
Lev		0.271***	0.280***	0.280***
		(0.019)	(0.019)	(0.019)
Growth		-0.009**	-0.006	-0.006
		(0.005)	(0.005)	(0.005)
EAR		-0.096**	-0.116***	-0.116***
		(0.038)	(0.041)	(0.041)
SHF		-0.121***	-0.121***	-0.121***
		(0.034)	(0.034)	(0.034)
IND		0.128***	0.113***	0.113***
		(0.044)	(0.044)	(0.044)
SOE		-0.005	-0.001	-0.001
		(0.010)	(0.010)	(0.010)
Age		0.026***	0.009	0.009
		(0.006)	(0.008)	(0.008)
常数项	0.053***	0.283***	0.504***	0.504***
	(0.003)	(0.100)	(0.122)	(0.122)
样本量	1625	1625	1625	1625
r^2	0.008	0.185	0.204	0.204
Code				Yes
Year			Yes	Yes

表 10-6 报告了短期金融化水平、长期金融化水平对财务风险的回归分析，通过回归结果来看，引入各项控制变量后，短期金融化水平 SFin、长期金融化水平 LFin 系数为正，说明其会在一定程度上加剧企业财务风险，其中短期金融化水

平在 1% 的水平上显著，而长期金融化水平不显著。经过分析发现，样本公司各年金融资产中，可供出售金融资产、其他权益工具占长期金融资产的比例分别为 40.47%、25.84%，合计 66.31%。根据《企业会计准则第 22 号——金融工具确认与计量》，可供出售金融资产及其他权益工具因公允价值变动计入其他综合收益，只有在公司实际收到股利时方计入损益，影响其盈利能力。可见，在长期金融资产中，有 66.31% 的权益性投资的公允价值变动不纳入损益，不直接影响样本公司的净资产收益率，导致其对净资产收益率波动性没有显著影响，所以看不到长期金融化水平越高财务风险越高的结果，因此假设 H2 未得到验证。

表 10-6　基本回归分析——长、短期金融化水平

	(1)	(2)	(3)	(4)
	VROE	VROE	VROE	VROE
SFin	-0.046^{***}	0.092^{***}	0.093^{***}	0.093^{***}
	(0.013)	(0.015)	(0.015)	(0.015)
LFin	0.073	0.055	0.049	0.049
	(0.048)	(0.046)	(0.046)	(0.046)
Size		-0.018^{***}	-0.027^{***}	-0.027^{***}
		(0.005)	(0.006)	(0.006)
Lev		0.274^{***}	0.283^{***}	0.283^{***}
		(0.019)	(0.019)	(0.019)
Growth		-0.009^{**}	-0.006	-0.006
		(0.005)	(0.005)	(0.005)
EAR		-0.098^{**}	-0.118^{***}	-0.118^{***}
		(0.038)	(0.041)	(0.041)
SHF		-0.123^{***}	-0.123^{***}	-0.123^{***}
		(0.034)	(0.034)	(0.034)
IND		0.127^{***}	0.113^{**}	0.113^{**}
		(0.044)	(0.044)	(0.044)
SOE		-0.004	0.000	0.000
		(0.010)	(0.010)	(0.010)

续表

	（1）	（2）	（3）	（4）
	VROE	VROE	VROE	VROE
Age		0.027*** （0.007）	0.011 （0.008）	0.011 （0.008）
常数项	0.051*** （0.003）	0.280*** （0.100）	0.497*** （0.122）	0.497*** （0.122）
样本量	1625	1625	1625	1625
r^2	0.012	0.186	0.206	0.206
Code				Yes
Year			Yes	Yes

10.4.4　稳健性检验

（1）改变财务风险的衡量方法。

企业财务风险有多重表现形式，亦有多重衡量指标，采用其他财务风险衡量方法进行检验。借鉴已有研究，本章采用盈利波动性（VEBITTA）和经营性现金流波动性（VOCF）来检验，如表 10–7 中的（1）（2）列所示，金融化水平仍对公司财务风险有显著影响，且金融化水平越高财务风险越高，假设 H1 成立，研究结果不变。

如表 10–7 中的（3）（4）列所示，长期金融化水平对财务风险有一定影响，其中对盈利波动性的影响在 5% 的水平上显著，对经营性现金流波动性在 1% 的水平上显著，即长期金融化水平越高，财务风险越高，假设 H2 成立。这与基本回归的结果不一致。由前述分析可知，长期金融化水平对净资产收益率波动性相关性不显著，主要是由报表层面会计处理导致，但其会计处理理论上不影响经营性现金流。综上所述，从盈利波动性角度衡量财务风险时，长期金融化水平与财务风险正相关，在 10% 的水平上显著；从现金流波动性角度衡量财务风险时，长期金融化水平在 1% 的水平上与财务风险显著正相关，且显著性较强，即长期金融化水平越高财务风险越高，假设 H2 得到验证。

表 10-7 稳健性检验——改变财务风险的衡量方法

	(1)	(2)	(3)	(4)
	VEBITTA	VOCF	VEBITTA	VOCF
Fin	0.060*** (0.009)	0.130*** (0.016)		
SFin			0.063*** (0.010)	0.131*** (0.016)
LFin			0.053* (0.029)	0.132*** (0.050)
Size	−0.008*** (0.003)	0.015*** (0.005)	−0.008*** (0.003)	0.016*** (0.005)
Lev	0.132*** (0.012)	0.015 (0.021)	0.134*** (0.012)	0.016 (0.021)
Growth	0.001 (0.003)	0.011** (0.005)	0.001 (0.003)	0.011** (0.005)
EAR	−0.015 (0.024)	−0.010 (0.041)	−0.015 (0.024)	−0.011 (0.041)
SHF	−0.076*** (0.022)	−0.014 (0.037)	−0.076*** (0.022)	−0.014 (0.037)
IND	0.070** (0.028)	0.037 (0.047)	0.070** (0.028)	0.037 (0.047)
SOE	−0.007 (0.006)	−0.040*** (0.011)	−0.007 (0.006)	−0.039*** (0.011)
Age	0.021*** (0.004)	−0.026*** (0.007)	0.021*** (0.004)	−0.026*** (0.007)
常数项	0.121* (0.063)	−0.223** (0.108)	0.118* (0.063)	−0.230** (0.108)
样本量	1625.000	1625.000	1625.000	1625.000
r^2	0.138	0.094	0.140	0.095

（2）异质性分析。

上市公司的股权性质对公司生产经营、财务风险等都会产生影响。企业金融化水平提高会增加企业风险水平，对非国有企业风险影响更大（朱方明、金健，2021），因此将上市公司分为国有企业、其他企业两组单独进行回归，如表 10-8 所示。对国有企业而言，金融化水平、长短期金融化水平对其财务风险均不具有显著影响。而对其他企业而言，金融化水平和短期金融化水平对其财务风险均具有显著影响，且金融化水平越高，财务风险越高，假设 H1 仍成立。长期金融化水平对财务风险有一定影响，但不显著，假设 H2 不成立。这与基本回归的结果是一致的。

表 10-8　回归分析——分组回归

	（1）	（2）	（3）	（4）
	国有企业	其他企业	国有企业	其他企业
Fin	0.020 （0.033）	0.095*** （0.017）		
SFin			0.022 （0.033）	0.096*** （0.017）
LFin			0.024 （0.103）	0.083 （0.053）
Size	0.002 （0.012）	−0.021*** （0.005）		−0.020*** （0.005）
Lev	0.114** （0.044）	0.295*** （0.021）	0.116*** （0.044）	0.296*** （0.022）
Growth	0.024** （0.012）	−0.016*** （0.005）	0.024** （0.012）	−0.016*** （0.005）
EAR	0.154 （0.111）	−0.139*** （0.042）	0.152 （0.109）	−0.139*** （0.042）
SHF	−0.046 （0.071）	−0.134*** （0.040）	−0.048 （0.069）	−0.135*** （0.041）
IND	0.095 （0.070）	0.160*** （0.057）	0.094 （0.070）	0.159*** （0.057）

续表

	(1)	(2)	(3)	(4)
	国有企业	其他企业	国有企业	其他企业
Age	0.026	0.022***	0.028*	0.022***
	(0.020)	(0.007)	(0.015)	(0.007)
常数项	–0.153	0.348***	–0.118**	0.345***
	(0.241)	(0.112)	(0.057)	(0.112)
样本量	408	1217	408	1217
r^2	0.057	0.234	0.057	0.234

10.5 结论与建议

随着全球经济的快速发展，国内金融市场开放程度不断加强，国内实体企业金融化表现越来越突出，且更多地表现出资本谋利的需求。本章从医药制造行业企业金融化角度出发，采用金融资产占总资产的比例对企业金融化水平进行度量，以扣除非经常性损益的净资产收益率的波动性为被解释变量，纳入资产规模、财务杠杆等控制变量，以医药制造业上市公司 2012—2021 年数据为样本进行实证分析。通过实证分析发现：医药制造业上市公司的金融化水平越高，财务风险越高，且不同产权性质的公司其企业金融化水平与财务风险间关系的差异性较大，非国有企业财务风险受金融化水平影响更为显著。医药制造业上市公司的长期金融化水平对财务风险的影响在不同的财务风险衡量方法下差异较大，因长期金融资产中的部分资产其公允价值变动不纳入利润表核算，不直接影响企业盈利能力，因此对以盈利能力衡量的财务风险影响不显著，而对以现金流波动性衡量的财务风险，因不受会计处理的影响，正向显著影响，即长期金融化水平越高，财务风险越高。

本章在统计医药制造业上市公司金融资产时包括超过正常需求的货币资金，所以金融化水平和短期金融化水平最小值分别为 –0.301 和 –0.306。这说明该行业部分公司在资金不充裕甚至不能满足正常需求时去投资金融资产，是典型的不务正业。并且该行业的金融化主要是短期金融化，由于医药制造业属于投资大、回报期长的行业，在营商环境整体不好的情况下，该行业企业选择赚快钱的方式盈利，从而加剧了盈利和经营现金流的波动，放大了企业财务风险。由于这个行业的重要性显而易见，所以建议政府有关部门应加强对该行业的监督，出台有关措施制止医药制造业企业偏离主业。

本章参考文献

［1］Demir F.Financial liberalization，private investment and portfolio choice：Financialization of real sectors in emerging markets［J］. Journal of Development Economics，2009（2）：314–324.

［2］Orhangazi O.Financialisation and capital accumulation in the non-financial corporate sector：A theoretical and empirical investigation on the US economy：1973—2003［J］. Cambridge Journal of Economics，2008，32（6）：863–886.

［3］董菁 . 供给侧改革导向下银行信贷资金渠道研究［D］. 南京：南京审计大学，2018.

［4］胡奕明，王雪婷，张瑾. 金融资产配置动机：“蓄水池”或“替代”？——来自中国上市公司的证据［J］. 经济研究，2017（1）：181–194.

［5］黄贤环，王瑶，王少华 . 谁更过度金融化：业绩上升企业还是业绩下滑企业？［J］. 上海财经大学学报，2019（1）：80–94+138.

［6］穆林娟，佟欣 . 实体企业金融化及其经济后果研究——以雅戈尔集团股份有限公司为例［J］. 财务管理研究，2020（1）：51–58.

［7］戚聿东，张任之 . 金融资产配置对企业价值影响的实证研究［J］. 财贸经济，2018（5）：38–52.

［8］王红建，曹瑜强，杨庆，等. 实体企业金融化促进还是抑制了企业创新——基于中国制造业上市公司的经验研究［J］. 南开管理评论，2017（1）：155–166.

［9］文春晖，等 . 过度融资、挤出效应与资本脱实向虚——中国实体上市公司

2007—2015 年的证据 [J]. 经济管理，2018 (7)：39-55.

[10] 张成思，张步昙. 中国实业投资率下降之谜：经济金融化视角 [J]. 经济研究，2016 (12)：32-46.

[11] 周雪峰，左静静. 实体企业金融化对民企创新投资的影响 [J]. 财会月刊，2018 (12)：167-176.

[12] 朱方明，金健. 企业金融化对工业企业风险承担水平的影响——基于中介效应和门限效应分析 [J]. 工业技术经济，2021，40 (4)：150-160.

第11章　酒、饮料和精制茶制造业金融化的动因和后果研究

本章专门研究酒、饮料和精制茶制造业金融化的动机以及金融化程度对主业发展的影响，以该行业上市公司2012—2021年数据为样本，首先具体考察不同的组织结构类型是否影响金融化。上市公司的组织结构类型分为部分上市、整体上市和投融资平台。结论是：当上市公司组织结构类型为整体上市和投融资平台时，对金融化程度是负的显著影响。对金融资产的构成进一步研究发现，整体上市和投融资平台对短期金融化程度具有显著的负向影响，投融资平台对长期金融化程度和产融结合金融化程度具有显著的正向影响。表明投融资平台的动机是做长期金融投资，产融结合是为了战略转型。本章还研究了该行业金融化程度对主业发展的影响。结论是：金融化程度挤出了固定资产投资，且主要是短期金融化程度挤出了固定资产投资，长期金融化程度对固定资产投资无显著影响，产融结合虽然能促进固定资产投资，但该行业产融结合转型的公司很少。该行业金融化后果存在滞后效应，例如滞后一期金融化程度和短期金融化程度显著负向影响了毛利率增长率。

本章还选取山西汾酒研究了该公司金融化的动机和对主业发展的影响及其作用机制。结论是：山西汾酒金融化的特点是金融化程度高、金融化效率低，金融资产结构主要以短期金融资产为主，山西汾酒所在的

子行业白酒制造业19家上市公司的金融化具有行业同质性。根据其金融化特点可判断山西汾酒金融化的动机是预防储蓄动机。再通过中介效应检验得出：山西汾酒金融化挤出了主业投资，但主业投资的下降反而有助于营业收入和营业利润的增长。这说明山西汾酒主业投资的增加是无效的，边际贡献是负的。山西汾酒因为增加主业投资已经不能刺激营收和利润的增长，所以才转向了金融化。

鉴于酒、饮料和精制茶制造业上市公司的组织结构类型选择对金融化的抑制作用有明显差异，其中整体上市优于部分上市，而投融资平台更优，所以本章建议该行业企业可以通过组织结构的变革来治理实体企业的金融化问题。除此之外，本章还建议相关监管层对该行业的金融化行为采取折衷的态度，既不放任自流，也不过度管制，让企业根据主业投资的效益是否达到边际来做出是否金融化和采取何种金融化手段的投资决策。

11.1 引言

近年来，随着实体经济下行企业压力攀升及金融工具日益丰富，实体企业金融化现象愈演愈烈。根据Wind数据库统计，上市公司购买理财产品的热度依旧不减，2021年认购或持有理财产品的上市公司数量为1306家，合计持有理财产品的数量为18787个，认购金额合计13505.78亿元，其中不乏认购金额超百亿元的公司。热衷证券投资的上市公司也不少，2021年沪深两市共有363家上市公司持有股票资产。另外，2021年有1639家非金融业上市公司披露了报告期末的交易性金融资产数据，金额总计为1.16万亿元。通过以上数据可以看出，越来越多的企业通过配置金融资产的方式来分享金融业超额利润，已逐渐成为国内实体企业盈利的重要途径。

因实体经济发展困难，金融业以其“暴利”的属性吸引着众多实体企业转向金融化，实体企业金融化现象的存在已久。2014年，金融改革加速之后，实体企业介入金融的步伐也加快了，业务涉及银行、保险、基金、股票基金、供应链金融、消费金融和理财等。实体企业这种“不务正业”的行为，可能会导致经济“脱实向虚”，甚至引发金融危机。然而，实体企业金融化所带来的不都是负面影响，一些实体企业通过布局金融业务，支持了主业的发展。如能抓住产融结合的机会，也是一条很好的发展路径。

党的二十大报告明确指出，要把发展经济的着力点放到实体经济上来，促进金融服务于实体经济的发展。然而，不同行业实体企业的金融化动机和后果是有明显差异的，所以需要针对具体行业的金融化进行研究，才能提出有针对性的治理对策。基于这种考虑，本章拟对酒、饮料和精制茶制造业金融化的动机和后果展开研究，包括实证研究，以及典型个案研究。本章主要内容有：尝试丰富实体企业金融化程度的测度方法；开展行业实证检验，探讨金融化驱动机制以及是否存在行业同质性问题并探究金融化对行业内企业主业发展的影响；通过对山西汾酒金融化的案例研究，发挥案例研究细致、深入的特点，从微观视角进一步观察实体企业金融化过程，识别其金融化动因和对主业发展的影响。实体企业金融化程度的主流测度标准主要有资产负债表判定标准和利润表判定标准，目前的文献还没有从资金运用的角度来测度实体企业金融化程度的，因此我们尝试提出现金流量表判定标准。因为该标准需要结合企业会计报表附注获取明细信息，基于成本效益原则，难以开展实证研究，更适于案例研究使用。本章的研究对于相关政策的制定和实施具有重要的现实意义。

11.2　文献综述、机理分析和研究假设

通过对国内外文献的梳理，可以发现国内外学者关于实体企业金融化已经有了较为完整、丰富的学术研究。从现有文献来看，研究主要关注实体企业金融化的内涵、程度衡量、动机、产生的经济后果和治理对策等。

11.2.1　实体企业金融化文献综述

（1）实体企业金融化的定义。

实体企业金融化是经济金融化在微观上的重要体现，一直是学者们非常关

注的问题。Krippner（2005）认为，实体企业金融化是指企业逐渐脱离正常的商品生产和贸易活动，其利润来源由主营业务收入转向金融投资收益的现象。Stockhammer（2010）则认为，实体企业金融化是指企业参与金融市场的积极性高，不断增加金融投资，同时融资渠道更加依赖外源融资的现象。张成思、郑宁（2019）从三个方面研究了实体企业金融化：一是非金融企业的利润来源渠道日益倚重金融渠道，二是非金融企业的金融投资占比日益高涨，三是非金融企业的金融资产持有比率日益增长。马红、王永嘉（2019）将实体企业金融化定义为实体企业减少实体经营投资增加金融投资，利润更多来源于金融投资收益，追求单纯资本增值的一种趋势。

（2）实体企业金融化程度的衡量方法。

有相当多的文献在测算金融化程度时使用的是金融资产比重法或金融利润比重法。Orhangazi（2008）和 Demir（2009）以企业金融资产与总资产的比例来衡量金融化程度。干胜道、陈妍村、王文兵（2016）提出衡量非金融业上市公司的金融化程度主要有两种方法，即金融利润比重法和金融资产比重法，且认为以金融资产比重法来衡量金融化程度更为合理。张成思、郑宁（2020）也采用金融资产占比以及金融渠道获利占比两个指标来反映实体企业的金融化程度，金融资产占比反映的是企业投资选择的倾向（即金融化意愿），而金融渠道获利占比则反映了企业投资选择的结果。以上文献在衡量实体企业金融化程度时使用的方法可归类为资产负债表标准或者利润表标准，只是在统计金融资产或金融投资收益时的口径有所差异。

（3）实体企业金融化的动机。

研究实体企业金融化动机的文献很丰富，主要有投资替代动机和预防性储蓄动机两大类。Orhangazi（2008）研究发现，非金融类企业对金融资产和金融机构的投资获得更多利益，从而导致对企业实体投资产生挤出效应。同样，Seo 等（2012）和 Akkemik 等（2014）研究认为企业金融化行为会更多地表现为投资金融业务进行套利，降低了实体经济投资意愿，影响了企业长期发展，量变产生质变，最终会阻碍实体经济发展。Tori 等（2017）根据资源配置理论认为，金融资产配置数量越多，固定资产投资数量就越少。Demir（2009）发现资产间收益率差异和不确定性使得企业削减实体投资，因此关键在于提高实体部门利润率。黄贤环、吴秋生、王瑶（2018）实证研究发现企业持有长期金融资产挤出了主业投资资金，表现为挤出效应，提升了企业面临的财务风险，是“舍本逐末”的行为。邓江花、郭永芹（2021）从企业金融资产异质性视角研究发现，宏观经济周期和行业利润差正向影响长期性金融资产配置的套利性动机，企业配置金融资产也可能是出于“预防性”目的。胡奕明、王雪婷、张瑾（2017）研究发现，当货币环境趋紧，企业为维持经营、舒缓资金压力，会卖出金融资产；当货币环境宽松时，则可能配置更多的金融资产，为将来的流动性进行储备。如果企业配置金融资产是出于这种以预防和储备为目的的“蓄水池”动机，则不会对实体经济产生挤出效应。黄贤环、吴秋生、王瑶（2018）研究发现持有短期金融资产能够降低企业面临的财务风险，表现为“蓄水池”效应，是“未雨绸缪”的活动。杨有红、赵晓梅（2021）研究发现，以短期金融产品为主的金融投资，“蓄水池”效应占主导，抑制了财务风险。

（4）实体企业金融化对主业发展的影响。

国内外学者都很关注实体企业金融化对主业发展的影响。Tori 等（2017）认为，从微观层面来看，金融化使实体企业偏离主业，过度金融化加剧了“去工业化”与资产泡沫化的矛盾，削弱了制造业的发展基础，导致产业“空心化”，挤出了企业创新投资和固定资产等实物资本投资。王红建等（2017）认为，套利动机越强的企业，金融化挤出企业创新效果越显著，而盈利能力越强的企业套利机会越少，且套利机会成本越高，因而金融化挤出企业创新显著性越弱。进一步检验还发现，实体企业金融化挤出企业创新存在拐点，当实体金融化程度超过 23% 时，两者之间逐渐开始呈现正相关关系，表现为一种促进效应。王少华等（2020）基于金融可持续发展理论，从股东价值最大化视角对企业金融化适度性的内涵进行了界定，并构建科学、合理的模型对中国实体企业金融化的适度性进行甄别。结果发现，从 2008 年到 2017 年，中国实体企业的金融化行为不断深化，整体上已呈现出过度金融化的特征，且过度金融化企业占比接近一半，其中 2008 年过度金融化企业占比最高，2013 年开始有所下降。进一步分析发现，企业从未过度金融化转向过度金融化以后，企业的金融资产规模会显著增大。同时，过度金融化会降低企业主业利润占比，增加金融渠道获利，减少固定资产和无形资产的投资，降低全要素生产率，阻碍企业发展。而未过度金融化则会提升主业利润占比，促进固定资产投资，提高企业全要素生产率，助力企业发展。

11.2.2 机理分析和研究假设

观察酒、饮料和精制茶制造业上市公司尤其是白酒类上市公司，发现其特点为毛利率高、货币资金充裕，有的企业还拥有财务子公司进行产融结合。再观察我国上市公司集团组织结构类型，无外乎三类——部分上市、整体上市和投资融或技术服务平台，且白酒类上市公司常会采取投融资平台结构。从组织结构理论来分析，部分上市应是效率最低的一种方式，集团有可能采取牺牲其他企业成就上市公司的策略。整体上市能促进集团专注于上市公司所在的主业发展，如此上市公司就没有足够的动力去搞金融化了。而投融资平台则是资金管理效率最高的一种方式，最有可能也有足够的资金去搞金融化，当然还有可能立足于长期金融投资或者进行产融结合。这说明，采用不同的组织结构意味着集团资金投资效率的差异或者战略追求的差异。据此，提出如下假设。

H1：相对于部分上市而言，整体上市的实体企业金融化和短期金融化的程度更低。

H2：相对于部分上市而言，投融资平台型的实体企业金融化和短期金融化的程度更低，长期金融化和产融结合金融化程度更高。

以上的文献综述显示，实体企业金融化可能会有挤出效应。基于资源基础理论，企业用于金融投资的资金多了，用于实业投资的资金就会变少。据此，提出如下假设。

H3：金融化和短期金融化会挤出固定资产投资和实业投资。

产融结合最常见的形式是成立集团财务子公司，需要或者有资金结余的成员企业可经财务公司调配资金，降低融资成本，提高资金收益率，是有利于集团内上市公司主业发展和壮大的，但这个过程可能会有滞后效应。据此，提出如下假设。

H4：滞后一期的金融化和短期金融化也会挤出固定资产投资；滞后一期的产

融结合金融化会促进固定资产投资的增加。

企业在金融资产上的配置可能不会立即产生明显效应，经过一段时间的经营后，金融投资的收益会弥补盈利的波动，促使盈利的波动性变小，这意味着企业的财务风险越低。据此，提出如下假设。

H5：滞后一期的长期金融化会降低盈利的波动性。

金融化尤其是短期金融化的动机是储蓄资金，其结果极有可能损害主业的发展。毛利率代表企业主业的竞争力，所以会滞后影响到毛利率的提高。据此，提出如下假设。

H6：滞后一期的金融化和短期金融化会降低毛利率增长率。

11.3　金融化程度的现金流量表判定标准

实体企业金融化判定标准有资产负债表判定标准、利润表判定标准和现金流量表判定标准。本章认可王冬梅（2022）提出的资产负债表判定标准和利润表判定标准。资产负债表判定标准反映的是企业某个时点金融资产配置的状态，是一个静态指标；利润表判定标准是从结果的角度看企业利润中有多少是来源于非生产经营业务的金融投资收益。对于现金流量表判定标准，我们认为可进一步调整为：金融化程度 = 金融投资现金支出 ÷（生产经营现金支出 + 金融投资现金支出）。从现金流量表取数的逻辑为：金融投资现金支出 = 金融性投资支付的现金 + 支付其他与投资活动有关的现金中的结构性存款与理财产品支出；生产经营现金支出 = 经营活动现金流出小计 + 购建固定资产、无形资产和其他长期资产支付的现金。现金流量表判定标准虽然能精确测度实体企业的金融化程度，但由于要从报表项目“投资所支付的现金”和“支付的其他与投资活动有关的现金”中分离出明细来，故不太适于大样本实证研究，而比较适于案例研究。

11.4 行业金融化实证研究

11.4.1 行业金融化动机检验

本章主要考察酒、饮料和精制茶行业上市公司不同的组织结构类型是否影响金融化程度，下面就通过实证分析来予以验证。

（1）样本和数据。

根据 2012 年修订的《上市公司行业分类指引》，酒、饮料和精制茶制造业两位数行业代码为 C15。本章选取行业分类为 C15 的上市企业，为了保证样本数据的质量，剔除了 2012—2021 年期间数据存在较大缺失以及 ST、*ST 类上市公司，整理后得出 48 家行业样本企业。再通过 CSMAR 数据库，整理得出 48 家样本企业 2012—2021 年在本章模型检验中需要使用的各项数据。

（2）变量定义。

被解释变量金融化程度采用资产负债表标准测度。为全面衡量金融化程度，本章共设置 6 个被解释变量。其中，按照金融资产是否包含超过正常需求的货币资金，设置两个变量。金融化程度 Fin1 以金融资产（包含超过正常需求的货币资金）占总资产的比值来表示；金融化程度 Fin2 以金融资产（未包含超过正常需求的货币资金）占总资产的比值来表示。同时区分金融资产结构差异，设置两个短期金融化程度变量和一个长期金融化程度变量。短期金融化程度 SFin1 以短期金融资产（包含超过正常需求的货币资金）占总资产的比值来表示；短期金融化程度 SFin2 以短期金融资产（未包含超过正常需求的货币资金）占总资产的比值来表示；长期金融化程度 LFin 以长期金融资产占总资产的比值来表示。第六个被解释变量是产融结合金融化程度 FinC，以发放贷款及垫款与金融性长期股权投资之和占总资产的比值来表示。解释变量组织结构类型是虚拟变量，设置有部分上市（TOS1）、整体上市（TOS2）和投融资平台（TOS3）三个类型。参照以往对金融化动机的研究文献，本章选取了对金融化动机可能产生影响的控制变量，包括反映公司经营财务状况、股本结构、产权性质、公司治理情况等的指标，具体为上市年限“公司年龄 +1”的自然对数、企业规模（企业年末资产总额的自然对数）、成长能力（企业营业收入年度增长率）、财务杠杆（企业年末资产负债率）、盈利能力（总资产净利润率）、现金持有量（货币资金 ÷ 总资产）、委托代理问题的替代变量管理费用率（管理费用 ÷ 营业收入）、两职合一（董事长兼任总经理赋值为1，否则为0）、股权集中度（第一大股东持股比例）和产权性质（国营企业赋值为1，否则为0）。

因样本为2012—2021年的酒、饮料和精制茶制造业上市公司数据，故设立了年度虚拟变量。此外，本章还将行业进一步细分为四个子行业（白酒、红酒、啤酒、饮料和精制茶）设置行业虚拟变量。为了考察产融结合的影响，又设置产融结合类型虚拟变量（未产融结合、金融性长期股权投资和拥有集团财务子公司三类）。细分行业和产融结合类型虚拟变量为分析整理后的数据，其余控制变量的数据均收集自CSMAR数据库。具体变量的定义，如表11-1所示。

表11-1　变量定义

变量类型	变量名称	变量符号	变量定义
被解释变量	金融化程度	Fin	金融资产 ÷ 资产总额
解释变量	组织结构类型	TOS	部分上市（TOS1），部分上市虚拟变量 整体上市（TOS2），整体上市虚拟变量 投融资平台（TOS3），投融资平台虚拟变量
控制变量	上市年限	Age	“公司年龄 +1”的自然对数
	企业规模	Size	企业年末资产总额的自然对数
	财务杠杆	Lev	企业年末资产负债率
	成长能力	Growth	企业营业收入年度增长率
	现金持有量	CH	货币资金 ÷ 资产总额
	管理费用率	EAR	管理费用 ÷ 营业收入
	盈利能力	ROA	总资产净利润率
	两职合一	Dual	董事长兼任总经理赋值为1，否则为0
	股权集中度	SHF	第一大股东持股比例
	产权性质	SOE	国营企业赋值为1，否则为0
	细分行业	Subind	细分行业虚拟变量
	产融结合类型	TFinC	产融结合类型虚拟变量
	年份	Year	年份虚拟变量

（3）模型构建

为验证假设 H1 和 H2 是否成立，特构建模型 11-1。其中，Control 为所有控制变量，γ 为回归系数、ε 为随机误差项，i 表示上市公司，t 表示观测年度。

$$Fin_{it}=\gamma_0+\gamma_1 TOS_{it}+\sum Control+\sum Subind+\sum Year+\varepsilon_{it} \quad (11-1)$$

（4）描述性统计。

描述性统计结果如表 11-2 所示。金融化程度 Fin1 的口径是包含超过正常需求的货币资金，最大值达到 0.742，最小值为 -0.436，均值为 0.227，表明该行业上市公司金融化程度普遍较高，有的公司大部分资产都为金融资产，也有个别公司货币资金不足以支付一年内到期的债务，财务压力较大。短期金融化程度 SFin1 的口径也是包含超过正常需求的货币资金，最大值为 0.742，最小值为 -0.436，均值为 0.217，各项统计值与 Fin1 非常接近，说明该行业上市公司的金融资产结构以短期为主。长期金融化程度 LFin 的均值仅为 0.010，也印证了这一点。金融化程度 Fin2 的口径是未包含超过正常需求的货币资金，最大值为 0.464，最小值为 0，均值为 0.062，较 Fin1 的各项统计值都有明显降低，表明该行业上市公司金融资产中货币资金比重很高。产融结合金融化程度 FinC 的最大值为 0.017，最小值为 0，均值接近 0（描述性统计小数位取了后三位，产融结合金融化程度的均值非常小，显示为 0），表明该行业上市公司有金融性长期股权投资或者有集团财务子公司的非常少，产融结合的情况不多。组织结构类型中，部分上市 TOS1 占比最少，为 7.4%；整体上市 TOS2 占比最多，为 65.4%；投融资平台 TOS3 占比居中，为 27.2%。

表 11-2　酒、饮料和精制茶制造业金融化的动机研究描述性统计结果

变量	样本数	最大值	最小值	均值	中位数	标准差
Fin1	408	0.742	-0.436	0.227	0.242	0.252
Fin2	408	0.464	0	0.062	0.005	0.101
SFin1	408	0.742	-0.436	0.217	0.239	0.251
SFin2	408	0.396	0	0.051	0	0.089
LFin	408	0.118	0	0.010	0	0.023

续表

变量	样本数	最大值	最小值	均值	中位数	标准差
FinC	408	0.017	0	0	0	0.002
TOS1	408	1	0	0.074	0	0.261
TOS2	408	1	0	0.654	1	0.476
TOS3	408	1	0	0.272	0	0.446
Age	400	3.350	0	2.564	2.890	0.790
Size	408	25.63	19.810	22.240	22.030	1.238
Lev	408	0.798	0.052	0.346	0.314	0.175
Growth	397	3.324	−0.715	0.120	0.049	0.485
CH	408	0.701	0.014	0.236	0.180	0.166
EAR	408	0.695	0.017	0.103	0.078	0.091
ROA	408	0.260	−0.337	0.059	0.047	0.093
Dual	406	1	0	0.204	0	0.404
SHF	406	74.660	5.870	37.340	36.050	15.160
SOE	408	1	0	0.586	1	0.493

（5）相关分析。

各变量间的相关系数如表 11-3 所示。组织结构类型为整体上市与金融化程度 Fin1 不相关，与 Fin2 在 5% 的水平上呈正相关，相关系数为 0.125。控制变量绝大多数与金融化程度显著相关，其中现金持有量与金融化程度 Fin1 在 1% 的水平上显著正相关，相关系数高达 0.711。所以后续在回归分析中若被解释变量为 Fin1，则控制变量中剔除现金持有量 CH。企业规模 Size 和盈利能力 ROA 与金融化程度呈正相关。上市年限 Age、管理费用率 EAR 和财务杠杆 Lev 与金融化程度呈负相关。以上变量相关性与基本经济意义相符，且各控制变量间的相关系数较低，不存在明显的共线性问题。

表 11-3 酒、饮料和精制茶制造业金融化的动机研究相关性分析表

	Fin1	Fin2	TOS2	Age	Size	Lev	Growth	CH	EAR	ROA	Dual	SHF	SOE
Fin1	1												
Fin2	0.393***	1											
TOS2	–0.016	0.125**	1										
Age	–0.116**	–0.341***	–0.114**	1									
Size	0.257***	0.146***	0.153***	0.083*	1								
Lev	–0.587***	–0.209***	–0.159***	0.205***	–0.027	1							
Growth	0.010	–0.080	–0.098*	0.048	–0.058	0.133***	1						
CH	0.711***	–0.192***	–0.186***	0.091*	0.184***	–0.300***	0.011	1					
EAR	–0.255***	–0.102**	–0.032	0.122**	–0.333***	0.070	–0.107**	–0.215***	1				
ROA	0.485***	0.123**	0.081	–0.149***	0.513***	–0.245***	0.170***	0.342***	–0.507***	1			
Dual	0.048	0.053	–0.098**	–0.294***	–0.059	–0.119**	0.024	0.014	–0.060	0.048	1		
SHF	0.018	–0.050	0.283***	–0.183***	0.379***	–0.108**	–0.071	0.028	–0.217***	0.305***	0.027	1	
SOE	0.026	0.038	0.215***	0.361***	0.421***	–0.072	–0.134***	0.019	–0.088*	0.045	–0.129***	0.165***	1

注：*、**、*** 分别代表 10%、5% 和 1% 的显著性水平，下同。

（6）回归分析。

因被解释变量 Fin1 和 SFin1 均为包含超过正常需求的货币资金口径，Fin2 和 SFin2 均为未包含超过正常需求的货币资金口径，而 LFin 和 FinC 不用考虑货币资金，所以将被解释变量分为两组，第一组为 Fin1、SFin1、LFin 和 FinC，第二组为 Fin2、SFin2、LFin 和 FinC。第一组得出的回归结果如表 11–4 所示。本组被解释变量包含超过正常需求的货币资金，因此控制变量去掉了现金持有量 CH。从表 11–4 所示的回归结果可知，当上市公司组织结构类型为整体上市和投融资平台时，对金融化程度是负的影响，且在 1% 的水平上显著。从金融资产的结构角度进一步分析，整体上市和投融资平台对短期金融化程度是负的影响，在 1% 的水平上显著。投融资平台对长期金融化程度和产融结合金融化程度是正的显著性影响，表明投融资平台的动机是做长期金融投资，考虑产融结合发展的战略转型，符合假设预期。

表 11–4　酒、饮料和精制茶制造业金融化的动机研究第一组回归结果

	Fin1	SFin1	LFin	FinC
TOS2	−0.277***	−0.281***	0.004	0.0002
	（−7.690）	（−7.940）	（1.120）	（0.530）
TOS3	−0.236***	−0.243***	0.007**	0.001*
	（−6.690）	（−7.050）	（2.250）	（1.710）
Age	−0.013	−0.007	−0.006***	−0.0003
	（−0.940）	（−0.500）	（−3.380）	（−1.090）
Size	0.005	0.005	0.0003	−0.00006
	（0.520）	（0.560）	（0.170）	（−0.530）
Lev	−0.860***	−0.860***	−0.001	−0.00003
	（−15.910）	（−15.940）	（−0.150）	（−0.090）
Growth	−0.001	0.001	−0.002	−0.00003
	（−0.030）	（0.030）	（−0.820）	（−0.260）

续表

	Fin1	SFin1	LFin	FinC
EAR	0.031 (0.230)	0.058 (0.420)	-0.025* (-1.840)	0.001 (0.720)
ROA	0.836*** (4.550)	0.856*** (4.530)	-0.020 (-1.570)	0.001 (0.540)
Dual	-0.061*** (-2.900)	-0.057*** (-2.720)	-0.005** (-2.260)	-0.00007 (-0.29)
SHF	-0.004*** (-7.150)	-0.003*** (-6.760)	-0.0002*** (-3.470)	0.000002 (0.300)
SOE	0.025 (1.250)	0.016 (0.810)	0.008*** (2.890)	0.001 (1.630)
Subind2	-0.173*** (-7.350)	-0.172*** (-7.350)	0.00006 (0.020)	-0.0002 (-1.200)
Subind3	0.048** (2.080)	0.058** (2.490)	-0.010*** (-4.780)	-0.0002 (-1.530)
Subind4	-0.089*** (-2.720)	-0.085*** (-2.630)	-0.003 (-1.140)	0.0001 (0.270)
TFinC2	-0.053 (-1.450)	-0.068* (-1.870)	0.014*** (3.050)	0.004*** (3.210)
TFinC3	0.086 (1.550)	0.045 (0.870)	0.034*** (3.220)	0.003** (2.270)
Year	控制	控制	控制	控制
N	387	387	387	387
r^2	0.658	0.660	0.247	0.332

（7）稳健性检验。

为了保证上述回归结果的可靠性，将第二组被解释变量 Fin2、SFin2、LFin 和 FinC 作为替代指标，回归结果如表 11-5 所示。当上市公司组织结构类型为整体上市和投融资平台时，对金融化程度是负的影响，且在 1% 的统计水平上显著。从金融资产结构角度进一步分析，整体上市和投融资平台对短期金融化程度是负的影响，在1%的统计水平上显著，这两点与第一组回归结果一致。有差异的是，本组检验控制变量增加了现金持有量CH，CH对金融化程度是负的显著性影响，可能对解释变量与被解释变量之间的关系产生了一定作用。本组检验结果为：投融资平台对长期金融化程度和产融结合金融化程度没有产生显著性影响，表明持有较高的现金会抑制长期金融投资或产融结合转型。

表11-5　酒、饮料和精制茶制造业金融化的动机研究稳健性检验

	Fin2	SFin2	LFin	FinC
TOS2	−0.075***	−0.064***	−0.001	−0.0001
	(−4.210)	(−4.060)	(−0.140)	(−0.260)
TOS3	−0.076***	−0.070***	0.004	0.0004
	(−4.370)	(−4.550)	(1.180)	(1.260)
Age	−0.053***	−0.046***	−0.004***	−0.0002
	(−6)	(−5.880)	(−2.620)	(−0.690)
Size	0.004	0.004	0.0003	−0.0001
	(0.890)	(0.890)	(0.190)	(−0.520)
Lev	−0.165***	−0.143***	−0.011	−0.001
	(−5.550)	(−5.370)	(−1.440)	(−1.22)
Growth	−0.010	−0.008	−0.002	−0.00004
	(−1.370)	(−1.360)	(−0.880)	(−0.350)
CH	−0.239***	−0.202***	−0.024***	−0.001*
	(−6.950)	(−6.820)	(−2.810)	(−1.790)
EAR	−0.036	−0.011	−0.025**	0.001
	(−0.750)	(−0.230)	(−2)	(0.620)
ROA	0.127**	0.133**	−0.011	0.001
	(2.260)	(2.500)	(−0.860)	(0.870)
Dual	−0.029***	−0.020**	−0.006**	−0.0001
	(−2.590)	(−1.980)	(−2.410)	(−0.410)

续表

	Fin2	SFin2	LFin	FinC
SHF	−0.002***	−0.002***	−0.0003***	0.000001
	(−5.990)	(−5.240)	(−3.690)	(0.120)
SOE	0.038***	0.029***	0.008***	0.001
	(3.890)	(3.370)	(2.880)	(1.590)
Subind2	−0.036**	−0.031**	−0.003	−0.0004**
	(−2.450)	(−2.270)	(−0.820)	(−2.020)
Subind3	0.002	0.009	−0.009***	−0.0002
	(0.140)	(0.790)	(−4.390)	(−1.060)
Subind4	−0.009	−0.009	−0.003	0.0002
	(−0.800)	(−0.850)	(−0.840)	(0.370)
TFinC2	0.029*	0.015	0.014***	0.004***
	(1.780)	(1.070)	(3.060)	(3.200)
TFinC3	0.071**	0.028	0.036***	0.003**
	(2.130)	(1.270)	(3.410)	(2.320)
Year	控制	控制	控制	控制
_cons	0.283***	0.242***	0.025	0.002
	(2.620)	(2.690)	(0.810)	(0.870)
N	387	387	387	387
r^2	0.392	0.36	0.266	0.338

11.4.2 行业金融化后果检验

本节检验酒、饮料和精制茶制造业金融化的后果，具体考察该行业上市公司金融化程度是否影响主业发展。如果假设因果关系成立，则进一步研究对主业发展影响的作用机制。

（1）变量定义。

被解释变量为主业发展和企业财务风险。本节共设置 2 个维度共 6 个指标作为解释变量，分别为固定资产投资占比、实业投资占比、盈利波动性、营业收入增长率、毛利率同比增长率和剔除金融投资收益的营业利润增长率。具体变量的定义如表 11-6 所示。解释变量为金融化程度，共有 6 个细分指标。解释变量与控制变量的定义与上述动机检验部分一致，不再赘述。

表 11-6　酒、饮料和精制茶制造业金融化的后果研究被解释变量定义表

变量类型	变量名称	变量符号	变量定义
被解释变量	固定资产投资占比	FAR	（固定资产净额 + 工程物资 + 在建工程）÷ 总资产
	实业投资占比	FIR	购建固定资产、无形资产和其他长期资产支付的现金 ÷ 投资活动现金流出小计
	盈利波动性	VEBITTA	（息税前利润 ÷ 总资产）三年波动率
	营业收入增长率	Growth	（本期营业收入 - 上期营业收入）÷ 上期营业收入
	毛利率同比增长率	GMG	（本期毛利率 - 上期毛利率）÷ 上期毛利率
	剔除金融投资收益的营业利润增长率	EIGR	（本期剔除金融投资收益的营业利润 - 上期剔除金融投资收益的营业利润）÷ 上期剔除金融投资收益的营业利润

（2）模型构建。

为检验行业金融化的后果，以固定资产投资占比为被解释变量，构建模型（11-2）。以其他指标为被解释变量的模型，依此类推，不再重复列出。

$$FAR_{it}=\beta_0+\beta_1 Fin_{it}+\sum Control+\sum Subind+\sum Year+\varepsilon_{it} \quad (11\text{-}2)$$

（3）描述性统计。

本小节涉及变量的描述性统计结果如表 11-7 所示。固定资产投资占比 FAR 的最大值为 0.580，最小值为 0.008，均值为 0.248，表明该行业上市公司总资产中固定资产比重差异较大。盈利波动性 VEBITTA 的最大值为 0.282，最小值为 0，均值为 0.038，表明该行业上市公司盈利波动性不大。营业收入增长率 Growth、剔除金融投资收益的营业利润增长率 EIGR、毛利率同比增长率 GMG 几个指标有的公司特别高，有的特别低甚至是负增长，均值也偏低，说明行业内公司增长不平衡，部分公司面临增长乏力甚至负增长的情况。

表 11-7 酒、饮料和精制茶制造业金融化的后果研究描述性统计表

变量	样本量	最大值	最小值	均值	中位数	标准差
FAR	408	0.580	0.008	0.248	0.228	0.130
FIR	408	1	0.001	0.515	0.461	0.399
VEBITTA	400	0.282	0	0.038	0.021	0.050
Growth	397	3.324	−0.715	0.120	0.049	0.485
GMG	397	0.949	−0.539	0.009	0.002	0.187
EIGR	397	10.480	−19.760	−0.188	0.072	2.931

（4）相关性分析。

行业金融化后果检验部分变量间的相关系数如表 11-8 所示，固定资产投资占比 FAR、实业投资占比 FIR 与金融化程度 Fin1、Fin2 均呈负相关，且在 1% 的水平上显著。

盈利波动性 VEBITTA 与金融化程度 Fin1、Fin2 也呈显著负相关。毛利率同比增长率 GMG 与金融化程度 Fin1、Fin2 呈负相关但不显著。剔除金融投资收益的营业利润增长率 EIGR 与金融化程度 Fin1、Fin2 正相关。营业收入增长率 Growth 与金融化程度 Fin1、SFin1 正相关。当被解释变量为营业收入增长率、剔除金融投资收益的营业利润增长率时，控制变量要去掉成长能力指标。从表 11-8 中可观察到，各控制变量间的相关系数较低，不存在明显的共线性问题。

表 11-8 酒、饮料和精制茶制造业金融化的后果研究相关性分析表

	Fin1	Fin2	FAR	FIR	VEBITTA	GMG	EIGR	Growth	CH
Fin1	1								
Fin2	0.393***	1							
FAR	−0.341***	−0.178***	1						
FIR	−0.199***	−0.550***	−0.036	1					
VEBITTA	−0.148***	−0.141***	−0.162***	0.062	1				
GMG	−0.081	−0.025	−0.080	0.003	0.038	1			
EIGR	0.077	0.015	0.050	−0.023	−0.036	−0.008	1		
Growth	0.010	−0.080	−0.140***	−0.002	0.237***	−0.033	0.190***	1	
CH	0.711***	−0.192***	−0.331***	0.161***	−0.106**	−0.086*	0.058	0.011	1

注：*、**、*** 分别表示 10%、5%、和 1% 的显著性水平，下同。

（5）回归分析。

从表 11-9 所示的回归结果可知，金融化程度对固定资产投资占比呈现负的影响，且在 1% 的水平上显著。进一步分析，短期金融化程度对固定资产投资占比是负的影响，在 1% 的水平上显著，而长期金融化程度对固定资产投资占比无显著影响，但产融结合金融化程度对固定资产投资占比呈现正的影响，在 10% 的水平上显著。说明总体而言酒、饮料和精制茶制造业上市公司金融化程度挤出了固定资产投资，该行业的金融化特点是以短期金融化为主，因此主要是短期金融化程度挤出了固定资产投资，长期金融化程度对固定资产投资无影响，产融结合虽然能促进固定资产投资，但该行业涉及产融结合的公司很少，因此对行业整体影响不大。金融化程度对实业投资占比也是负的显著性影响，与固定资产投资占比情况类似。但是金融化程度对反映主业发展情况的指标如营业收入增长率、剔除金融投资收益的营业利润增长率、毛利率同比增长率、盈利波动性，都不具有显著的影响，这比较令人费解。那么，金融化程度对主业发展的影响是否存在时间上的滞后效应呢？

表 11-9　酒、饮料和精制茶制造业金融化的后果研究回归结果

	FAR	FAR	FAR	FAR	FIR	FIR	FIR	FIR
Fin1	-0.270^{***} （-4.730）				-0.594^{**} （-2.600）			
SFin1		-0.265^{***} （-4.820）				-0.572^{**} (-2.52)		
LFin			-0.101 （-0.190）				-1.101 （-1.040）	
FinC				4.616^{*} （1.940）				-0.050 （-0.010）
Age	0.043 （1.340）	0.039 （1.170）	0.082 （1.660）	0.085^{*} （1.810）	-0.127 （-1.100）	-0.134 （-1.170）	-0.030 （-0.260）	-0.045 （-0.400）
Size	0.011 （0.490）	0.011 （0.500）	-0.004 （-0.160）	-0.003 （-0.120）	0.072 （0.620）	0.073 （0.630）	0.037 （0.310）	0.040 （0.340）

续表

	FAR	FAR	FAR	FAR	FIR	FIR	FIR	FIR
Lev	−0.102**	−0.092**	0.043	0.048	−0.247	−0.221	0.048	0.075
	(−2.270)	(−2.140)	(0.950)	(1.060)	(−0.690)	(−0.630)	(0.130)	(0.210)
Growth	0.014	0.014	0.008	0.008	−0.001	−0.002	−0.013	−0.014
	(1.610)	(1.500)	(1.110)	(1.100)	(−0.020)	(−0.070)	(−0.370)	(−0.420)
EAR	0.039	0.040	0.016	0.022	0.419**	0.419**	0.362*	0.368*
	(0.530)	(0.540)	(0.220)	(0.300)	(2.020)	(2.090)	(1.790)	(1.900)
ROA	−0.061	−0.058	−0.172**	−0.175*	0.383	0.385	0.121	0.143
	(−0.820)	(−0.780)	(−2.100)	(−2.010)	(1.090)	(1.110)	(0.400)	(0.480)
Dual	−0.011	−0.010	−0.005	−0.005	−0.003	−0.0001	0.008	0.013
	(−1.180)	(−1.060)	(−0.420)	(−0.500)	(−0.050)	(−0.000)	(0.140)	(0.210)
SHF	0.004***	0.004***	0.005**	0.005**	−0.001	−0.001	0.001	0.001
	(2.810)	(2.790)	(2.660)	(2.660)	(−0.250)	(−0.250)	(0.200)	(0.170)
SOE	−0.017	−0.018	−0.034	−0.0346	−0.006	−0.009	−0.0401	−0.043
	(−0.700)	(−0.740)	(−1.150)	(−1.190)	(−0.060)	(−0.080)	(−0.330)	(−0.350)
TFinC2	−0.031	−0.029	−0.013	−0.0327	−0.103	−0.098	−0.0679	−0.062
	(−1.300)	(−1.200)	(−0.440)	(−1.020)	(−0.610)	(−0.590)	(−0.370)	(−0.290)
TFinC3	0.050*	0.038	0.065	−0.009	−0.108	−0.133	−0.0335	−0.083
	(1.980)	(1.490)	(1.330)	(−0.180)	(−0.640)	(−0.780)	(−0.190)	(−0.320)
Year	控制	控制	控制	控制	控制	控制	控制	控制
_cons	−0.114	−0.116	0.008	−0.027	−0.355	−0.355	−0.056	−0.093
	(−0.250)	(−0.250)	(0.010)	(−0.050)	(−0.150)	(−0.150)	(−0.020)	(−0.040)
N	387	387	387	387	387	387	387	387
r^2	0.441	0.436	0.234	0.248	0.207	0.205	0.165	0.163

（6）滞后效应检验。

以上一期金融化程度作为解释变量、本期被解释变量代入模型（11-2），滞后一期回归结果如表 11-10 和表 11-11 所示。表 11-10 显示：滞后一期金融化程度和滞后一期短期金融化程度挤出了固定资产投资，且在 1% 的水平上显著；滞后一期长期金融化程度降低了盈利的波动性，在 10% 的水平上显著；滞后一期产融结合金融化促进了企业固定资产投资，且在 5% 的水平上显著。表 11-11 显示：滞后一期金融化程度和滞后一期短期金融化程度分别在 10% 和 5% 的水平上对毛利率同比增长率具有负的显著影响。说明金融化程度影响主业发展的因果关系成立，但同时存在滞后效应。

表 11-10　酒、饮料和精制茶制造业金融化的滞后后果回归结果（一）

	FAR	FAR	FAR	FAR	VEBITTA	VEBITTA	VEBITTA	VEBITTA
L.Fin1	-0.162***				-0.004			
	(-3.840)				(-0.110)			
L.SFin1		-0.164***				-0.00002		
		(-4.020)				(-0.000)		
L.LFin			0.185				-0.284*	
			(0.350)				(-1.750)	
L.FinC				5.255**				-0.788
				(2.500)				(-0.400)
Age	0.045	0.040	0.063	0.070	0.025*	0.025*	0.032**	0.025
	(1.280)	(1.130)	(1.330)	(1.650)	(1.730)	(1.790)	(2.020)	(1.570)
Size	0.001	0.001	-0.005	-0.004	-0.050**	-0.049**	-0.050**	-0.049**
	(0.020)	(0.050)	(-0.170)	(-0.150)	(-2.480)	(-2.460)	(-2.600)	(-2.520)
Lev	-0.046	-0.044	0.018	0.017	0.101***	0.103***	0.070**	0.103**
	(-1.050)	(-1.050)	(0.380)	(0.340)	(2.730)	(2.750)	(2.520)	(2.620)
Growth	0.013	0.013	0.009	0.010	0.034***	0.034***	0.034***	0.034***
	(1.580)	(1.540)	(1.150)	(1.240)	(3.450)	(3.420)	(3.550)	(3.430)
EAR	0.027	0.025	0.009	0.016	-0.031	-0.032	-0.028	-0.032
	(0.400)	(0.370)	(0.110)	(0.220)	(-0.450)	(-0.460)	(-0.410)	(-0.470)
ROA	-0.084	-0.084	-0.128*	-0.134*	-0.274***	-0.275***	-0.273***	-0.274***
	(-1.170)	(-1.200)	(-1.690)	(-1.760)	(-4.910)	(-4.900)	(-4.860)	(-4.810)
Dual	-0.002	-0.001	0.002	0.001	-0.001	-0.001	-0.003	-0.001
	(-0.220)	(-0.080)	(0.250)	(0.110)	(-0.200)	(-0.180)	(-0.470)	(-0.170)

续表

	FAR	FAR	FAR	FAR	VEBITTA	VEBITTA	VEBITTA	VEBITTA
SHF	0.005***	0.005***	0.005***	0.006***	-0.002	-0.002	-0.002	-0.002
	(2.990)	(2.960)	(2.720)	(2.720)	(-1.570)	(-1.570)	(-1.440)	(-1.530)
SOE	-0.031	-0.032	-0.044	-0.045	-0.031**	-0.032**	-0.031**	-0.031**
	(-0.760)	(-0.770)	(-1.220)	(-1.240)	(-2.180)	(-2.210)	(-2.160)	(-2.240)
TFinC2	-0.022	-0.022	-0.021	-0.044	-0.049**	-0.049**	-0.049**	-0.046***
	(-0.840)	(-0.840)	(-0.730)	(-1.640)	(-2.260)	(-2.260)	(-2.410)	(-2.960)
_cons	0.028	0.029	0.050	0.017	1.147**	1.148**	1.154**	1.153**
	(0.060)	(0.060)	(0.080)	(0.030)	(2.500)	(2.490)	(2.550)	(2.490)
Year	控制	控制	控制	控制	控制	控制	控制	控制
N	350	350	350	350	349	349	349	349
r^2	0.328	0.330	0.232	0.255	0.445	0.444	0.452	0.446

表 11-11 酒、饮料和精制茶制造业金融化的滞后后果回归结果（二）

	GMG	GMG	GMG	GMG
L.Fin1	-0.235*			
	(-1.970)			
L.SFin1		-0.243**		
		(-2.040)		
L.LFin			0.636	
			(1.230)	
L.FinC				-0.840
				(-0.230)
Age	0.067	0.059	0.085	0.099*
	(1.200)	(1.030)	(1.440)	(1.870)
Size	-0.055	-0.054	-0.062	-0.064
	(-1.200)	(-1.180)	(-1.270)	(-1.340)
Lev	0.241	0.240	0.336**	0.329**
	(1.560)	(1.570)	(2.510)	(2.330)

续表

	GMG	GMG	GMG	GMG
Growth	−0.055 （−0.780）	−0.055 （−0.790）	−0.061 （−0.860）	−0.060 （−0.840）
EAR	0.629 （1.380）	0.627 （1.380）	0.598 （1.280）	0.606 （1.300）
ROA	1.184** （2.520）	1.185** （2.520）	1.116** （2.390）	1.123** （2.410）
Dual	0.024 （0.500）	0.025 （0.540）	0.032 （0.650）	0.029 （0.580）
SHF	0.004 （1.430）	0.004 （1.380）	0.004 （1.440）	0.004 （1.570）
SOE	0.027 （0.660）	0.027 （0.660）	0.008 （0.210）	0.009 （0.250）
TFinC2	0.043 （0.730）	0.043 （0.740）	0.045 （0.790）	0.048 （0.700）
Year	控制	控制	控制	控制
_cons	0.683 （0.760）	0.682 （0.760）	0.707 （0.770）	0.725 （0.790）
N	350	350	350	350
r^2	0.169	0.170	0.150	0.148

11.5　山西汾酒案例分析

11.5.1　公司金融化概况

据新浪财经和公司官网介绍，山西杏花村汾酒厂股份有限公司（简称山西汾酒）于 1994 年 1 月在上交所上市，股票代码 600809，是中国白酒第一股。以生产经营汾酒、竹叶青酒为主营业务。公司拥有我国驰名品牌杏花村。名牌命名源于晚唐大诗人杜牧的千古绝唱“借问酒家何处有，牧童遥指杏花村”诗联，在国内外享有盛誉。2021年度山西汾酒实现营业收入199.71亿元，同比增长42.75%，实现归属于上市公司股东的净利润53.14亿元，同比增长72.56%，属于高成长性企业。

2022年5月18日，山西汾酒公告拟以不超过200亿元闲置自有资金购买理财产品，使其一时成为资本市场的焦点，公告称公司在保证流动性和资金安全且不影响公司经营业务开展的前提下，运用闲置资金购买金融机构发行的结构性存款，有利于提高资金使用效率。经查阅山西汾酒公司年报，发现其动用大笔资金理财已持续相当长的时间。问题是：山西汾酒这一金融资产投资行为对公司经营业务的开展真的没有影响吗？下面就对此展开案例分析。

11.5.2 山西汾酒金融化程度的多维度测量

（1）资产负债表标准。

从表11–12所示的资产负债表标准计算的金融化程度来看，山西汾酒金融资产比重从2012年的40.59%快速下滑到2013年的17%，2014—2018年在13% ~20%之间波动，之后一路走高到2021年的40.65%。超过40%的金融化程度可以说是相当高了，而且从2022年的公告中可以了解到，山西汾酒还在进一步加大金融资产的投资。2013年金融资产比重快速下降的原因是2013年末的货币资金较上年减少了14.96亿元。从年报查询到山西汾酒在当年派发了大额现金股利7.3亿元，且当年经营活动产生的现金流量净额为–3.06亿元，这是其10年来唯一为负值的年份，导致货币资金年末余额急速下降。

表11–12 山西汾酒资产负债表标准测度的金融化程度（金额单位：万元）

项目	2021年	2020年	2019年	2018年	2017年	2016年	2015年	2014年	2013年	2012年
超过正常需求的货币资金	613258	460671	396943	142161	125929	121790	104607	75650	98485	248080
交易性金融资产	603053	–	–	–	–	–	–	–	–	–

续表

项目	2021年	2020年	2019年	2018年	2017年	2016年	2015年	2014年	2013年	2012年
可供出售金融资产	–	–	–	881	901	997	1181	384	384	–
其他权益工具投资	1281	1298	1281	–	–	–	–	–	–	–
其他流动资产中的理财产品	–	18554	37400	67550	57350	3300	–	–	–	–
金融资产合计	1217592	480523	435624	210592	184180	126087	105788	76034	98869	248080
总资产	2995456	1977853	1671986	1238455	950384	741663	670663	578610	581669	611215
金融化程度（%）	40.65	24.30	26.05	17	19.38	17	15.77	13.14	17	40.59

资料来源：根据山西汾酒2012—2021年报数据整理计算而得。

（2）利润表标准。

在表11–13中，金融投资收益 = 公允价值变动净收益 + 投资净收益 – 对联营和合营企业的投资收益。分析表中所示的利润表标准的金融化程度计算结果可知，山西汾酒金融化程度2012年为0，之后一直都比较低，2021年最高也仅为1.46%。总之金融投资收益很少，占营业利润的比重几乎可以忽略。山西汾酒金融资产的回报率是非常低的，高的年份2021年才1.21%，甚至低于一年期银行存款利率水平。因此，从利润表标准的金融化程度来看，山西汾酒金融化的效率并不高。

表 11-13 山西汾酒利润表标准的金融化程度测度（金额单位：万元）

项目	2021年	2020年	2019年	2018年	2017年	2016年	2015年	2014年	2013年	2012年
公允价值变动净收益	2753	–	–	–	–	–	–	–	–	–
投资净收益	7216	–4878	–9780	100	90	–88	38	1	28	0
其一：对联营合营企业的投资收益	–307	–57	–	–	75	–135	–	–	–	–
其二：金融投资收益	7523	–4821	–9780	100	15	47	38	1	28	0
营业利润	702946	423488	292934	223561	139471	92966	77208	50884	148484	201514
金融化程度（%）	1.46	–1.14	–3.34	0.04	0.01	0.05	0.05	0	0.02	0

资料来源：根据山西汾酒 2012—2021 年报数据整理计算而得。

（3）现金流量表标准。

在表 11-14 中，金融投资现金支出 = 金融性投资支付的现金，是因为支付的其他与投资活动有关的现金报表项为 0，表中未列示。从表中所示的现金流量表标准的金融化程度计算结果可知，山西汾酒金融化程度 2012—2014 年为 0，2015 年为 0.11%，之后每年快速增长，一路走高到 2021 年的 47.30%。现金流量表标准的金融化程度 2014 年及之前基本为 0，是因为现金流量表反映的是资金在一定期间的发生额，说明在 2012—2014 年期间山西汾酒没有金融投资活动发生，2015 年开始有少量的短期理财产品投资，当年发生额为 430 万元，2015 年之后理财产品投资额迅速增长，从几千万到几个亿到几十亿再到超百亿，金融化程度也随之一路攀升，2021 年高达 47.30%。

同时从表 11-14 中也可以清晰地观察到，购建固定资产、无形资产和其他长期资产支付的现金从 2012 年的 26928 万元，至 2013 年增长到高点 48231 万元，之后呈下降趋势，2017 年到达低点 6708 万元，之后几年有所增长，但金额总体不大，未超过 2 亿元，2021 年为 15628 万元。主业投资支付的现金与金融性投资支付的现金的趋势截然不同。从现金流量表的数据中，可以更清楚地观察到企业资金运用于各种活动的变化情况。

表 11–14　山西汾酒现金流量表标准的金融化程度测度（金额单位：万元）

项目	2021 年	2020 年	2019 年	2018 年	2017 年	2016 年	2015 年	2014 年	2013 年	2012 年
金融性投资支付的现金	1603357	576320	134145	37727	42450	4300	430	–	–	–
金融投资活动现金支出	1603357	576320	134145	37727	42450	4300	430	–	–	–
经营活动现金流出小计	1770755	1174908	1061307	812700	558026	404132	367469	386097	613580	602857
购建固定资产、无形资产和其他长期资产支付的现金	15628	19582	16137	9478	6708	10661	17691	30092	48231	26928
生产经营活动现金支出	1786383	1194490	1077444	822178	564734	414793	385159	416190	661811	629784
金融化程度（%）	47.30	32.55	11.07	4.39	6.99	1.03	0.11	0	0	0

资料来源：根据山西汾酒 2012—2021 年报数据整理计算而得。

（4）三个测度标准的对比分析。

从三个测度标准的 10 年金融化程度变化趋势对比中可以观察到，各标准的金融化程度计算结果存在差异，有时差异还很大。利润表标准一直在 0 上下浮动。现金流量表标准起初为 0，2017 年突然走高，然后一路高涨。资产负债表标准起初很高，2013—2018 年在 10% ~20% 之间浮动，2019 年后快速增长。以 2012 年为例，利润表标准和现金流标准的计算结果均为 0，但资产负债表标准的计算结果为 40.59%，差异很大。那么，在 2012 年山西汾酒的金融化程度是高还是低呢？依据不同的标准可得出完全不同的结论。多维度的考察可以更全面地测度企业金融化程度，通过三个测度标准可以互相验证判定 2019 年之后山西汾酒不仅将大量的资金运用于金融投资活动，且期末金融资产的比重在增大，金融化程度已处在很高的水平，但是过高的金融化程度并没有带来高额投资收益。

（5）资产负债表标准的口径对比分析。

在衡量资产负债表标准的金融化程度时，金融资产的口径是否应包括货币资金？学术界对此有不同的见解。本章赞同干胜道等（2016）和王冬梅（2022）的意见，货币资金不计入金融资产不合适，全部作为金融资产也不妥。从货币资金中扣除短期有息负债（具体包括短期借款、一年内到期的非流动负债）和应付利息后，剩余的超过正常需求的货币资金才适合作为金融资产。

本章对山西汾酒计算两种口径的资产负债表标准金融化程度，对比如表 11–15 所示。从表中可以看到，当金融资产的口径包括超过正常需求的货币资金时，金融化程度最低值为 13%，最高值为 41%。当金融资产的口径不包括超过正常需求的货币资金时，金融化程度最低值为 0，最高值为 20%，计算值明显降低。说明山西汾酒金融资产配置主要是超过正常需求的货币资金，如果不将其计算在内的话，就会得出完全不一样的结论。准确定义金融资产的口径，对山西汾酒金融化程度的衡量至关重要。

表 11–15　山西汾酒两种口径资产负债表金融化程度对比（单位：%）

资产负债表标准金融化程度	2021 年	2020 年	2019 年	2018 年	2017 年	2016 年	2015 年	2014 年	2013 年	2012 年
金融资产包括超过正常需求的货币资金	41	24	26	17	19	17	16	13	17	41
金融资产不包括超过正常需求的货币资金	20	1	2	6	6	1	0	0	0	0

资料来源：根据山西汾酒 2012—2021 年报数据整理计算而得。

11.5.3　白酒制造业的金融化程度

（1）两种标准的金融化程度对比。

通过上节的分析可以发现，自2017年起山西汾酒经营积累的大量资金低效配置在金融资产上，且金融资产中超过正常需求的货币资金占比相当高。那么，这是山西汾酒独有的金融化特点还是具有行业同质性呢？

表11-16中，金融资产比重1的口径为包括超过正常需求的货币资金。从表中所示的19家白酒业上市公司2021年的金融资产比重数据来看，金融化程度普遍较高，平均值是28.97%，中位数是24.89%，最高值是60.44%。仅有两家公司金融化程度偏低，其中甘肃皇台酒业股份有限公司金融化程度为负数，主要是经营亏损，货币资金不够偿还一年内到期的非流动负债，短期财务支付压力大造成的。而金融投资收益比重仅有3家超过10%，平均值是5.32%，中位数是4.09%，最高值是20.19%。还有两家小于0，金融投资收益为负值。这说明大部分白酒业公司获利主要来源于主营业务，而不是金融投资收益。另外，从表11-16中可以更直观地观察到19家白酒业上市公司两种标准的金融化程度，行业整体呈现金融资产比重高而金融投资收益低的特点。

（2）两种口径的资产负债表金融化程度对比分析。

表11-16中，金融资产比重1的计算口径包括超过正常需求的货币资金，金融资产比重2的计算口径不包括超过正常需求的货币资金。从表中可以明显发现，当金融资产的口径不包括超过正常需求的货币资金时，白酒业上市公司金融化程度普遍偏低，没有一家超过20%，甚至有9家金融化程度为0，意味着这9家公司金融资产100%配置为超过正常需求的货币资金，其余白酒业上市公司金融资产配置也主要是超过正常需求的货币资金。

通过上述对比分析，可以得出结论：白酒业上市公司的金融化特点为金融化程度高、金融化效率低，金融资产配置主要是超过正常需求的货币资金，具有行业同质性。

表 11-16　19 家白酒业上市公司 2021 年的金融化程度对比

股票代码	公司名称	金融资产比重 1（%）	金融资产比重 2（%）	金融投资收益比重（%）
000568	泸州老窖股份有限公司	32.71	1.63	4.09
000596	安徽古井贡酒股份有限公司	57.21	10.47	7.16
000799	酒鬼酒股份有限公司	55.59	0	3.50
000858	宜宾五粮液股份有限公司	60.44	0	5.53
000860	北京顺鑫农业股份有限公司	17.08	0	18.60
000995	**甘肃皇台酒业股份有限公司**	**–9.43**	0	0.05
002304	江苏洋河酒厂股份有限公司	47.05	16.16	6.11
002646	青海互助天佑德青稞酒股份有限公司	15.30	3.10	3.63
600197	新疆伊力特实业股份有限公司	20.79	0	4.07
600199	安徽金种子酒业股份有限公司	25.62	2.66	20.19
600519	贵州茅台酒股份有限公司	20.26	0	5.72
600559	河北衡水老白干酒业股份有限公司	16.28	6.14	4.24
600696	**上海贵酒股份有限公司**	**5.74**	0	**–3.57**
600702	舍得酒业股份有限公司	41.88	17.50	2.85
600779	**四川水井坊股份有限公司**	**31.99**	0	**–2.07**
603198	安徽迎驾贡酒股份有限公司	24.89	16.12	4.88
603369	江苏今世缘酒业股份有限公司	46.01	18.59	10.82
603589	安徽口子酒业股份有限公司	23.88	6.86	2.98
603919	金徽酒股份有限公司	17.21	0	2.26

资料来源：根据 CSMAR 数据库 2021 年数据整理计算而得。

11.5.4　山西汾酒金融化动因识别

有学者对企业的金融资产结构展开进一步分析来识别金融化动机。杨有红、赵晓梅（2021）研究发现，以短期金融产品为主的金融投资，“蓄水池”效应占主导，抑制了企业财务风险。从表 11-17 中可以看出，山西汾酒 2012—2021 年金融资产中短期金融资产占比接近 100%，具有明显的“蓄水池”特征。山西汾酒 2012 年营业收入为 647876 万元，2014 年下滑到 391607 万元，2015—2016 年在低位调整，自 2017 年起开始高速增长，2019 年超百亿元，2021 年接近 200 亿元，与 2012 年相比 2021 年营业收入增长了 2.08 倍。山西汾酒营业利润率逐年增长，2020 年超过了 30%，稳定在较高水平。山西汾酒主业利润占比很高，在 100% 左右，显示盈利质量很高。

表 11-17　山西汾酒 2012—2021 年金融资产结构和盈利情况（金额单位：万元）

项目	2021年	2020年	2019年	2018年	2017年	2016年	2015年	2014年	2013年	2012年
金融资产合计	1217591	480523	435623	210592	184180	126087	105788	76033	98869	248080
其中：短期金融资产	1216310	479225	434343	209711	183279	125090	104607	75650	98485	248080
短期金融资产占比（%）	99.90	99.7	99.73	99.58	99.51	99.20	98.88	99.50	99.61	100.00
营业收入	1997099	1398980	1189258	944434	636146	440495	412856	391607	608720	647876
营业收入增长率（%）	42.75	17.63	25.92	48.46	44.42	6.69	5.43	-35.67	-6.04	44.35
营业利润	702946	423488	292934	223561	139471	92966	77208	50884	148484	201514
营业利润增长率（%）	65.99	44.57	31.03	60.29	50.02	20.41	51.73	-65.73	-26.32	47.55
营业利润率（%）	35.20	30.27	24.63	23.67	21.92	21.10	18.70	12.99	24.39	31.10
主业利润占比（%）	98.54	101.14	103.34	99.96	99.99	99.95	99.95	100	99.98	100

资料来源：根据山西汾酒 2012—2021 年报数据整理计算而得。

从图 11-1 所示的 2012—2021 年山西汾酒的营业收入和营业利润的趋势来看，2013 年营业收入和营业利润双双下滑，经历几年调整后，自 2016 年起保持了较高的增长速度，2019 年和 2020 年增长略缓，2021 年又重拾增长势头，主营业务发展态势良好。

图 11-1　山西汾酒 2012—2021 年营业收入和营业利润走势

因营业利润包含金融投资收益，剔除金融投资收益后的营业利润增长情况对比如图 11-2 所示。从图中可见，剔除金融投资收益后的营业利润从 2016 年以来呈增长趋势，且与剔除前的营业利润基本相等，说明金融投资获利很低，山西汾酒的金融投资动机是预防储蓄动机。

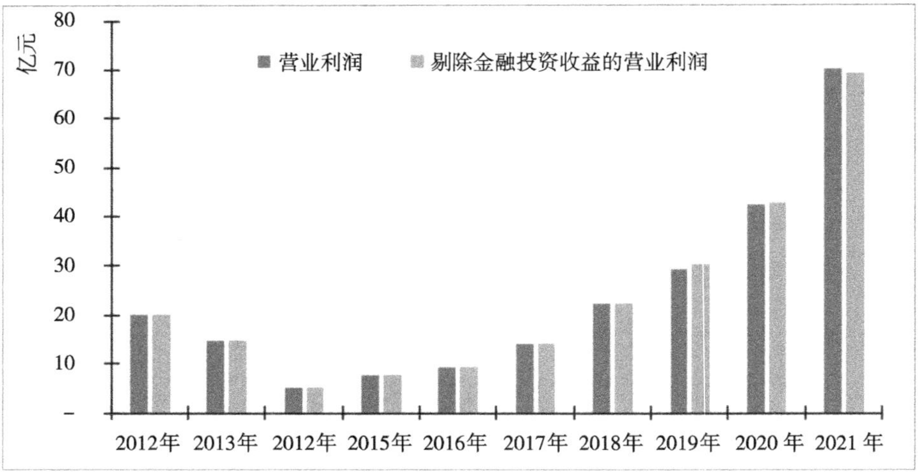

图 11-2　山西汾酒 2012—2021 年剔除金融投资收益的营业利润变化趋势

11.5.5　山西汾酒金融化对主业投资的影响

由上一节的分析可知，山西汾酒的金融化对营业收入和剔除金融投资收益后的营业利润没有产生负面影响，本节拟进一步定量分析其金融化程度对主业投资是否产生影响。

（1）样本选取与变量定义。

选取山西汾酒 2012—2021 年季报数据，得到 40 个样本量。选取固定资产投资占比指标以反映主业投资水平。以资产负债表金融化程度（金融资产包括超过正常需求的货币资金）为解释变量，固定资产投资占比为被解释变量。首先画出二者之间关系的散点图，如图 11-3 所示。

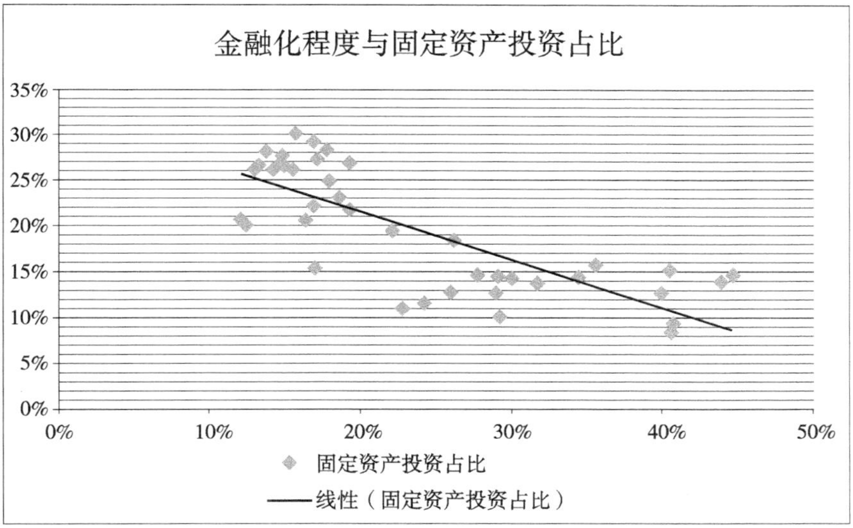

图 11-3　山西汾酒金融化程度与固定资产投资占比散点图

从图 11-3 中可以看出，山西汾酒金融化程度和固定资产投资占比可能存在负相关关系，适合建立一元线性回归模型检验。

（2）回归结果。

将 40 个样本变量数据代入所建模型中，通过 Stata 软件处理，得到以下回归结果，如表 11-18 所示。结果显示，山西汾酒金融化程度对固定资产投资占比具有显著影响，金融化程度每提高 1 个单位，固定资产投资占比将减少 51.9%，回归系数在 1% 的统计水平上显著。

表 11–18　山西汾酒金融化程度与固定资产投资占比回归结果

	FAR
Fin	–0.519*** （0.068）
常数项	0.319*** （0.017）
r^2	0.608
观测值	40

（3）山西汾酒金融化后果的中介效应检验。

从表 11–18 的回归分析中可知山西汾酒金融化挤出了主业投资，下面将进一步探究其金融化程度能否通过影响主业投资来影响主业发展。本节设置两个被解释变量，一个是营业收入增长率，另一个是剔除金融投资收益的营业利润增长率。中介效应检验流程为：第一，检验金融化程度是否影响主业发展；第二，检验金融化程度是否影响主业投资；第三，检查金融化程度是否通过主业投资影响主业发展。检验结果如表 11–19 所示。

表中（1）列显示：山西汾酒金融化程度对营业收入增长率具有显著的正向影响，金融化程度每提高 1%，营业收入增长率将提高 1.027，回归系数在 5% 的统计水平上显著。

表中（2）列显示，金融化程度对营业收入增长率不具有显著的影响，金融化程度提高 1%，营业收入增长率将减少 0.590，但回归系数并不显著。反之，固定资产投资占比对营业收入增长率具有显著的负向影响，固定资产投资占比每提高 1%，营业收入增长率将降低 3.115，回归系数在 1% 的统计水平上显著。

表中（3）列显示：金融化程度对剔除金融投资收益的营业利润增长率具有显著的正向影响，金融化程度每提高 1%，剔除金融投资收益的营业利润增长率将增加 1.180，回归系数在 10% 的统计水平上显著。

表中（4）列显示：金融化程度对剔除金融投资收益的营业利润增长率不具有显著的影响，金融化程度每提高 1%，剔除金融投资收益的营业利润增长率将减少 0.612，但回归系数并不显著。反之，固定资产投资占比对营业利润增长率具有显著的负向影响，固定资产投资占比每提高 1%，剔除金融投资收益的营业利润增长率将减少 3.453，回归系数在 1% 的统计水平上显著。

总之，无论被解释变量为营业收入增长率，还是剔除金融投资收益的营业利润增长率，山西汾酒金融化程度通过影响主业投资来影响主业发展的中介效应均不成立。

表 11-19　山西汾酒金融化后果中介效应检验结果

	Growth （1）	Growth （2）	EIGR （3）	EIGR （4）
Fin	1.027** （0.463）	-0.590 （0.666）	1.180* （0.684）	-0.612 （1.039）
FAR		-3.115*** （1）		-3.453** （1.560）
常数项	-0.0432 （0.119）	0.949*** （0.336）	-0.0104 （0.176）	1.090** （0.525）
r^2	0.115	0.299	0.073	0.181
观测值	40	40	40	40

既然上述的中介效应检验不成立，那么有没有可能按照作用路径反方向构建中介效应检验反而成立呢？本节试以被解释变量为金融化程度，解释变量为主业投资水平，选取固定资产投资占比指标反映，中介变量为主业发展，共设置两个中介变量，其一是营业收入增长率，其二是剔除金融投资收益的营业利润增长率。检验步骤为：首先，检验固定资产投资占比是否显著影响金融化程度；其次，检验固定资产投资占比是否显著影响营业收入增长率和剔除金融投资收益的营业利润增长率；最后，检验固定资产投资占比是否通过营业收入增长率和剔除金融投资收益的营业利润增长率和剔除金融投

资收益的营业利润增长率显著影响金融化程度。

表 11–20 中的（1）列显示：固定资产投资占比对金融化程度具有显著的负向影响，固定资产投资占比每提高 1%，金融化程度将减少 1.170，回归系数在 1% 的统计水平上显著。（2）列显示：固定资产投资占比对营业收入增长率具有显著的负向影响，固定资产投资占比每提高 1%，营业收入增长率将减少 2.424，回归系数在 1% 的统计水平上显著。（3）列显示：固定资产投资占比对剔除金融投资收益的营业利润增长率具有显著的负向影响，固定资产投资占比每提高 1%，剔除金融投资收益的营业利润增长率将减少 2.736，回归系数在 1% 的统计水平上显著。（4）列显示：营业收入增长率和剔除金融投资收益的营业利润增长率对金融化程度均没有显著影响，营业收入增长率的对应系数为 –0.084，剔除金融投资收益的营业利润增长率的对应系数为 0.034。固定资产投资占比对金融化程度有显著的负向影响，固定资产投资占比每提高 1%，金融化程度将减少 1.280，回归系数在 1% 的统计水平上显著。因此，反方向中介效应检验也不成立。

表 11–20　山西汾酒固定资产投资占比影响金融化的中介效应检验结果

	Fin （1）	Growth （2）	EIGR （3）	Fin （4）
FAR	–1.170*** （0.153）	–2.424*** （0.625）	–2.736*** （0.969）	–1.280*** （0.188）
Growth				–0.084 （0.099）
EIGR				0.034 （0.064）
常数项	0.466*** （0.031）	0.674*** （0.129）	0.804*** （0.199）	0.495*** （0.043）
r^2	0.608	0.284	0.173	0.619
观测值	40	40	40	40

山西汾酒金融化确实挤出了主业投资，但主业投资的下降反而有助于营业收

入和营业利润的增长，这说明山西汾酒主业投资的增加是无效的，边际贡献是负的。山西汾酒因为增加主业投资已经不能刺激营收和利润的增长，才转向了金融化，即主业发展已触及天花板，只能进行金融化。

11.6　结论与建议

在合理地对实体企业金融化程度进行测度的基础上，本章研究了金融化动机对金融化程度的影响以及金融化程度对主业发展的影响。本章将研究对象限定在酒、饮料和精制茶制造业来探究该行业金融化的动机和后果，并以该行业上市公司 2012—2021 年的数据为样本，首先具体考察不同的组织结构类型是否影响金融化。上市公司的组织结构类型分为整体上市、部分上市和投融资平台。量化研究结论为：当上市公司组织结构类型为整体上市和投融资平台时，对金融化程度是负的显著影响。从金融资产的构成再进一步分析发现，整体上市和投融资平台对短期金融化程度具有显著的负向影响，投融资平台对长期金融化程度和产融结合金融化程度具有显著的正向影响，表明投融资平台的动机是做长期金融投资，是产融结合型的战略转型。另外研究发现，高的现金持有量偏好会抑制长期金融投资或产融结合转型。其次研究该行业金融化程度对主业发展的影响。通过对 2012—2021 年样本数据的分析，发现行业内公司主业发展的增长放缓，部分公司面临增长乏力甚至负增长的情况。研究结论为：金融化程度挤出了固定资产投资，且主要是短期金融化程度挤出了固定资产投资，长期金融化程度对固定资产投资无影响，产融结合虽然能促进固定资产投资，但该行业产融结合转型的公司很少。该行业金融化程度对主业发展的影响存在滞后效应，例如滞后一期金融化程度影响了毛利率增长率。

本章还讨论了实体企业金融化程度的测度标准，以山西汾酒作为案例多维度测度金融化程度，通过资产负债表、利润表和现金流量表三个维度标准的 10 年金融化程度对比，观察到山西汾酒各标准的金融化程度测度结果存在差异，有时差异很大，依据不同的标准可得出完全不同的结论。用以上任一维度判定标准来测度实体企业金融化程度都有其合理性，也有其局限性，而多维度的考察可以更全面地测度企业金融化程度。

实证研究之后，本章还选择山西汾酒作为案例研究山西汾酒金融化的动机和对主业发展的影响及其作用机制。结论是：山西汾酒金融化的特点是金融化程度高、金融化效率低，金融资产结构主要以短期金融资产为主，山西汾酒所在的子行业白酒制造业上市公司的金融化具有行业同质性。根据其金融化特点分析山西汾酒金融化动机是预防储蓄动机，再通过中介效应实证检验得出山西汾酒金融化挤出了主业投资，但主业投资的下降反而有助于营业收入和营业利润的增长，说明山西汾酒主业投资的增加是无效的，边际贡献是负的。山西汾酒因为增加主业投资已经不能刺激营收和利润的增长，才转向了金融化。

本章的研究结论显示：酒、饮料和精制茶制造业上市公司的组织结构类型选择对金融化的抑制作用有明显的差异。其中整体上市优于部分上市，而投融资平台更优。所以，建议该行业企业可以通过组织结构的变革来治理实体企业的金融化问题。

企业的金融投资动机主要有预防储蓄和投资替代两大动机，即企业的金融资产配置存在促进主业发展的“蓄水池”效应和损害主业投资的逐利效应两种作用机制。“蓄水池”效应认为，金融资产能够起到稳定公司收益和降低公司融资成本的作用，有利于提升公司发展潜力。逐利效应则提出，企业持有过多的金融资产会威胁主营业务进而抑制实体投资能力，损害公司长远发展。事实上，这两个动机本身并不矛盾，只是反映了企业在不同时期是更加偏好风险规避还是追逐利润，二者随着金融业的发展和企业金融化程度的变化交替出现，是一个动态变化的过程。由此可见，实体企业金融化是一把“双刃剑”，既存在因缓解企业资金不足困境带来的“蓄水池”效应，也存在因企业更偏向于投机动机带来的过度金融化挤出效应。所以，建议相关监管层对该行业的金融化行为采取折衷的态度，既不放任自流，也不过度管制，让企业根据主业投资的效益是否达到边际来做出金融投资决策。

本章参考文献

[1] Akkemik K A, Ozen S.Macroeconomic and institutional determinants of financialisation of non-financial firms: Case study of Turkey [J].Socio- Economic Review, 2014, 12 (1): 71-98.

[2] Demir F.Financial liberalization, private investment and portfolio choice: Financialization of real sectors in emerging markets [J].Journal of Development Economics, 2009, 88 (2): 314-324.

[3] Krippner G R.The financialization of the American economy [J].Socio-Economic Review, 2005, 3 (2): 173-208.

[4] Orhangazi O.Financialization and capital accumulation in the non-financial corporate sector: A theoretical and empirical investigation on the US economy: 1973—2003 [J].Cambridge Journal of Economics, 2008, 32 (6): 863-886.

[5] Seo H J, Kim H S, Kim Y C.Financialization and the slowdown in Korean firms' R&D investment [J].Asian Economic Papers, 2012, 11 (3): 35-49.

[6] Stockhammer E.Financialization and the global economy [R]. Working Paper, 2010.

[7] Tori D, Onaran O.The effects of financialisation and financial development on investment: Evidence from firm-level data in Europe [R].Working Paper, 2017.

[8] 邓江花，郭永芹.经济政策不确定性背景下实体企业金融资产配置动机研究——金融资产异质性视角 [J].工业技术经济，2021，40（6）：43-51.

[9] 干胜道，陈妍村，王文兵.非金融业上市公司过度金融化治理研究 [J].财会月刊，2016（34）：3-5.

[10] 黄贤环，吴秋生，王瑶.金融资产配置与企业财务风险：“未雨绸缪”还是“舍本逐末”[J].财经研究，2018，44（12）：100-12+25.

[11] 胡奕明，王雪婷，张瑾.金融资产配置动机：“蓄水池”或“替

代”？——来自中国上市公司的证据［J］. 经济研究，2017，52（1）：81–94.

［12］马红，王永嘉 . 实体企业金融化研究综述［J］. 财会月刊，2019（17）：157–64.

［13］王冬梅. 财务会计学［M］. 大连：东北财经大学出版社，2022.

［14］王红建，曹瑜强，杨庆，等 . 实体企业金融化促进还是抑制了企业创新——基于中国制造业上市公司的经验研究［J］. 南开管理评论，2017，20（1）：155–166.

［15］杨有红，赵晓梅 . 实体企业扩大金融活动能够降低财务风险吗?［J］. 北京工商大学学报（社会科学版），2021，36（5）：64–76+88.

［16］张成思 . 金融化的逻辑与反思［J］. 经济研究，2019，54（11）：4–20.

［17］张成思，郑宁 . 中国实业部门金融化的异质性［J］. 金融研究，2019（7）：1–18.

［18］张成思，郑宁 . 中国实体企业金融化：货币扩张、资本逐利还是风险规避?［J］. 金融研究，2020（9）：1–19.

第 12 章　北京市上市实体企业金融化的动因和治理对策研究

本章基于 2012—2021 年北京市上市实体企业的金融化动因和治理对策进行实证研究后发现：北京市上市实体企业金融化水平普遍偏高，均值为 7.3%。但超过半数的企业为高新技术企业。高新技术企业相比其他企业金融化程度更低。研发投入在高新技术企业属性对金融化的抑制作用中发挥了部分中介效应。这是针对特定区域的实体企业金融化进行研究后的新发现，说明本章的研究对象选择具有合理性。所以，建议北京市上市实体企业应坚定不移地进行研发创新以抑制其过度金融化，保障北京市金融业和经济的健康发展。

12.1　引言

实体企业是实体经济的贡献者，如果大部分实体企业均过度金融化，淡化主营业务，加大对金融和房地产业的投资，那么整个实体经济也会因此受到不良影响，因为个体的金融化汇聚在一起导致整个经济的金融化。而经济金融化经多位学者研究发现是经济危机的主要根源（丰雷等，2012）。之前的文献研究发现，经济金融化会从以下几个角度导致金融风险：其一，经济金融化在一定程度上导致了经济停滞和膨胀的恶性循环发展。金融化通过放大需求维持增长，虚假需求带来了过度积累，过度积累又引发了经济滞胀，为对抗滞胀，大量金融衍生工具开始出现。即金融化造成了“积累悖论”——经济停滞与金融膨胀的恶性循环。其二，金融化挤压了实体经济的发展。实体经济因此失去了发展的动力机制，经济也会走向长期停滞。其三，经济金融化在不断发展的同时也在不断积累自身的系统性风险。目前在很多国家存在对金融资源的过度使用和对劣质金融产品的过剩供需，也引致了严重的金融泡沫。因此，实体企业金融化首先导致了经济金融化，而后经济金融化又导致了金融风险。所以，为了避免实体企业“脱实向虚”，造成金融风险的聚集，阻碍中国经济的良性发展，有必要寻找具有针对性的治理对策，包括展开对特定区域实体企业金融化的动因研究。故本章选择北京市上市实体企业作为研究对象，针对性地探究研发投入对金融化的治理效应，具有重大的现实意义。

12.2 文献回顾、机理分析与研究假设

12.2.1 高新技术企业与金融化

实体企业金融化与企业创新之间并非简单的拉动或挤出效应（王红建等，2017；潘海英、王春凤，2020）。有文献证实，研发投入对实体企业金融化有抑制作用（刘睿智、寇祥增、王京，2022）。另有诸多文献证实，研发投入与实体企业金融化之间的影响关系具有企业异质性，即高新技术企业相比非高新技术企业影响程度有明显差异（王昱、夏君诺、刘思钰，2022）。

为了对北京市上市企业的金融化程度进行初步的判断，本章将北京市2012—2021年上市公司分行业进行了统计分析，部分结果如表12–1所示。行业分类标准参照《上市公司行业分类指引（2012年修订）》，该标准将上市公司划分为19个门类，下设90个行业大类。表12–1显示：随着高新技术企业占比的降低，行业的金融化程度也逐渐升高。例如，仪器仪表制造业中的高新技术企业占比达到了84.40%，其金融化程度仅为6.10%；专业技术服务业中的高新技术企业占比为83.10%，其金融化程度为6.50%；商务服务业中高新技术企业较少，仅占8.70%，

其金融化程度却达到了10.40%。由此可以初步推断，高新技术企业的金融化水平相对更低，但仍需构建模型进一步验证，故提出如下假设。

H1：与其他企业相比，高新技术企业的金融化水平更低。

表12-1 北京市2012—2021年全行业高新技术企业占比与金融化程度（部分结果）

行业名称	企业数量	高新技术企业占比（%）	金融化程度
仪器仪表制造业	32	84.40	0.061
专业技术服务业	65	83.10	0.065
计算机、通信和其他电子设备制造业	321	76.60	0.068
非金属矿物制品业	77	76.60	0.049
软件和信息技术服务业	512	72.90	0.074
医药制造业	143	65.00	0.067
广播、电视、电影和影视录音制作业	38	39.50	0.171
批发业	72	19.40	0.111
商务服务业	92	8.70	0.104
零售业	86	5.80	0.097

12.2.2 研发投入的中介效应

为了进一步探究高新技术企业金融化程度较低的内在原因，本章试图寻找中介变量来分析其作用机制。2008年，科学技术部办公厅颁布了《高新技术企业认定管理办法》，首次说明了高新技术企业的界定标准。该标准于2016年修订，该版本是认定高新技术企业的主要参考依据。其中，要求企业持续开展研发活动，并对近三个会计年度的研发费用占比做出最低限度的要求，例如近一年销售收入小于5000万元的企业不得低于6%，可见研发投入对于高新技术企业的重要性。

关于高新技术企业是否会进行更多的研发投入。陈珍珍等（2019）曾基于2008—2017年间A股上市公司的面板数据，研究了高新技术企业认定对研发投入的激励效应，发现认定政策的红利能够激励企业在认定期前及认定期间主动增加研发投入。陈亚平、韩凤芹（2020）也进行了类似研究，进一步加入寻租行为作为调节变量，也得出了高新技术企业认定能够促进研发投入的结论。一方面，根据资源依赖理论，经过认定的高新技术企业能够享受到国家与地方政府给予的各种支持，如税收优惠政策、地方政府拨付的科技研发专项奖励等。这一系列的支持及优惠政策能够激励高新技术企业持续进行技术创新，保持高水平的研发投入。否则，一旦企业的研发投入不足、研发创新能力下降，就有可能达不到高新技术企业的认定标准，无法享受政策红利，从而影响企业的未来发展。另一方面，根据信号传递理论，被认定为高新技术企业后，该称号可以向市场传递企业具有良好创新能力的信息，从而有助于企业获得投资者的融资。研发活动具有高风险性和不确定性，企业和金融机构之间的信息不对称容易让企业陷入融资困境，导致没有足够的资金支持研发创新。高新技术企业的身份代表了政府的权威性肯定，在一定程度上缓解了融资约束难题。综合以上两方面，可以认为高新技术企业会进行更多的研发投入。

关于研发投入对企业金融化的影响。一方面，企业的资源是有限的，在对资产进行配置时，资金会在金融投资和研发投资二者之间产生替代效应。在企业资金总量一定的前提下，高新技术企业较高的研发投入水平会挤占大量资金，从而挤出用于配置金融资产的资金。另一方面，如前所述，高新技术企业的称号可以向市场传递创新能力强的信号，帮助企业获得融资支持来进行研发投入，从而降低了其配置金融资产的意愿。因此，可以推测研发投入与企业金融化呈负相关关系，即研发投入越高，金融化程度越低。

综上所述，高新技术企业往往研发投入较多，导致其金融化程度相对较低。因此有理由认为，研发投入是高新技术企业与企业金融化的中介变量，据此提出如下假设。

H2：研发投入在高新技术企业与金融化水平之间起中介作用。

12.3 研究设计

12.3.1 样本选择

本章选取北京市 A 股上市公司 2012—2021 年共计 10 年的数据作为观测样本，通过实证分析验证高新技术企业的金融化水平与其他企业相比是否存在显著差异。若确实存在显著差异，将进一步探究这种差异产生的原因，即研发投入是否在高新技术企业与金融化水平之间起中介作用。本章的相关财务数据来源于国泰安数据库 CSMAR，借助 Stata14 软件完成数据处理与分析。

根据研究目的，并借鉴已有惯例，按照以下标准对样本进行筛选：第一，剔除当年交易状态为 ST 和 *ST 的上市公司；由于研究对象为非金融类实体企业，故剔除了金融行业和房地产行业样本，行业分类依照《上市公司行业分类指引（2012 年修订）》；剔除了相关数据缺失的观测样本。在获得以上原始数据后，为消除异常值对实证结果的影响，进一步对除虚拟变量外的所有连续变量上下各 1% 的样本进行分位缩尾处理。经过以上处理后，最终获得 377 家企业 2725 个年度 - 公司观测值。

12.3.2 模型构建

首先，为了验证高新技术企业与其他企业的金融化水平是否存在差异，本章构建基准回归模型（12-1）进行假设检验。其中，企业金融化程度 Fin 为被解释变量，高新技术企业虚拟变量 Hitech 为解释变量，α_1 表示高新技术企业对企业金融化的总效应。

$$\text{Fin}_{it}=\alpha_0+\alpha_1\,\text{Hitech}_{it}+\alpha_2\,\text{Control}_{it}+\text{Year}+\text{Industry}+\varepsilon_{it} \tag{12-1}$$

其次，为进一步探究高新技术企业和其他企业的金融化水平存在差异性的原因，构建中介效应模型（12-2）和（12-3）。即在模型（12-1）成立的基础上，分别构建高新技术企业虚拟变量 Hitech 对 LNRD 研发投入的回归方程，以及高新技术企业虚拟变量 Hitech 和研发投入 LNRD 对 Fin 企业金融化的回归方程。其中，研发投入 LNRD 为中介变量，γ_1 表示高新技术企业对企业金融化的直接效应。

$$LNRD_{it}=\beta_0+\beta_1 Hitech_{it}+\beta_2 Control_{it}+Year+Industry+\mu_{it} \quad (12-2)$$

$$Fin_{it}=\gamma_0+\gamma_1 Hitech_{it}+\gamma_2 LNRD_{it}+\gamma_3 Control_{it}+Year+Industry+\lambda_{it} \quad (12-3)$$

12.3.3 变量选取

（1）被解释变量：企业金融化。

本章的被解释变量为实体企业金融化程度 Fin，衡量方法为实体企业配置金融资产的总值与该企业资产总值之间的比例。由于实体企业金融化在微观层面具体表现为企业更多地将资金投资于金融市场而非用于扩大生产，使得其持有的金融资产规模逐渐增加，因此用金融资产占比来衡量企业金融化程度具有一定的可行性。企业配置的金融资产的种类具体涵盖交易性金融资产、衍生金融资产、持有至到期投资、可供出售金融资产、长期股权投资以及投资性房地产等。也有学者将企业的货币资金当作企业配置金融资产的一部分。在借鉴杜勇等（2017）的观点后，可以认为，尽管根据我国的《企业会计准则》，企业用于金融投资的货币资金也属于金融资产，但由于大部分货币资金多用于企业日常生产经营，且经营活动本身也会产生货币，故本章构建的金融化程度指标未包括货币资金。另外，2019 年中国大陆上市公司实施新金融工具会计准则，金融资产的统计口径按王冬梅（2022）的要求进行了调整。

（2）解释变量：高新技术企业。

Hitech 为高新技术企业虚拟变量，当企业为高新技术企业时，赋值为 1，反之则为 0。本章对高新技术企业的判定主要来源于国泰安数据库的上市公司高新技术企业统计情况表，其参考了科学技术部办公厅于 2008 年发布的《高新技术企业认定管理办法》、科学技术部火炬中心于 2010 年发布的《国家火炬计划重点高新技术企业管理办法》、科学技术部于 2010 年发布的《科技企业孵化器认定和管理办法》等法规制度。

（3）控制变量。

借鉴已有文献，本章选取两类控制变量：一类为公司财务特征，包括企业规模（Size）、财务杠杆（Lev）、总资产报酬率（ROA）、成长性（Growth）；另一类为公司治理变量，包括董事会规模（Board）、第一大股东持股比例（SHF）以及高管薪酬（LNTMAS）。此外，本章还控制了行业及年度虚拟变量。

（4）中介变量：研发投入。

高新技术企业作为自主创新的主体，技术创新活动发生频繁。而技术创新活动需要大量的资金投入，因此选取研发投入作为中介变量。具体而言，本章采用研发投入的自然对数 LNRD 来度量企业的研发投入，采用中介效应模型进行检验。

以上各变量的定义，如表 12-2 所示。

表 12-2　变量定义

<table>
<tr><th colspan="2">变量类型</th><th>变量名称</th><th>变量符号</th><th>变量定义</th></tr>
<tr><td colspan="2">被解释变量</td><td>金融化程度</td><td>Fin</td><td>金融资产 ÷ 总资产</td></tr>
<tr><td colspan="2">解释变量</td><td>高新技术企业虚拟变量</td><td>Hitech</td><td>当企业为高新技术企业时为 1，反之为 0，表示属于其他企业</td></tr>
<tr><td rowspan="9">控制变量</td><td rowspan="4">财务特征</td><td>公司规模</td><td>Size</td><td>资产总额的对数</td></tr>
<tr><td>财务杠杆</td><td>Lev</td><td>负债总额 ÷ 资产总额</td></tr>
<tr><td>总资产报酬率</td><td>ROA</td><td>净利润 ÷ 期末总资产</td></tr>
<tr><td>成长性</td><td>Growth</td><td>（当年营业收入 − 上年营业收入）÷ 上年营业收入</td></tr>
<tr><td rowspan="3">公司治理</td><td>董事会规模</td><td>Board</td><td>董事会人数</td></tr>
<tr><td>第一大股东持股比例</td><td>SHF</td><td>第一大股东持股数量 ÷ 总股数</td></tr>
<tr><td>高管薪酬</td><td>LNTMAS</td><td>高管薪酬总额的自然对数</td></tr>
<tr><td rowspan="2"></td><td>行业</td><td>Industry</td><td>行业虚拟变量</td></tr>
<tr><td>年度</td><td>year</td><td>年度虚拟变量</td></tr>
<tr><td colspan="2">中介变量</td><td>研发投入</td><td>LNRD</td><td>研发投入的自然对数</td></tr>
</table>

12.4 实证结果分析

12.4.1 描述性统计

在得到377家企业的2725个年度-公司观测值后，本章对关键变量进行了描述性统计分析，统计结果如表12-3所示。由表12-3可知，Fin的均值为0.073，说明样本公司的金融资产投资占总资产的比重约为7.3%。最大值为0.537，表明金融资产占比达到53.7%。最小值为0，说明部分企业没有进行金融资产投资。总体而言，不同样本公司的金融资产持有量差距较大，金融化水平存在明显差异。Hitech均值为0.536，即高新技术企业占企业总数的比重约为53.6%，超过50%，可见北京市的技术创新水平较高，是我国的科技创新中心。关于财务特征类的控制变量，公司规模Size的平均值为22.483，最大值为26.027，最小值为19.259，说明北京市实体企业的公司规模相差不大，但仍有少数规模较大的公司。财务杠杆Lev的平均值为0.403，最大值为1.068，最小值为0.051，说明公司之间的资产负债率存在较大差异。总资产报酬率ROA的均值为0.035，最大值为0.202，最小值为-0.341，说明各个公司的盈利能力差距较大。同理，成长性Growth的最大值、最小值分别为8.351和-0.781，差异较大。关于公司治理类的控制变量，董事会规模Board在5~15人的区间内，较为稳定。第一大股东持股比例SHF的最大值与最小值分别为0.749和0.088，说明部分公司第一大股东持股高达74.9%，而部分公司仅持股8.8%，存在较大差异。高管薪酬LNTMAS在17.197~12.599之间。总体而言，各个样本公司的控制变量表现出较大差异，这些财务特征、公司治理指标都有可能对企业的金融资产投资行为产生影响，因此有必要对这些变量进行控制。

表 12-3　描述性统计

变量	样本量	均值	中位数	标准差	最小值	最大值
FIN	2725	0.073	0.037	0.1	0	0.537
Hitech	2725	0.536	1	0.499	0	1
Size	2725	22.483	22.119	1.576	19.259	26.027
Lev	2725	0.403	0.394	0.218	0.051	1.068
ROA	2725	0.035	0.040	0.074	–0.341	0.202
Growth	2725	0.587	0.278	1.121	–0.781	8.351
Board	2725	8.545	9	1.884	5	15
SHF	2725	0.358	0.328	0.161	0.088	0.749
LNTMAS	2725	15.527	15.516	0.665	12.599	17.197

12.4.2　相关性分析

为了初步判断解释变量与被解释变量之间的影响方向，以及检验变量之间是否存在多重共线性，本章对各变量进行相关性分析，表 12-4 报告了 Pearson 相关系数矩阵。结果显示：解释变量 Hitech 以及其他控制变量之间的相关性系数均小于 0.55，变量之间的相关性较弱，因此无须担心多重共线性问题。Hitech 与 Fin 的相关系数为 –0.073，且在 1% 的水平上显著，初步说明相对于一般企业，高新技术企业的金融化程度显著较低，这与前文的假设 H1 一致。但同时，Fin 与 Hitech 和控制变量均存在显著关系，因此还需进一步采用回归分析探讨高新技术企业与非高新技术企业的金融化水平为何有差异。

表 12-4　相关性分析

	Fin	Hitech	Size	Lev	ROA	Growth	Board	SHF	LNTMAS
Fin	1								
Hitech	–0.073***	1							
Size	–0.047**	–0.365***	1						

续表

	Fin	Hitech	Size	Lev	ROA	Growth	Board	SHF	LNTMAS
Lev	−0.163***	−0.267***	0.549***	1					
ROA	−0.001	0.047**	−0.050***	−0.379***	1				
Growth	−0.068***	0.081***	−0.172***	−0.041**	0.020	1			
Board	−0.098***	−0.156***	0.297***	0.141***	0.015	−0.063***	1		
SHF	−0.105***	−0.320***	0.399***	0.207***	0.128***	−0.108***	0.098***	1	
LNTMAS	−0.014	−0.052***	0.431***	0.152***	0.090***	−0.093***	0.208***	0.033*	1

注：*、** 和 *** 分别表示 10%、5% 和 1% 的显著性水平，下同。

12.4.3 回归分析

本章的实证分析部分主要借助 Stata14 软件。首先，分两次逐步加入控制变量进行基准回归，来验证 H1。其次，为检验回归结果是否具有稳健性，本章选择更换被解释变量 Fin、剔除 2020—2021 年新冠疫情期间的样本数据，两种方法下再次回归的结果仍然显著。最后，为进一步探究高新技术企业与其他企业的金融化水平存在显著差异的内在原因，加入中介变量研发投入再进行回归。

（1）基准回归。

下面基于多元回归分析的方法，探讨高新技术企业和其他企业的金融化水平是否存在差异，基准回归的结果如表 12-5 所示。为保证回归结果的稳健性，本章分两次加入控制变量进行逐步回归，观测解释变量的系数变化。

首先，仅仅控制公司财务特征，即只加入公司规模、财务杠杆、资产报酬率及成长性四个控制变量。表中（1）列的结果显示，Hitech 的系数为 −0.013，在 1% 的水平上显著为负，说明相对于其他的企业，高新技术企业的金融化水平显著较低。其次，进一步加入公司治理变量即董事会规模、第一大股东持股比例和高管薪酬，表中（2）列的结果显示，Hitech 的系数为 −0.015，仍在 1% 的水平上显著为负，进一步说明相对于其他的企业，高新技术企业的金融化水平显著较低。

此外，控制变量的回归结果也较为合理。表中（2）列的结果显示，公司规模的系数显著为正，说明规模越大的企业往往在资本市场拥有更强的融资能力，其闲置资金的绝对量更大，从而驱动企业投资于金融资产。财务杠杆的系数在 1% 水平上显著为负，说明资产负债率较高的企业有着更低的金融化水平。原因在于，企业负债率较高时，其营运资金紧张，没有多余的资金投入金融市场。同时，随着企业偿债能力的降低，信用受损，往往难以得到金融机构的支持。成长性的系数显著为负，说明低成长性的企业往往金融化水平更高。当主营业务收入增长乏力时，企业急于寻求新的增长点，便会将多余的资金投入回报率较高的金融领域。第一大股东持股比例的系数显著为负，说明股权越集中，金融化程度越低。大股东的影响力越大，出于对扩大控制权和获取自身利益的考虑，往往不会投资于风险较高的金融市场，而是选择扩大再生产。

总之，在逐步加入控制变量后，核心解释变量的系数并没有出现显著变化，因此控制变量的选择是合适的，回归结果也具有一定的稳健性。本章的结论表明，对于高新技术企业而言，在对自身有限的资源进行配置决策时，更多地将资本投入实体投资或研发创新中，对金融资产的配置相对较少。由此，H1 得到验证。

表 12-5　基准回归结果

	Fin	Fin
	（1）	（2）
Hitech	−0.013*** （−2.880）	−0.015*** （−3.380）
Size	0.001 （0.360）	0.006*** （3.390）
Lev	−0.096*** （−8.020）	−0.096*** （−8.080）
ROA	−0.060** （−2.110）	−0.026 （−0.920）
Growth	−0.007*** （−4.020）	−0.007*** （−4.110）
Board		−0.004*** （−3.530）

续表

	Fin	Fin
	(1)	(2)
SHF		-0.070^{***} (-5.040)
LNTMAS		-0.011^{***} (-3.390)
Cons	0.093^{**} (2.320)	0.188^{***} (3.660)
Industry	YES	YES
Year	YES	YES
N	2725	2725
Adj r^2	0.117	0.131

（2）稳健性检验。

为了保证本章所设立的回归模型及回归结果具有稳定性，采取两种方法进行稳健性检验：一是更换被解释变量 Fin，重新定义该指标的衡量方式；二是剔除 2020—2021 年新冠疫情时期的样本数据。

关于企业金融化的衡量，学界尚未形成统一的衡量标准，因此不同的度量方法可能会使研究结论存在差异。前文所使用的企业金融化水平在计算过程中考虑了长期股权投资，但由于长期股权投资的持有更多的是出于企业战略发展的目的，而非短期的盈利目标，企业可以通过战略持股来参与被投资公司的经营管理，也可以增加投入将其兼并收购，因此，部分长期股权投资的持有具有战略经营的特点。例如，宋军、陆旸（2015）在其研究中界定金融资产时，并未将长期股权投资全部纳入计算，而是将其中有关金融机构所持有的股份权益剥离出来。为方便研究，在稳健性检验中，计算企业金融化时剔除了长期投资投资，在此基础上对模型（12-1）重新进行回归，结果如表 12-6 所示。Hitech 的系数为 -0.012，仍在 1% 的水平上显著为负，与基准回归相比未见明显差异。

表 12-6 更换被解释变量

	Fina	Fina
	（1）	（2）
Hitech	–0.011***	–0.012***
	（–3.400）	（–3.640）
Size	–0.002*	–0.001
	(–1.70)	（–0.620）
Lev	–0.075***	–0.074***
	（–8.610）	（–8.570）
ROA	0.022	0.0330
	（1.100）	(1.56)
Growth	–0.004***	–0.004***
	（–3.510）	（–3.550）
Board		0
		（0.040）
SHF		–0.024**
		（–2.420）
LNTMAS		–0.002
		（–0.990）
Cons	0.076***	0.093**
	（2.620）	（2.480）
Industry	YES	YES
Year	YES	YES
N	2725	2725
Adj r^2	0.119	0.120

本章的样本数据时间跨度为 2012—2021 年，其中包含了 2020 年以后的数据。新冠疫情给经济带来了巨大的冲击，经济发展面临更多的不确定性，尤其是实体经济，许多企业的生产经营状况堪忧。在此背景下，企业的投资行为和政府救市行为均会发生明显变化。因此，剔除 2020—2021 年新冠疫情时期的样本，对模型（12–1）重新进行回归，最终结果如表 12–7 所示。Hitech 的系数为 –0.011，仍在

10% 和 5% 的水平上显著为负，与基准回归未见明显差异。

表 12-7 剔除新冠疫情的影响

	Fin	Fin
	（1）	（2）
Hitech	-0.010* （-1.960）	-0.011** （-2.270）
Size	0.001 （0.420）	0.008*** （3.940）
Lev	-0.065*** （-4.980）	-0.065*** （-5.020）
ROA	-0.068** （-2.070）	-0.028 （-0.840）
Growth	-0.007*** （-3.910）	-0.007*** （-4.130）
Board		-0.005*** （-4.060）
SHF		-0.073*** （-5.010）
LNTMAS		-0.015*** （-4.190）
Cons	0.076* （1.820）	0.201*** （3.750）
Industry	YES	YES
Year	YES	YES
N	2024	2024
Adj r^2	0.106	0.131

综上所述，通过更换解释变量、剔除疫情期间样本数据两种方法的检验后，解释变量 Hitech 的系数符号未发生变化，始终显著为负，从而说明模型设定合理，回归结果准确且具有稳健性。

12.4.4 中介效应检验

为了进一步探究高新技术企业相比其他企业的金融化水平更低的内在原因，本章引入中介变量研发投入。如前所述，高新技术企业作为技术创新的主力，为提升其实体资产的投资收益，会频繁开展研发创新活动。这些活动的开展需要不断地投入资金，而企业的资源是有限的，研发活动占用了大量资金，因此用于金融资产投资的闲置资金相对较少。

本章的中介效应检验结果如表 12-8 所示。（1）列为模型（12-1）的回归结果，考察高新技术企业与其他企业的金融化水平是否存在显著差异，此前已经在表 12-5 中呈现，相对于其他的企业，高新技术企业的金融化水平显著较低。

首先，在控制其他变量的前提下进行 Hitech 对 LNRD 的回归，考察高新技术企业与其他企业的研发投入是否存在显著差异。（2）列即为模型（12-2）的回归结果，结果显示，Hitech 的系数为 0.242，在 1% 的水平上显著为正，说明高新技术企业的研发投入水平显著高于其他企业。其次，将 Hitech、LNRD 和控制变量同时加入模型，对 Fin 进行回归，（3）列即为模型（12-3）的回归结果。结果显示：LNRD 的系数为 –0.004，在 1% 的水平上显著为负，说明研发投入的增加显著降低了企业金融化水平。同时，Hitech 的系数为 –0.009，相比（1）列的结果有所减少，但仍然显著为负，说明 Hitech 对 Fin 的部分效应被 LNRD 解释，从而证明了中介效应的存在。由此，H2 得到验证，新技术企业与其他企业的金融化水平的差异是由双方的研发投入差异导致的，即高新技术企业将更多的资金投资于技术创新中，进而减少了对金融资产的投资。

表 12-8 中介效应检验

	（1）	（2）	（3）
	Fin	LNRD	Fin
Hitech	-0.015^{***} （–3.380）	0.242^{***} （5.230）	-0.009^{**} （–2.010）
LNRD			-0.004^{*} （–1.930）

续表

	(1)	(2)	(3)
	Fin	LNRD	Fin
Size	0.006***	0.782***	0.011***
	(3.390)	(38.600)	(4.620)
Lev	-0.096***	-0.550***	-0.083***
	(-8.080)	(-4.390)	(-7.060)
ROA	-0.026	0.195	-0.049*
	(-0.920)	(0.650)	(-1.750)
Growth	-0.007***	0.081***	-0.006***
	(-4.110)	(4.320)	(-3.670)
Board	-0.004***	-0.078***	-0.005***
	(-3.530)	(-6.750)	(-4.590)
SHF	-0.070***	-0.003	-0.063***
	(-5.040)	(-0.020)	(-4.630)
LNTMAS	-0.011***	0.382***	0.002
	(-3.390)	(10.560)	(0.560)
Cons	0.188***	-5.773***	-0.058
	(3.660)	(-9.860)	(-1.030)
Industry	YES	YES	YES
Year	YES	YES	YES
N	2725	2410	2410
Adj r^2	0.131	0.670	0.138

12.5 结论与建议

本章以2012—2021年北京市上市实体企业为研究样本，通过描述性统计发现：北京市上市实体企业金融化水平普遍偏高，均值为7.3%。超过半数的企业为高新技术企业。回归分析发现，高新技术企业相比其他企业金融化程度更低。中介效应检验发现，研发投入在高新技术企业属性对金融化的抑制作用中发挥了部分中介效应。此前多数文献均显示金融化挤出了研发投入，然而就北京市的上市实体企业的实证研究却发现，研发投入对实体企业金融化具有明显的抑制作用。这是针对特定区域的实体企业金融化进行研究后的新发现，说明本章的研究对象选择具有合理性。所以，建议北京市实体上市企业应坚定不移地进行研发投入和技术创新，只有这样，才能抑制实体企业的过度金融化行为，保障北京市金融和经济的健康发展。

本章参考文献

［1］陈亚平，韩凤芹．高新技术企业认定对企业研发投入的影响——基于寻租行为的调节效应［J］．科技管理研究，2020，40（15）：49-57.

［2］陈珍珍，何宇，徐长生．高新技术企业认定对研发投入的政策效应研究——来自A股上市公司的经验证据［J］．中国科技论坛，2019（7）：1-10.

［3］杜勇，张欢，陈建英．金融化对实体企业未来主业发展的影响：促进还是抑制［J］．中国工业经济，2017（12）：113-131.

［4］丰雷．经济金融化背景下美国经济危机的根源研究［D］．成都：西南财经大学，2012.

［5］刘睿智，寇祥增，王京．研发投资能否抑制企业“脱实向虚”——基于资源配置和市场竞争视角［J］．财会月刊，2022（16）：42-51.

［6］潘海英，王春凤．实体企业金融化抑制了企业创新吗？——基于高质量发展背景下企业创新双元视角［J］．南京审计大学学报，2020（2）：49-58.

［7］宋军，陆旸．非货币金融资产和经营收益率的“U形”关系——来自我国上市非金融公司的金融化证据［J］．金融研究，2015（6）：11-127.

［8］王冬梅．财务会计学［M］．大连：东北财经大学出版社，2022.

［9］王红建，曹瑜强，杨庆，等．实体企业金融化促进还是抑制了企业创

新——基于中国制造业上市公司的经验研究［J］. 南开管理评论，2017（1）：155–166.

［10］王昱，夏君诺，刘思钰 . 产融结合对企业研发投入的影响研究［J］. 管理评论，2022，34（5）：56–68.